Vida e Morte de KRISHNAMURTI

MARY LUTYENS

Vida e Morte de KRISHNAMURTI

Tradução
Marly Winckler

EDITORA TEOSÓFICA
Brasília-DF

Título do Original em Inglês
The Life and Death of Krishnamurti

1ª Edição de John Murray Ltd, Londres

EDITORA TEOSÓFICA, Sociedade Civil
SGAS — Quadra 603 — Módulo 20
70.200-630 — Brasília-DF — Brasil
Tel.: (061) 322-7843
Fax: (061) 226-3703

Mary Lutyens

K 92 Vida e Morte de Krishnamurti

Brasília, 1996

ISBN 85-85961-11-2

CDD 921

Capa
Fernando Lopes
Composição/Diagramação
João Batista Martins da Silva e
Reginaldo Alves Araújo
Equipe de Revisão
Ângela Maria Hartmann,
Regina Vitória Ruzzante e
Zeneida Cereja da Silva.

Sumário

Lista de Ilustrações

(Durante trinta anos Krishnamurti raramente permitiu ser fotografado. Por isso a falta de fotos dele na meia-idade).

Agradeço profundamente a Mark Edwards por dar-me cópias de suas fotografias, publicadas por cortesia da *Krishnamurti Educational Trust Ltd*, proprietária dos direitos autorais.

Prefácio da Edição Brasileira

Para aqueles que conhecem um pouco da história da Sociedade Teosófica e da vida de Jiddu Krishnamurti, pode parecer estranho que uma editora teosófica publique uma obra como esta, que relata a vida, desde o nascimento até a morte, desse grande ser que se tornou um dos mais importantes pensadores do século 20.

Existem aqueles que, por verem a Sociedade Teosófica sem a perspectiva da liberdade de pensamento, que constitui um dos pilares de sua existência, encontram incompatibilidade entre a obra de Krishnamurti e a literatura teosófica.

Entendem, entretanto, os editores, que essa incompatibilidade é apenas aparente e que o princípio da liberdade de pensamento, defendido pela Sociedade Teosófica, harmoniza-se com as colocações de Krishnamurti de que não se deve seguir a autoridade de quem quer que seja, nem dele próprio, quando se trata de tentar compreender a existência e a vida, e que a verdade tem que ser descoberta por cada um, livremente.

Este livro mostra o gigante que foi Jiddu Krishnamurti e a importância de sua obra para o mundo. Todo aquele que quiser penetrar mais profundamente em seus ensinamentos e encarar os textos da literatura teosófica de forma não dogmática, como resultado do trabalho de muitos pesquisadores, que podem ou não nos levar ao descobrimento da verdade, conforme a nossa própria capacidade de descobri-la, verificará que, em seu aspecto essencial, não há a incompatibilidade que alguns pensam ter.

Quanto a aspectos históricos presentes na obra, muitos dos quais relatados sob exclusiva responsabilidade da autora, dentro da ótica em que lhe foi possível conhecer os fatos, eles não têm o alcance de idolatrar ou de denegrir a imagem de alguns personagens citados que, mesmo sendo seres humanos imperfeitos como todos nós, deixaram um legado de valor inestimável para a humanidade.

A Editora Teosófica orgulha-se de oferecer ao público este livro, cuja leitura será profundamente inspiradora para aqueles que tiverem uma mente aberta, sem qualquer tipo de sectarismo.

Os Editores.

Agradecimentos

Peço desculpas aos muitos amigos de Krishnamurti que não foram mencionados neste livro. Espero que compreendam que, ao resumir sua vida em um volume, muitos detalhes tiveram de ser omitidos, embora nada, creio, que fosse essencial.

Agradeço imensamente a David Bohm, Mary Cadogan, Mark Edwards, Pupul Jayakar, Dr. Parchure, à falecida Doris Pratt, Vanda Scaravelli e, especialmente, a Scott Forbes e Mary Zimbalist, por me permitirem citar seus textos. Quero também agradecer a Ray McCoy por enviar-me prontamente do *Brockwood Centre* tudo que lhe pedi com relação a livros, videoteipes e cassetes e a Radha Burnier por ceder-me uma cópia da longa carta de Nytia à Sra. Besant, descrevendo o início do 'processo', e que se encontra nos Arquivos da Sociedade Teosófica em Adyar.

Sem a amizade e a generosidade do falecido B. Shiva Rao, nunca poderia ter sequer tentado escrever a biografia de Krishnamurti.

Introdução

Krishnamurti pediu muitas vezes que não se fizesse uma interpretação oficial de seu ensinamento, embora encorajasse a discussão entre aqueles que se interessavam por ele. Este livro, portanto, não pretende explicar ou avaliar os ensinamentos disponíveis em dezenas de livros, cassetes, áudio e videoteipes. Em vez disso, seu objetivo é tentar descobrir a fonte da revelação na qual os ensinamentos baseiam-se, informar sobre a natureza de um ser humano extraordinário, seguir o curso de seu desenvolvimento e visualizar sua longa vida em perspectiva. É difícil fazer isso em três volumes detalhados, separados pelo espaço de alguns anos — oito anos no caso do primeiro e segundo volumes.

Depois que o primeiro volume, *Os Anos do Despertar**, foi publicado, perguntaram-me se eu acreditava nos acontecimentos que registrei. Respondi que certamente acreditava neles até 1928 — isto é, até eu completar vinte anos — excetuando-se os loucos acontecimentos na Holanda, em 1925. Mais tarde minha postura em relação a eles mudou, de acordo com a do próprio Krishnamurti.

Krishnamurti esteve sempre presente em minha vida. Minha mãe tornou-se sua amiga quando ele veio à Inglaterra, pela primeira vez, em 1911, um jovem desnorteado de dezessete anos, que parecia ainda mais jovem do que era e que, dois anos antes, havia sido escolhido pelos líderes da Sociedade Teosófica na Índia como o veículo para a vinda do messias. Minha mãe filiou-se à Sociedade Teosófica em 1910, antes de eu completar três anos, e fui criada nos princípios teosóficos, os quais, aparentemente, eram muito simples: uma crença na fraternidade humana e na igualdade de todas as religiões. Em vez de 'Pai Nosso que estais no céu...', foi-me ensinado recitar todas as manhãs: 'Sou um elo na cadeia de ouro do amor que

* Editora Cultrix, São Paulo. (N. ed. bras.)

se estende por todo o mundo e prometo manter meu elo forte e brilhante'. Havia, contudo, um coração esotérico na Teosofia do qual não me tornei plenamente consciente até meus treze anos. Esse âmago esotérico e a fundação da Sociedade serão descritos no primeiro capítulo deste livro.

A Teosofia causou um distanciamento entre meus pais que se ampliou com o passar dos anos; apesar disso, ironicamente, foi através de meu pai que minha mãe descobriu a Teosofia. Em 1909, meu pai, Edwin Lutyens, recebeu a incumbência de construir uma casa para um banqueiro francês, Guillaume Mallet, em Varengeville, na costa da Normandia, perto de Dieppe. Ao retornar de sua primeira visita ao local, meu pai contou para mamãe que os Mallet eram teosofistas. Ela lhe perguntou o que significava isso, mas ele não sabia; contou-lhe que possuíam um armário secreto de livros que mantinham sempre trancado. Isso intrigou mamãe e, ao acompanhar meu pai em sua visita seguinte a Varengeville, ela convenceu a Sra. Mallet a dar-lhe uma breve descrição das crenças teosóficas. O que mais a impressionou foi a naturalidade dos Mallet, o seu bom humor, uma vez que ela associava rabugice com uma religião 'charlatã'. A única excentricidade é que eram estritamente vegetarianos. No Natal, a Sra. Mallet enviou para mamãe um folheto com as palestras de Londres de 1907 da Sra. Besant*, Presidente da Sociedade Teosófica, que lhe trouxeram, segundo sua autobiografia**, um 'interesse' e um 'deleite' tão grande que, em certos momentos, de tão emocionada, continha-se para não 'gritar de alegria'. Parecia que novas perspectivas de compreensão espiritual estavam abrindo-se para ela.

Minha mãe estava madura para a conversão. Após treze anos de casamento com um arquiteto cada vez mais ambicioso e bem-sucedido que, embora a amasse apaixonadamente, estava tão absorvido em seu tra-

---

* A Sra. Besant, nascida em 1847, casou-se com um clérigo, Frank Besant. Após o nascimento de dois filhos, ela perdeu a fé e teve coragem de contar ao marido. Ele pediu o divórcio, e a custódia dos filhos foi dada a ele, embora ela lutasse arduamente na Corte, defendendo a si própria, para ficar com eles. Ela, então, tornou-se ateísta assumida e reformista social, colega de Charles Bradlaugh e amiga íntima de Bernard Shaw. Converteu-se à Teosofia em 1889, quando W.T.Stead pediu-lhe para fazer uma crítica literária à *A Doutrina Secreta,* da Sra. Blavatsky, uma das fundadoras da Sociedade Teosófica.

** *Candles in the Sun* (Hart-Davis, 1957).

balho que não lhe sobrava tempo para a esposa nem para os cinco filhos, ela buscava desesperadamente alguma ocupação satisfatória para estimular suas necessidades emocionais e intelectuais. A vida de dona-de-casa e a vida social comum aborreciam-na intensamente; os filhos eram cuidados por uma babá perfeita. Tornara-se uma defensora ardente do movimento pelo voto feminino (mas nunca foi uma militante, pois temia ir para a prisão e ser alimentada à força); lera muito sobre sociologia e filiara-se a uma organização chamada *Moral Education League*, interessada na regulamentação da prostituição pelo Estado, organização para a qual escrevia panfletos e participava de conferências por toda a Inglaterra. Como parte de seu trabalho, visitava semanalmente o Hospital Lock, que tratava de doenças venéreas, onde lia Dickens para os pacientes. (Possuía um magnífico dom para ler em voz alta). Organizava, também, noites de discussões em nossa casa, em Bloomsbury Square, para tratar de questões tais como hereditariedade *versus* ambiente. Mas, ao contrário de muitos de seus contemporâneos, não se interessava por espiritismo*, nem, até então, por ocultismo ou misticismo indiano, que atraía tantos ocidentais ao Oriente desde que tiveram sua fé cristã abalada por Darwin.

De natureza muito devocional, cristã fervorosa na juventude, com um forte senso de sua proximidade de Jesus, as crenças teosóficas no próximo advento do messias e a necessidade de preparar o mundo para esse estupendo acontecimento satisfizeram cada aspecto da existência de mamãe. Após ter-se filiado à Sociedade Teosófica no início de 1910, todas as suas energias eram dedicadas ao movimento; aprendeu a falar em público a fim de viajar e proferir palestras sobre Teosofia (tornou-se uma perfeita oradora). Iniciou uma nova Loja Teosófica** com o Dr. Haden Guest (mais tarde Lorde Guest), também um recém-convertido, 'na tentativa de unir todos os que desejavam colocar em prática os princípios teosóficos da fraternidade'.

* Espiritismo — A crença de que os mortos podem comunicar-se com os vivos, especialmente por meio de médiuns — ainda era uma das questões mais veementes e controversas da época. A Sociedade para Pesquisa Psíquica tinha sido fundada na Inglaterra em 1882 para investigar as provas. O interesse em tudo que dizia respeito ao sobrenatural estava amplamente difundido.

** A Sociedade estava dividida em Lojas. Havia Lojas em todas as grandes cidades da Inglaterra e da Escócia e muitas na Europa, que organizavam reuniões e turnês de palestras.

No verão de 1910, a Sra. Besant veio da Índia para a Inglaterra, e minha mãe foi à Sociedade Fabiana assistir a sua palestra sobre 'Uma Forma Ideal de Governo'. Bernard Shaw e Sidney Webb compunham a mesa. 'Fiquei impressionada quando a vi pela primeira vez', escreveu mamãe. 'Parecia tão diferente de todos que já havia visto. Vestia esvoaçantes roupas brancas muito femininas, enquanto sua grande e imponente cabeça, com seus cabelos brancos, curtos e ondulados, tinha um ar masculino. Estava com sessenta e três anos, mas não demonstrava o menor sinal de declínio do vigor. Possuía uma vitalidade surpreendente, jamais vista em ninguém que conheci.'

Poucas semanas mais tarde, mamãe ouviu-a falar novamente num salão, em Kingsway, sobre 'A Vinda do Cristo'. No final, criou coragem para aproximar-se dela e convidá-la para almoçar. Ela aceitou. Meu pai era a única outra pessoa presente no almoço.

Ao chegar, a Sra. Besant pediu para tirar o chapéu e sacudiu os cachos dos cabelos curtos, gesto que, mais tarde, mamãe descobriu ser uma característica sua. Mamãe lembrou que lhe passou pela cabeça que seus olhos pareciam de tigre, de um curioso matiz marrom, e pareciam olhar diretamente através dela e penetrar em seus pensamentos mais íntimos. Meu pai gostou da Sra. Besant nesse primeiro encontro. Ficou especialmente impressionado, quando ela lhe pediu, antes de partir, para projetar a nova sede da Sociedade na Inglaterra, em Tavistock Square (hoje ocupada pela Associação Médica Britânica). Só aos poucos ele começou a ressentir-se de sua influência sobre mamãe.

Em 1929, aos trinta e quatro anos, Krishnamurti separou-se da Sociedade Teosófica, após uma experiência espiritual que mudou completamente sua vida, e renunciou ao seu papel de próximo messias para viajar pelo mundo como um instrutor com sua própria filosofia religiosa, desvinculada de qualquer seita ou religião ortodoxa. O único objetivo de seus ensinamentos era tornar o homem livre de todas as prisões que separam os homens entre si, tais como a raça, a religião, a nacionalidade, a classe e a tradição e, assim, proporcionar uma transformação na psique humana.

Mesmo com a morte de Krishnamurti em fevereiro de 1986, três meses antes de completar noventa e um anos, o interesse por seu ensinamento não diminuiu; na verdade, sua notabilidade vem-se disseminando. Jamais buscou publicidade pessoal, por isso não é muito mais conhecido. As pessoas falavam umas para as outras sobre ele. Outras descobriam, por acaso, um de seus livros.

Enquanto Krishnamurti estava sendo enaltecido pela Sociedade Teosófica, seus membros cumulavam-no com dinheiro, terras e propriedades. Ao renunciar à Sociedade e recusar seu papel, devolveu estes presentes aos doadores e iniciou sua nova vida sem saber se teria algum seguidor ou algum dinheiro além de uma anuidade de 500 libras. Quando isso aconteceu, ele atraiu novos seguidores de um mundo mais amplo e muito mais interessante, e o dinheiro apareceu como num passe de mágica para a maior parte dos projetos aos quais ele se dedicou. Ele diria pelo resto da vida: 'Faça alguma coisa; se for correto, o dinheiro virá'.

Krishnamurti recusou o papel de guru. Não queria que as pessoas o seguissem cega e obedientemente. Deplorava o culto à "guruzite" e à meditação transcendental trazida da Índia para o Ocidente. Principalmente, ele não queria discípulos que pudessem criar outra religião em torno dele, construir uma hierarquia e criar uma autoridade. Tudo o que ele pretendia era que seus ensinamentos servissem de espelho no qual as pessoas pudessem ver-se exatamente como eram por dentro e por fora e, se não gostassem do que vissem, *mudassem a si mesmas.*

Krishnamurti interessava-se especialmente pela educação das crianças, antes que suas mentes ficassem rígidas com os preconceitos da sociedade na qual nasceram. As sete escolas fundadas por ele e que têm seu nome — cinco na Índia, uma na Inglaterra e uma na Califórnia — ainda florescem. A escola mais antiga, Rishi Valley, fundada no início dos anos 30, situada entre Madras e Bangalore, tem agora 340 estudantes, um terço dos quais meninas, e a reputação de ser uma das melhores da Índia. A escola inglesa em Hampshire, a menor, tem apenas 60 alunos, de vinte e quatro nacionalidades diferentes e com um igual número de garotas e garotos.

Um grande Centro Krishnamurti para adultos foi aberto logo após sua morte, próximo da escola inglesa, embora bem separado da mesma. A concepção deste Centro e sua construção foi uma das principais preocupações de Krishnamurti nos dois últimos anos de sua vida*. Três centros menores para adultos estão sendo construídos agora na Índia. Krishnamurti estabeleceu também três Fundações nos anos 60 — na Inglaterra, Índia e Califórnia e uma sede subsidiária em Porto Rico — de natureza puramente administrativa, cada qual com seu conselho diretor. Há também comitês associados em vinte e um países.

Krishnamurti possuía dezenas de amigos, de diversas posições sociais, de rainhas a monges budistas, nos vários países onde esses comitês estão estabelecidos. Bernard Shaw, Leopold Stokowski e Antoine Bourdelle, o escultor, estavam entre seus maiores admiradores; Aldous Huxley, Jawaharlal Nehru e Pablo Casals eram seus amigos. Fez amizade com a Sra. Gandhi, com o Professor Maurice Wilkins, Prêmio Nobel de Medicina, com o físico Dr. David Bohm, com o biólogo Rupert Sheldrake, com o ator Terence Stamp. Conheceu algumas das célebres pessoas que o entrevistaram ou travaram debates com ele, incluindo o Dr. Jonas Salk e o Dalai Lama. Krishnamurti, indubitavelmente, ajudou a construir uma ponte entre a ciência e a religião.

A audiência das palestras de Krishnamurti variava entre mil e cinco mil pessoas nos últimos vinte anos de sua vida, de acordo com o tamanho do salão ou da tenda onde falava. O que atraía os que vinham ouvi-lo? É interessante notar que poucos *hippies* estavam entre eles, embora na maioria fossem jovens. A maior parte de sua audiência era formada de pessoas, tanto homens quanto mulheres, bem-educadas, bem vestidas, que o ouviam séria e atentamente, embora ele não tivesse o dom da oratória. Seus ensinamentos não pretendiam dar conforto, mas sacudir as pessoas para que percebessem o perigoso estado do mundo pelo qual todo indivíduo é

---

* Fotografias deste Centro estão no livro do Príncipe de Gales, *A Vision of Britain* (Doubleday, 1989).

responsável, uma vez que, segundo ele, cada indivíduo *é* o mundo em microcosmo.

Parte do atrativo de Krishnamurti vinha, sem dúvida, de sua aparência. Exceto quando menino, era de uma beleza extraordinária e mesmo em idade avançada tinha uma estrutura e um porte muito bonito. Além disso possuía um magnetismo pessoal que atraía as pessoas. Publicamente ele podia falar com dureza, até com veemência, às vezes, mas, individualmente, com as pessoas ou em pequenos grupos, demonstrava grande calor e afeição. Embora não gostasse de ser tocado, quando estava sentado conversando com alguém, com freqüência se inclinava e colocava a mão em seu braço ou joelho e gostava de segurar firmemente a mão de um amigo ou de alguém que vinha pedir auxílio. Acima de tudo, quando não estava falando seriamente, adorava rir, brincar, contar e ouvir histórias engraçadas. Sua risada alta e profunda era contagiante e afetuosa.

O fato de existir um interesse que se mantém, ou até mesmo que aumenta, em Krishnamurti, desde sua morte, mostra, penso, não apenas que algo de seu magnetismo pessoal passa através dos cassetes e videoteipes, mas também que seus ensinamentos trazem uma mensagem para os dias de hoje da qual as pessoas precisam desesperadamente. Embora alguém possa não concordar com muitas das coisas que ele disse, sua sinceridade não pode ser posta em dúvida.

1

'E o menino Krishna?'

O mais extraordinário a respeito da vida de Krishnamurti é que as profecias feitas sobre ele em sua juventude foram cumpridas, embora de uma maneira muito diferente daquilo que se esperava. Para compreender seu desenvolvimento é essencial ter pelo menos um pequeno conhecimento acerca do misticismo teosófico que o nutriu. A Sociedade Teosófica, cujo objetivo é 'formar um núcleo da Fraternidade Universal da Humanidade', foi fundada nos Estados Unidos em 1875 por uma extraordinária mística russa, clarividente e realizadora de milagres, Sra. Helena Petrovna Blavatsky e pelo Coronel Henry Steel Olcott, um veterano da Guerra Civil norte-americana, profundamente interessado em espiritismo e que também se dizia clarividente. Estes dois seres únicos, que permaneceram íntimos 'camaradas' como dizia Olcott, pelo resto de suas vidas, adotou como credo oculto tantas tradições antigas do Oriente que, em 1882, decidiu transferir sua sede para uma ampla propriedade em Adyar, um subúrbio ao sul de Madras. É um lugar muito bonito, onde o rio Adyar encontra-se com a Baía de Bengala, local em que está uma das maiores figueiras (*banyan trees*) da Índia, tendo quase um quilômetro de rio em um dos seus limites e estendendo-se até uma praia de areias desertas. Ali permanece desde então a Sede Internacional da Sociedade, onde foram construídas outras casas e adquiridas mais terras e de onde o movimento propagou-se por todo o mundo.

Para tornar-se membro da Sociedade era necessário simplesmente aceitar os princípios da fraternidade humana e da igualdade de todas as religiões; no entanto, no coração da Sociedade, estava a Seção Esotérica, à qual era concedida filiação somente depois que o candidato provasse sua sinceridade e disposição para trabalhar pela causa da Sociedade.

A Seção Esotérica extraiu da sabedoria antiga de várias religiões uma hierarquia de grandes seres espirituais, a chamada Grande Fraternidade Branca. Tendo aceito a teoria de que a humanidade evolui através de uma série de vidas (reencarnação) até a perfeição última (que finalmente todos alcançarão, conquanto leve muitas vidas), não era difícil acreditar que os seres humanos estavam todos em diferentes estágios de evolução ou no estágio dos chamados Mestres. Os Mestres eram almas perfeitas que, libertos da roda do *karma*, a lei inexorável pela qual colhemos o que semeamos por meio de uma série de vidas, tanto o bem quanto o mal, optaram por permanecer em contato com a humanidade para ajudá-la ao longo da senda da evolução. Havia muitos Mestres, mas os dois que se dizia terem tomado a Sociedade Teosófica sob sua especial proteção eram o Mestre Morya e o Mestre Kuthumi. Na época da Sra. Blavatsky acreditava-se que esses Mestres viviam próximos um do outro, em esplêndidos corpos humanos, num desfiladeiro no Tibete, de onde muitas vezes saíam em viagens para outras partes do mundo. Eles podiam também se materializar, permanecendo ao mesmo tempo no Tibete, e comunicar-se por meio de cartas materializadas com os líderes da Sociedade Teosófica.* A Sra. Blavatsky dizia ter vivido vários meses no Tibete com os Mestres, tendo-lhe sido transmitidos pelo seu próprio Mestre Morya os conhecimentos ocultos pelos quais sempre ansiou, os quais depois disso, deu ao mundo por meio de seus monumentais livros, *Ísis Sem Véu* e *A Doutrina Secreta*, bem como pela Seção Esotérica.[1]

Superior aos Mestres na hierarquia de seres espirituais era o Senhor Maitreya, o Bodhisattva, que, acreditavam os teosofistas na época da 'descoberta' de Krishnamurti em 1909, depois de um longo período iria

---

* Algumas das Cartas dos Mahatmas, como são chamadas, estão na Biblioteca Britânica, do Museu Britânico.

ocupar um veículo humano especialmente preparado para ele, exatamente como há dois mil anos ocupara o corpo de Jesus para fundar uma nova religião. O Bodhisattva encarnava quando o mundo tinha especial necessidade dele. Acima dele na hierarquia estavam seres ainda mais elevados, incluindo o Buda.[2]

Com a morte da Sra. Blavatsky em 1891 e a do primeiro Presidente da Sociedade Teosófica, Coronel Olcott, em 1907, a Sra. Besant foi eleita Presidente, passando a residir em Adyar. Ela e seu principal colega, Charles Webster Leadbeater (ex-sacerdote da Igreja da Inglaterra e discípulo da Sra. Blavatsky), eram ambos clarividentes, embora a Sra. Besant mais tarde tenha renunciado a seus poderes ocultos para devotar a maior parte de suas energias à causa *Home Rule* (Governo Próprio) da Índia. Tanto a Sra. Besant quanto Leadbeater diziam estar em íntimo contato com os Mestres. Foi Leadbeater, contudo, que se tornou porta-voz de seu próprio Mestre, Kuthumi (o Mestre da Sra. Besant era Morya), colocando em prática suas instruções e guiando os aspirantes terrenos na Senda Oculta do Discipulado. Os Mestres estavam dispostos a aceitar os aspirantes que estivessem suficientemente evoluídos. As etapas na Senda eram a Provação, a Aceitação e, a seguir, quatro Iniciações, culminando na quinta, o Adeptado, que era a conquista da perfeição e do nirvana.

Segundo Leadbeater, os Mestres ainda viviam no mesmo desfiladeiro no Tibete, nos mesmos corpos nos quais a Sra. Blavatsky os conhecera, milagrosamente preservados do envelhecimento. Não mais saíam de seu vale, mas podiam ser visitados no plano astral em suas casas.[3] Leadbeater levava os candidatos ao discipulado em seus corpos astrais, enquanto dormiam, à casa do Mestre Kuthumi e depois comunicava aos mesmos, de manhã, se tinham sido bem sucedidos ou não em alcançar a etapa a que aspiravam na Senda. Pode-se imaginar o poder que Leadbeater exercia sobre seu grupo, que acreditava ardentemente nele, na existência dos Mestres e nos demais santos seres de que se falava, e quanto esnobismo e ciúme esta fé despertava. Leadbeater sustentava que ele e a Sra. Besant eram ambos altamente evoluídos ao ponto de já terem atingido a quarta iniciação, de *Arhat*, na época em que Krishnamurti chegou em Adyar.

1875-1909

Jiddu Krishnamurti nasceu em 11 de maio de 1895*, em Madanapalle, uma pequena aldeia montanhosa entre Madras e Bangalore. O pai, Jiddu Narianiah, casou com uma prima, Sanjeevamma, que lhe deu dez filhos, dos quais Krishnamurti era o oitavo. Esta família brâmane, que falava télugo, era estritamente vegetariana e para os padrões indianos, tinha uma boa situação material. Narianiah era funcionário da Fazenda Pública da administração inglesa e antes de se aposentar foi promovido a Magistrado Distrital. Narianiah era teosofista e Sanjeevamma devota de Sri Krishna, ele próprio um oitavo filho, em cuja homenagem ela batizou seu oitavo filho.

Sanjeevamma teve uma premonição de que esta oitava criança seria de algum modo notável e insistiu, a despeito dos protestos do marido, que ele deveria nascer no quarto onde se praticava *puja*. Um escritor brâmane afirmou que normalmente só se pode adentrar nesta sala de preces após um banho ritualístico e depois de ter vestido roupas limpas: 'Nascimento, morte e ciclo menstrual eram considerados poluidores do ritual... que uma criança nascesse nesta sala era algo impensável'.[4] E, contudo, assim foi.

Ao contrário dos demais partos de Sanjeevamma, este foi um nascimento fácil. Na manhã seguinte foi feito o horóscopo do bebê por um astrólogo conhecido que assegurou a Narianiah que seu filho seria um grande homem. Durante anos parecia improvável que sua predição pudesse cumprir-se. Sempre que o astrólogo via Narianiah perguntava: 'E o menino Krishna? ...Aguarde. Eu falei a verdade, ele será alguém realmente maravilhoso e grande'.

Com dois anos Krishna quase morreu de malária. Daí em diante, por vários anos, sofreu de ataques de malária e sérios sangramentos pelo nariz, o que o mantinha fora da escola e mais próximo à mãe do que os demais filhos. Ele adorava ir com ela ao templo. Era uma criança tão ausente e sonhadora e ia tão mal na escola, a qual odiava, que os professores achavam que era mentalmente retardado. Entretanto, era muito observador, como seria por toda sua vida. Ficava longos momentos olhando as árvores e

---

* Esta data está de acordo com os cálculos astrológicos hindus, que contam o dia das 4h às 16h. Pelo ajuste ocidental, ele teria nascido às 12h30min do dia 12 de maio.

as nuvens ou se agachava para observar as flores e os insetos. Tinha também uma natureza muito generosa, outra característica que manteria por toda sua vida. Muitas vezes voltava da escola sem lápis, lousa ou livros, pois os havia dado a uma criança mais pobre; quando, pela manhã, mendigos vinham a sua casa para receber o costumeiro arroz cru e sua mãe o mandava distribuir, ele voltava logo para pedir mais, porque despejava todo o arroz na bolsa do primeiro homem. Quando os mendigos voltavam ao entardecer para receber alimentos cozidos e os servos os mandavam embora, Krishna corria para dentro e trazia comida para eles. Se Sanjeevamma fazia doces especiais para as crianças, Krishna pegava apenas parte de sua porção e dava o resto aos irmãos.

Krishna possuía uma outra característica — o amor pelas máquinas — que nunca perdeu e que parecia divergir de sua natureza sonhadora. Isso se revelou pela primeira vez certo dia em que ele desmontou o relógio do pai para descobrir como funcionava e recusou-se a ir à escola ou até mesmo a comer até tê-lo montado novamente, o que parece ter conseguido.

Havia uma ligação especial entre Krishna e o irmão Nytiananda (Nytia), que era três anos mais jovem. Nytia era muito vivo e esperto na escola, enquanto Krishna era ausente e resistente ao ensino e, à medida que cresciam, Krishna tornava-se cada vez mais dependente do irmão menor.

A irmã mais velha de Krishna, que possuía uma natureza muito espiritual, morreu em 1904, com vinte anos. Após sua morte, Krishna mostrou, pela primeira vez, que era clarividente: ele e sua mãe sempre viam a garota em um lugar especial do jardim. No ano seguinte, contudo, quando Krishna tinha dez anos e meio, uma tragédia muito maior abateu-se sobre a família: a própria Sanjeevamma faleceu. Krishna a via depois de morta ainda mais claramente do que a irmã, um fato confirmado por Narianiah.*

Quando Narianiah foi aposentado compulsoriamente no final de 1907, aos cinqüenta e dois anos, com uma pensão de apenas metade de

---

* A descrição do nascimento e infância de Krishna foi dada por Narianiah em 1911 a um teosofista inglês em Adyar e assinada por Narianiah na presença de duas testemunhas de confiança.

seu salário anterior, ele escreveu para a Sra. Besant oferecendo seus serviços para o que fosse necessário em Adyar. (Embora brâmane ortodoxo, era membro da Sociedade Teosófica desde 1882 — a Teosofia abarcava todas as religiões). Ele lhe disse que era viúvo e tinha quatro filhos, entre quinze e cinco anos e, uma vez que sua única filha era casada, não tinha ninguém para tomar conta das crianças a não ser ele mesmo. (Como Krishna era o oitavo filho e tinha dois irmãos menores e uma irmã vivos, os outros quatro irmãos devem ter morrido, além da irmã de vinte anos). A Sra. Besant recusou o seu pedido argumentando que a escola mais próxima ficava cerca de 5 quilômetros e que os meninos seriam causa de distúrbio na propriedade. Felizmente, Narianiah persistiu e finalmente lhe foi dado um trabalho no final de 1908, como secretário-assistente. Mudou-se para Adyar com os filhos em 23 de janeiro de 1909. Como não havia casa disponível dentro da propriedade, a família foi alojada em uma casa velha do lado de fora, sem instalações sanitárias no interior. Os meninos chegaram em péssimas condições físicas.

A irmã de Narianiah, que havia brigado com o marido, veio para cuidar da casa por uns tempos, mas parece que era uma mulher desleixada e péssima cozinheira. O menino mais velho, Sivaram, que queria ser médico, foi matriculado no Presidency College em Madras, enquanto Krishna, que ainda não tinha quatorze anos, e Nytia, que também havia nascido em maio e ainda não completara onze anos, caminhavam 10 quilômetros todos os dias para ir e voltar da Escola Secundária Pennathur Subramanian, em Mylapore, onde Krishna apanhava quase todos os dias por causa de sua lerdeza. O pequeno Sadanand, com cinco anos, não era física nem mentalmente apto para ir à escola e ficou retardado por toda a vida.

Em 1906, aos cinqüenta e seis anos, Charles Leadbeater envolveu-se num escândalo sexual que dividiu a Sociedade Teosófica em todo o mundo. Entre 1900 e 1905, viajou dando palestras pelos Estados Unidos, Canadá e Austrália, convertendo pessoas para a Teosofia e dando instrução especial a meninos adolescentes (tinha grande reputação como tutor). Em certa ocasião, dois meninos de Chicago confessaram aos pais, sem, aparentemente, qualquer conluio, que ele os havia encorajado ao hábito da masturbação. Nessa época pensava-se que a masturbação levava à loucura e à cegueira.* Ao ouvir falar nisso, a Sra. Besant escreveu para Leadbeater extremamente angustiada, pois uma das exigências essenciais para a iniciação era a absoluta pureza sexual. Leadbeater respondeu que defendia a masturbação em certos casos como um mal muito menor do que a obsessão culposa por pensamentos sexuais. De qualquer forma, prometeu nunca mais advogar essa prática dentro da Sociedade Teosófica — por causa *dela*, não porque não acreditasse na mesma.

Leadbeater foi convocado para uma reunião do Conselho no Grosvenor Hotel em Londres, em 16 de maio de 1906, para responder às acusações contra ele. Antes disso, ele pediu seu desligamento da Sociedade por escrito. Para evitar publicidade, o Coronel Olcott, o Presidente na Índia, aceitou seu pedido, para profunda indignação de muitos membros que queriam sua expulsão, pois ele não se explicou na audiência. Depois disso, Leadbeater viveu quieto no interior, na Inglaterra ou em Jersey, por quase três anos, com viagens ocasionais ao continente, dando aulas particulares e sendo ajudado financeiramente por muitos amigos que manteve na Sociedade. A maioria de seus alunos anteriores testemunhou a favor de sua pureza. Eleita Presidente por esmagadora maioria de votos, em junho de 1907, a Sra. Besant, após intensa campanha, conseguiu readmiti-lo na Sociedade no final de 1908, embora nunca mais ele assumisse qualquer posição oficial. Chamou-o, então, para ir à Índia onde precisava de sua ajuda. Em 10 de fevereiro de 1909, ele chegou a Adyar, menos de três semanas depois de Narianiah ter-se estabelecido lá com Krishna e os irmãos.

Leadbeater foi morar no pequeno Bangalô Octogonal do Rio, próximo ao edifício sede. Seu principal trabalho era cuidar da vasta correspondência que chegava de todas as partes do mundo. Trouxe consigo, como secretário, um jovem holandês, Johann van Manen e também era auxiliado por um jovem inglês, Ernest Wood, que sabia taquigrafia e já havia

---

* *The World Through Blunted Sight*, Patrick Trevor-Roper, p. 155 (Thames and Hudson, 1988).

passado três meses em Adyar trabalhando na revista mensal *The Theosophist*. Ao lado do quarto simples em que vivia Wood, morava um jovem indiano, Subrahmanyam Aiyar, amigo de Narianiah. Os dois conheceram Krishna e Nytia e os ajudavam em seus deveres de casa.

Van Manen, Wood e Subrahmanyan adquiriram o hábito de ir todas as tardes até a praia banhar-se, onde Krishna, Nytia e outras crianças que viviam fora da propriedade, geralmente se encontravam remando. Van Manen sugeriu a Leadbeater certa feita que ele devia ir vê-los, pois acreditava que um dos meninos podia interessá-lo. Leadbeater foi e imediatamente escolheu Krishna que, disse, tinha a aura mais maravilhosa que jamais havia visto, sem uma partícula de egoísmo. Ele profetizou a Wood que um dia o menino seria um grande instrutor espiritual. Wood ficou atônito, pois, tendo ajudado Krishna com os deveres de casa, considerava-o particularmente obtuso.

Não muito tempo depois de ver Krishna na praia, Leadbeater pediu que Narianiah levasse o menino a seu bangalô quando não houvesse aula. Narianiah assim o fez. Leadbeater colocou as mãos sobre a cabeça do menino, que estava sentado a seu lado, e começou a descrever sua vida anterior. Daí em diante, aos sábados e domingos, as visitas e os relatos das vidas passadas continuaram. Narianiah, que, no início, estava sempre presente, escrevia os relatos; posteriormente, foram taquigrafados por Wood. O nome dado a Krishna através das vidas foi Alcyone*. A data do primeiro encontro de Leadbeater com Krishna no Bangalô Octogonal é incerta, provavelmente depois de 22 de abril, data em que a Sra. Besant partiu de Adyar para uma turnê de palestras nos Estados Unidos sem que, aparentemente, tivesse ouvido falar nada sobre ele.

Considerando as tendências homossexuais de Leadbeater**, deve ser enfatizado que não era possível que a aparência externa de Krishna o

---

* *The Lives of Alcyone* (As Vidas de Alcione) foi publicado em capítulos mensais em *The Theosophist*.

** C.W. Leadbeater foi alvo de difamação e perseguição, naquela época de preconceito e moralismo, por ter advogado a tese de que, para os jovens, a masturbação era um mal menor do que o relacionamento sexual com prostitutas ou outros, que também levavam ao descarregamento da energia sexual. Por isso, foi expulso. Posteriormente foi readmitido na Sociedade Teosófica. A afirmação de "tendências homossexuais" é de autoria e completa responsabilidade de Mary Lutyens, sendo oportuno registrar que nunca houve qualquer caso em que fosse imputado a C.W.L. a prática de homossexualismo. (N. ed. bras.)

tivesse atraído. Krishna, com exceção dos olhos maravilhosos, estava longe de ser atraente naquela época. Era esquelético, subnutrido, coberto de picadas de mosquito, com piolhos até nas sobrancelhas, dentes cariados e cabelo raspado até o alto da cabeça terminando num rabo de cavalo que lhe caía nas costas. Além disso, tinha uma expressão ausente que lhe conferia uma aparência quase de débil mental. As pessoas que o conheciam diziam que havia pouca diferença entre ele e Sadanand. De acordo com Wood, ele era tão fraco fisicamente que o pai mais de uma vez afirmou que ele estava fadado a morrer. (O próprio Krishna disse mais tarde que certamente teria morrido se Leadbeater não o tivesse 'descoberto').

Temos o relato do próprio Krishna do primeiro encontro com Leadbeater, escrito alguns anos mais tarde:

> Quando fui pela primeira vez a seu quarto, estava com muito medo, pois a maioria dos meninos indianos tem medo dos europeus. Não sei por que se criou este medo, mas, pondo de lado a diferença de cor, que é, sem dúvida, uma das causas, havia, quando eu era menino, grande agitação política, e nossas imaginações eram constantemente tumultuadas pelos boatos sobre nós. Devo também confessar que os europeus na Índia não eram de modo geral nem um pouco bondosos conosco e eu costumava presenciar muitos atos de crueldade que me deixavam ainda mais ressentido. Foi uma surpresa, portanto, descobrir como eram diferentes os teosofistas ingleses.[5]

Após o início dessas sessões no Bangalô Octogonal, Leadbeater falou a Wood que o menino devia ser o veículo do Senhor Maitreya (ou o Instrutor do Mundo como era mais freqüentemente chamado) e que ele, Leadbeater, tinha sido instruído pelo Mestre Kuthumi no sentido de ajudar a treiná-lo para tal destino.[6]

Leadbeater parecia ter esquecido ou desconsiderado o fato de que já havia escolhido o veículo — um menino de boa aparência de quatorze anos de idade, Hubert, filho do Dr. Weller van Hook de Chicago que o apoiara firmemente na época do escândalo. Em uma palestra pública em Chicago sobre 'A Vinda do Instrutor', durante a turnê norte-americana, a Sra. Besant anunciou: 'Esperamos que Ele surja desta vez no mundo ocidental — e não no Oriente como fez o Cristo há dois mil anos'. Leadbeater escolhera Hubert em Chicago, quando ele estava com onze anos; a Sra. Besant o havia encontrado na Europa, em 1907 e agora, novamente, em 1909; ela persuadiu sua mãe a levá-lo para Adyar para ser treinado por Leadbeater. Mãe e filho estavam para chegar lá em meados de novembro, sem suspeitar que Hubert tinha sido substituído.*

Algum tempo depois, Leadbeater convenceu Narianiah a tirar Krishna e Nytia da escola e a permitir que fossem educados sob sua supervisão, embora ainda morassem com o pai. (Krishna recusou-se a fazer qualquer coisa sem Nytia). Foram providenciados quatro tutores para eles, além do próprio Leadbeater que lhes ensinava história — Ernest Wood, Subrahmanyam Aiyar, Don Fabrizio Ruspoli (que saiu da marinha italiana quando se tornou teosofista) e Dick Clarke, recém-chegado a Adyar, que tinha sido engenheiro. Mas a disciplina mais importante era a língua inglesa, ensinada para que os meninos pudessem conversar com a Sra. Besant quando ela voltasse para Adyar. Eles já sabiam um pouco de inglês e não encontraram dificuldade em aprendê-lo. Logo esqueceram a língua nativa, o télugo, e, infelizmente, não lhes foi ensinada nenhuma outra língua indiana.

Dick Clarke também foi incumbido de arrumar os meninos Krishna e Nytia. Tirava-lhes os piolhos e dava-lhes roupas limpas para vestir todas as manhãs; eles deixaram os cabelos crescer na frente e os cortavam à altura dos ombros. Krishna passou a usar aparelho nos dentes que era apertado por Clarke todos os dias. Além dos quatro tutores, John Cordes, um austríaco que vivia em Adyar, responsabilizou-se pelos exercícios físicos dos meninos. Contudo Leadbeater supervisionava o banho, para assegurar-se de que eles se lavavam bem entre as pernas. Ele rejeitava o cerimonial hindu de banhar-se, vestido com uma tanga. Insistia em exercícios e numa alimentação nutritiva — longos passeios de bicicleta, natação, tênis e ginástica. Krishna gostava dessas atividades ao ar livre —

* Hubert e a mãe ficaram em Adyar durante cinco anos. Ele, depois disso, foi para Oxford, casou e tornou-se advogado em Chicago. Ficou muito ressentido com Leadbeater. *The Last Four Lives of Annie Besant* (As Últimas Quatro Vidas de Annie Besant), A. H. Nethercote, p. 193. (Hart-Davis, 1961).

era um atleta natural — mas ainda não fazia progresso algum com as lições. Ao invés de prestar atenção no professor, ele se postava na janela, com a boca aberta, olhando para nada em particular. Leadbeater reiteradamente lhe pedia para fechar a boca. Ele obedecia, mas, logo depois, a abria outra vez. Por fim, certo dia, Leadbeater ficou tão desesperado que lhe deu um tapa no queixo. Mais tarde Krishna diria que isso acabou com seu relacionamento. A boca ficou fechada, mas seus sentimentos por Leadbeater nunca mais foram os mesmos.

Leadbeater estava ainda mais preocupado com o aprendizado oculto dos meninos do que com seu bem-estar físico. Na noite de 1º de agosto, ele os levou em seus corpos astrais, enquanto dormiam, para a casa do Mestre Kuthumi que os colocou em provação e, daí em diante, pelos próximos cinco meses antes de Krishna ser aceito, Leadbeater o levava na forma astral até o Mestre para quinze minutos de instrução, ao final da qual o Mestre resumia a lição em algumas frases. Na manhã seguinte, Krishna escrevia no Bangalô Octogonal aquilo que se lembrava das palavras do Mestre. Dick Clarke e uma senhora que vivia em Adyar atestaram que as notas eram diligentemente escritas pelo próprio Krishna e que a única ajuda que recebia era em relação à ortografia e à pontuação. Essas notas mais tarde foram reunidas no livrinho *Aos Pés do Mestre*, de Alcyone, o qual já foi traduzido para vinte e sete línguas e ainda continua a ser impresso. Alcyone escreveu no prefácio: 'Estas não são minhas palavras; são as palavras do Mestre que me ensinou'.

Em 17 de novembro de 1909, a Sra. Besant chegou de volta à Índia, e Krishna encontrou-a pela primeira vez. Foi o início de um amor eterno entre os dois. Leadbeater havia escrito para ela na Europa, em sua viagem de regresso, para contar-lhe que estava investigando as vidas de Alcyone, mas foi só quando chegou a Adyar que ela soube de suas expectativas em relação ao menino. Durante as três semanas que permaneceu em Adyar, antes de ir para a Convenção Teosófica de Benares*, os meninos

* As convenções anuais eram celebradas em anos alternados em Adyar, a sede internacional da Sociedade Teosófica, e, em Benares, a sede da seção indiana. A Sra. Besant tinha uma casa em Benares.

iam até os aposentos da Sra. Besant todos os dias, onde ela lhes dava lições de leitura. Ela conseguiu amenizar o crescente atrito entre Narianiah e Leadbeater, que se impacientava com a objeção do pai quanto ao afastamento crescente dos filhos em relação à sua influência. A Sra. Besant providenciou, com o consentimento de Narianiah, para que, enquanto estivesse em Benares, os meninos ficassem em seu quarto no edifício da sede.

Em 31 de dezembro Leadbeater telegrafou para a Sra. Besant dizendo que o Mestre Kuthumi havia anunciado que iria aceitar Krishna como seu discípulo naquela noite e gostaria que ela estivesse presente.[7] No dia seguinte ela escreveu a Leadbeater o que lembrava da cerimônia e pediu-lhe para confirmar se era verdade que o Senhor Maitreya tinha colocado Krishna sob o encargo dela e de Leadbeater. Leadbeater respondeu: 'É verdade que o Senhor Maitreya solenemente o entregou aos nossos cuidados em nome da Fraternidade. Krishna está profundamente impressionado e tem-se mostrado diferente desde então'.

Logo depois aconteceu algo muito mais excitante. Em 8 de janeiro de 1910, houve uma interessante troca de telegramas. Leadbeater escreveu para a Sra. Besant em Benares: 'Iniciação ordenada para o dia onze. Surya [o pseudônimo do Senhor Maitreya em *The Lives of Alcyone*] em pessoa irá oficiar. Ordenada para depois visita a Shamballa*. Envolve trinta e seis horas de reclusão'. A resposta foi imediata: 'Feche o santuário [sala] e minha varanda e tranque a porta da escada pelo tempo que for necessário. Use meu quarto, o de minha secretária e o da Sra. Lubke** se for preciso. Você tem minha autorização para tudo'.

A partir da noite de segunda-feira do dia 10 de janeiro até a manhã do dia 12, Krishna e Leadbeater encerraram-se no quarto da Sra. Besant com Nytia ou Dick Clarke vigiando constantemente a porta pelo lado de fora. Clarke recordou que Leadbeater e Krishna ficaram 'fora de seus

---

* Um oásis no deserto de Gobi, onde viveria o Rei da hierarquia oculta, o Sanat Kumara da escritura hindu.

** Uma senhora idosa que trabalhava na biblioteca. Seu quarto era contíguo à sala de estar da Sra. Besant. Leadbeater considerava-a uma 'influência esgotante', e isso lhe deu uma excelente oportunidade para tirá-la definitivamente dali, providenciando a seguir que se limpasse e caiasse as paredes do quarto.

corpos durante a maior parte das duas noites e um dia, regressando apenas de vez em quando e, assim mesmo, de forma parcial, o suficiente para ingerir alimentos (principalmente leite morno) que nós lhes dávamos à beira da cama'. Krishna deitou na cama da Sra. Besant e Leadbeater no chão.[8]

De acordo com Leadbeater, em uma carta para a Sra. Besant, Krishna despertou na manhã do dia 11 gritando: 'Eu me lembro, eu me lembro!' Leadbeater pediu-lhe para contar tudo o que recordava, e essas lembranças foram escritas no dia 12 em uma longa carta para a Sra. Besant. Leadbeater assegurou a ela que aquelas eram as palavras do próprio Krishna, exceto por alguns tempos verbais e uma ou outra palavra que lhe foram fornecidos. Conforme recordou Krishna, o Mestre Morya estava na casa do Mestre Kuthumi, bem como a Sra. Besant e Leadbeater. Em seguida, foram todos juntos para a casa do Senhor Maitreya onde vários outros Mestres estavam presentes. Krishna foi levado ao Senhor Maitreya, juntamente com seus padrinhos, a Sra. Besant e Leadbeater; após haver respondido corretamente às perguntas que o Senhor lhe fez, foi acolhido na Grande Fraternidade Branca. Na noite seguinte, foi levado para ver o Rei do Mundo, e esta, conforme escreveu, 'foi a experiência mais maravilhosa de todas, pois Ele é um menino não muito mais velho do que eu, mas o mais belo que já vi em toda minha vida, resplandecente e glorioso e, ao sorrir, parece com a luz do sol. Ele é forte como o mar, de modo que nada poderia opor-se a Ele e, no entanto, é todo amor, de modo que eu não poderia sentir nem um pouco de medo Dele'.[9]

Quando Krishna deixou o quarto da Sra. Besant, aqueles que o esperavam do lado de fora prostraram-se diante dele. Pela fotografia tirada dele logo depois, certamente parece que ele passou por uma experiência muito profunda. Ele não lembrava nada disso anos mais tarde, a não ser o que outras pessoas lhe contavam.

Em março, Narianiah concordou em transferir a guarda legal dos dois meninos para a Sra. Besant. Ela os colocou no quarto próximo ao seu, embora continuassem a ter lições no Bangalô Octogonal. Em setembro, foram levados para Benares onde ficaram com ela em sua casa, Shanti-

Kunja. Krishna selecionou cinco homens entre o grupo de seguidores especiais da Sra. Besant e pediu autorização para ensinar-lhes as qualificações para o discipulado conforme instruções do Mestre Kuthumi. Entre os cinco encontravam-se George Arundale, o diretor do Colégio Central Hindu de Benares, de trinta e dois anos, e E.A. Wodehouse, o professor de inglês, irmão mais velho de P.G. Wodehouse. A Sra. Besant, encantada com o pedido, escreveu a Leadbeater: 'É muito bom vê-lo desabrochar, seja abençoado... Desenvolve-se muito rapidamente e já não mostra nenhum traço de acanhamento ou timidez, mas uma bela e graciosa dignidade... Ele apadrinha George [Arundale] de modo singular'. O próprio Krishna pediu para Leadbeater enviar-lhe as notas que tomou do ensinamento do Mestre.*

Wodehouse escreveu a respeito de Krishna nesta época em Benares:

> O que mais nos impressionava era sua naturalidade... não havia nele o menor traço de afetação e de que tomava algum partido. Conservava ainda a natureza retraída, modesta e deferente para com os mais velhos e era cortês com todos. Além disso, demonstrava grande afeição para com aqueles que apreciava, o que era particularmente encantador. Parecia não ter a menor consciência de sua posição 'oculta'. Nunca se referia a ela — nunca, em momento algum, fazia a mais leve alusão a isso quando falava ou em seus gestos... Outra qualidade era um sereno altruísmo. Parecia não ter a menor preocupação consigo mesmo... Não éramos devotos cegos, preparados para ver nele apenas perfeição. Éramos mais velhos, educadores, e tínhamos alguma experiência com a juventude. Se houvesse um traço nele de presunção ou afetação ou alguma pose de 'criança sagrada' ou de timidez puritana, teríamos sem dúvida proferido um veredicto adverso'.[10]

A descrição de Wodehouse poderia ser perfeitamente aplicada à natureza de Krishna para o resto de sua vida.

---

* Leadbeater datilografou as notas antes de enviá-las (os originais das notas desapareceram), e foi esta versão datilografada que foi usada em *Aos Pés do Mestre*.

2

'Um tremendo poder'

No início de 1911, foi fundada a Ordem Internacional da Estrela no Oriente, tendo Krishna como Chefe e a Sra. Besant e Leadbeater como Protetores. O objetivo da Ordem era reunir aqueles que acreditavam no próximo Advento do Instrutor do Mundo e preparar a opinião pública para recebê-lo. George Arundale foi nomeado secretário do Chefe. Uma revista trimestral, *Herald of the Star* (Arauto da Estrela), foi criada e impressa em Adyar.

Em fevereiro daquele ano, a Sra. Besant levou os meninos para um viagem pela Birmânia. Krishna, ao ver naquele país muitas estátuas belas do Buda, desenvolveu uma reverência por ele que jamais perdeu. Em seu regresso a Adyar, Leadbeater disse à Sra. Besant que os Mestres desejavam que os meninos fossem levados para a Inglaterra. A Sra. Besant, portanto, partiu com eles para Bombaim em 22 de março. Em Benares, a caminho, foram compradas roupas européias para eles, e os enormes buracos que tinham nas orelhas, feitos quando eram bem pequenos, foram dolorosamente costurados por um médico (as pequenas cicatrizes das orelhas de Krishna nunca mais desapareceram). Foram acompanhados por Arundale que se licenciou do Colégio Hindu por alguns meses.

Zarparam de Bombaim em 22 de abril. A Sra. Besant contou a Leadbeater, na primeira das cartas semanais que lhe enviava, que os meninos adaptaram-se muito bem às roupas européias, embora achassem os sapatos 'apertados', e que Krishna estava encantado porque o capitão permitiu que ele 'visse algo do funcionamento do navio, particularmente o "aparelho Marconi"'.

Havia uma tremenda comoção entre os teosofistas ingleses que foram à Estação Charing Cross, em 5 de maio, dar as boas-vindas à Sra. Besant e seus tutelados. O glorioso destino que aguardava Krishna não tinha sido mantido em segredo. Na multidão encontrava-se Lady Emily Lutyens, de trinta e seis anos, cuja vida, nos próximos vinte anos, giraria em torno de Krishna. A Sra. Besant e os meninos hospedaram-se na casa de sua amiga íntima na Inglaterra, a Srta. Esther Bright, e da sua mãe viúva, na Drayton Gardens, 82. Em 8 de maio, realizou-se uma reunião na sede da Sociedade Teosófica em Bond Street, na qual a Sra. Besant anunciou a formação da Ordem da Estrela no Oriente. Todos os que quisessem pertencer a ela como membros deveriam dar seus nomes a George Arundale. Lady Emily foi uma das primeiras a fazê-lo. Pouco tempo depois, a Sra. Besant a convidou para ser a Representante Nacional da Ordem na Inglaterra. Duas outras que se filiaram, recém-convertidas à Teosofia por Lady Emily, foram a Srta. Mary Dodge e Muriel, condessa De La Warr, uma amiga que vivia com ela em uma casa imensa, *Warwick House*, em St James. A Srta. Dodge era americana mas vivia na Inglaterra há vinte anos e estava tão entrevada pela artrite que era obrigada a usar cadeira de rodas. Herdara do avô, William Earle Dodge, uma fortuna proveniente de minas de cobre, do ramo imobiliário e de estradas de ferro. Ela colocou um carro à disposição da Sra. Besant enquanto estivesse na Inglaterra.

Os meninos conheceram os pontos turísticos de Londres, mas o que mais apreciaram foram os teatros. Não gostavam de caminhar porque os sapatos europeus causavam-lhes agonia. A Sra. Besant levou-os consigo a vários lugares na Inglaterra e Escócia, onde se realizavam encontros da Sociedade Teosófica. Lady Emily acompanhou-os a Oxford e recordava-se deles numa festa ao ar livre em um dia terrivelmente frio de maio — dois tiritantes meninos indianos que pareciam tão desamparados e gelados que ela sentiu vontade de aninhá-los nos braços e protegê-los. Levou-os, juntamente com os dois mais velhos de seus cinco filhos, para verem a procissão da coroação de George V, em 22 de junho.

Posteriormente, a Sra. Besant deu três palestras no *Queen's Hall* em Londres sobre 'A Vinda do Instrutor do Mundo'. O interesse era tão grande que a sala encheu-se e centenas de pessoas tiveram que ficar de fora. Ela era uma oradora magnífica, com estilo floreado. A escritora Enid Bagnold, que a ouviu falar sobre o mesmo tema no *Queen's Hall* em 1912, escreveu em sua autobiografia: 'Quando ela subiu na tribuna estava flamejante. Sua autoridade estendia-se por toda a parte'.

Em agosto, a Sra. Besant e os meninos ficaram com as Bright em Esher, Surrey, onde tinham uma casa de campo. Lady Emily visitou-os várias vezes e recordava a terrível indigestão que acometeu Krishna como resultado da dieta estrita prescrita por Leadbeater, supostamente sob ordens do Mestre Kuthumi: 'inúmeros copos de leite durante o dia, além de mingau e ovos no café da manhã. Ainda posso ver Krishna, após uma noite sem dormir de dor, esforçando-se para comer o desjejum prescrito, sob o olhar severo da Sra. Besant. Como gostaria de ter arrancado aquele prato da sua frente e de ter dado algum descanso às suas vísceras. A digestão difícil, com dores agudas, persistiu até aproximadamente 1916'.[11] Nitya, menos dócil que Krishna, queixou-se à Srta. Bright de que não havia tempero na comida.

Segundo Leadbeater, o Mestre queria que os meninos fossem educados na Inglaterra, em Oxford. Portanto, em agosto, foram inscritos no New College, onde se esperava que Krishna fixasse residência em outubro de 1914.

De volta à Índia, reunidos com Leadbeater, ocorreu o que se considerou ser a primeira manifestação do Senhor Maitreya em Krishna, na Convenção Teosófica em Benares, em 28 de dezembro. Leadbeater descreveu a ocasião em uma carta para Ruspoli em Adyar. Krishna estava em pé, entregando certificados a novos membros da Ordem da Estrela no Oriente, quando de repente Leadbeater sentiu 'um tremendo poder que fluía através dele [Krishna]'. Os membros que estavam na fila prostraram-se a seus pés, alguns deles com lágrimas que lhes rolavam pelo rosto. No dia seguinte, em uma reunião da Seção Esotérica, a Sra. Besant disse publicamente, pela primeira vez, que 'diante do que todos viram e sentiram, não era mais possível tentar esconder o fato de que o corpo de Krishna tinha sido escolhido pelo Bodhisattva [o Senhor Maitreya] e que estava naquele momento sintonizando com ele'.

Em janeiro de 1912, a Sra. Besant recebeu uma carta de Narianiah ameaçando mover um processo contra ela para reaver a custódia dos filhos. Ele estava disposto a consentir que ela os levasse para a Inglaterra para serem educados somente se prometesse apartá-los completamente de Leadbeater, a quem detestava. Segundo Narianiah, ela lhe prometera isso. Leadbeater, no entanto, estava determinado a encontrar um lugar tranqüilo onde pudesse preparar Krishna para sua segunda iniciação. Proibido por Narianiah de levar o menino para as Montanhas Nilgiri como pretendia, Leadbeater partiu secretamente da Índia para encontrar um lugar adequado na Europa, e a Sra. Besant, apesar de ter dito que partiria com os meninos de Bombaim em 10 de fevereiro, zarpou no dia 3. Ela escreveu para Narianiah ordenando que saísse de Adyar imediatamente.

Dessa vez Dick Clarke acompanhou-os e também C. Jinarajadasa (Raja), um proeminente líder da Sociedade Teosófica que estava no exterior dando palestras na época em que Krishna foi 'descoberto'. Em 25 de março, acompanhados somente por Clarke e Raja, os meninos viajaram para Taormina, na Sicília, onde se encontraram com Leadbeater e Arundale. Lá permaneceram cerca de quatro meses, ocupando todo um andar do Hotel Naumachia. A Sra. Besant ficou com eles de maio a julho. Durante sua estadia, Krishna e Raja, segundo Leadbeater, passaram por sua segunda iniciação, Nitya e Arundale pela primeira.

Arundale voltou para a Índia em julho, enquanto a Sra. Besant, Raja e os meninos foram para a Inglaterra. Leadbeater, que nunca mais visitou a Inglaterra, foi para Gênova por um curto período. A Sra. Besant escreveu-lhe para dizer que havia recebido uma carta de Narianiah intimando-a a devolver os meninos no final de agosto. A carta foi publicada em um jornal de Madras, *The Hindu*, que desferiu um violento ataque contra a Sra. Besant, Leadbeater e a Sociedade Teosófica. O editor era inimigo pessoal da Sra. Besant; ela e Leadbeater acreditavam ser ele quem estava influenciando Narianiah e financiando a demanda judicial que ele logo impetraria contra ela. Ela temia que esse editor tentasse raptar os meninos, portanto, antes de regressar à Índia, deixou-os na Inglaterra, certificando-se de que eles ficariam escondidos na zona rural. Lady De La Warr emprestou-lhes sua casa, Old Lodge, em Ashdown Forest, onde permaneceram por seis meses, com Raja e Dick Clarke como tutores e dois ex-alunos de Leadbeater como guardiães. A Sra. Bright e a filha ficaram encarregadas de cuidar da casa. Lady Emily foi visitá-los muitas vezes. A ligação mútua entre ela e Krishna aprofundava-se.

Narianiah alegou, no processo que impetrou contra a Sra. Besant na Alta Corte de Madras, que ela não tinha direito de delegar a guarda dos meninos, que ele lhe havia conferido, a uma pessoa contra a qual ele tinha uma forte aversão. Alegou também que havia uma 'associação não-natural' entre Leadbeater e o menino mais velho. A Sra. Besant, fazendo sua própria defesa, perdeu o processo, embora a acusação mais injuriosa, da associação não-natural de Leadbeater com Krishna tenha sido encerrada. Ela recebeu ordens para devolver os meninos ao pai. Recorreu imediatamente, mas também perdeu. Entrou então com recurso no Conselho Privado Britânico. A sentença foi-lhe favorável, mas ela teve que arcar com as custas. O recurso foi aceito com base, principalmente, no fato de que os meninos não foram consultados nem representados na Corte. Os meninos não queriam voltar para a Índia, e a ordem da Corte de Madras não podia ser levada a efeito sem o consentimento deles. No entanto, foram tantos os adiamentos que o julgamento só foi proferido em 25 de maio de 1914, quando Krishna já estava com dezoito anos, idade em que os meninos alcançam a maioridade perante a lei indiana.[12]

Krishna escreveu para a Sra. Besant na Índia quando soube do veredicto, agradecendo-lhe por toda sua dedicação desde que ela o viu pela primeira vez na estação de Madras: 'Sei que a única coisa que a senhora deseja é que eu auxilie os demais, assim como a senhora me ajudou. Eu me lembrarei sempre disso, agora que sou maior de idade e livre para seguir minha vontade sem sua guarda'. Krishna nunca perdia uma mala postal para enviar à Sra. Besant pequenas cartas afetuosas que lhe falavam um pouco de seu verdadeiro estado de espírito.

3

'Por que eles me atormentam?'

Enquanto as audiências continuavam, os dois meninos mudavam constantemente de lugar. No verão de 1913 estavam em Varengeville, na costa da Normandia, onde lhes foi emprestada uma casa por M. Mallet*. Arundale demitira-se do Colégio Central Hindu para servir de preceptor dos meninos. Chegaram instruções dos Mestres através de Leadbeater de que Krishna nunca deveria sair sem a companhia de dois iniciados — Arundale e Raja. Raja era muito mais rigoroso com a disciplina do que Arundale, e os meninos ressentiam-se dele como preceptor.

Lady Emily também estava em Varengeville naquele verão, em outra casa com os cinco filhos. Todas as tardes havia jogos de tênis e um jogo parecido com beisebol (*rounders*). A atividade principal, contudo, era o planejamento de um novo e ampliado *Herald of the Star*, a ser publicado mensalmente na Inglaterra, tendo Lady Emily como editora. Naquele verão Krishna tornou-se 'tudo na vida' de Lady Emily. O 'marido, casa e filhos ficaram em segundo plano'. Ela olhava para Krishna como 'filho e instrutor'[13], e ele, durante alguns anos, foi igualmente devotado a ela.

Em outubro daquele ano a Srta. Dodge fixou uma renda anual vitalícia de 500 libras para Krishna e 300 para Nitya. Foi esta renda que, parece, deu coragem a Krishna para escrever para Leadbeater reivindican-

* Esta era a segunda casa que Edwin Lutyens havia construído para os Mallet, chamada Les Communes.

do sua independência pela primeira vez. Ele solicitou que Raja fosse 'desincumbido de seus deveres' pois ele, Krishna, sabia que podia 'controlar e orientar George [Arundale]' melhor sem sua presença. 'Creio que já é hora', continuou, 'de tomar minhas obrigações em minhas próprias mãos... não me tem sido dada a oportunidade de sentir minhas responsabilidades e tenho sido tratado como um bebê'. Raja foi chamado de volta, mas o pedido não foi bem recebido. Até então, Leadbeater tinha encontrado um Krishna totalmente maleável.

Devido aos renovados temores de seqüestro, Arundale foi incumbido de levar os meninos novamente para Taormina, em janeiro de 1914. Desta vez Lady Emily foi com eles e a Sra. Besant a reprovou severamente em uma carta por deixar os filhos que eram de sua responsabilidade para seguir Krishna que não era. A próxima mudança dos meninos foi para Shanklin na Ilha de Wight onde Krishna aprendeu a jogar golfe. E. A. Wodehouse tinha sido enviado de Benares como preceptor em lugar de Raja, e a tia de Arundale, Srta. Francesca Arundale, ficou encarregada dos cuidados da casa (Krishna recebia da Sra. Besant 125 libras mensais para cobrir as despesas). A Srta. Arundale, que tinha sido discípula da Sra. Blavatsky, era uma mulher de aparência severa, com cabelos grisalhos penteados para trás e óculos com aros de metal. Lady Emily também ia com freqüência visitá-los. Caminhando com ela pelos bosques, Krishna podia ver pequenas criaturas encantadas e surpreendia-se que ela não as visse também. Ela recordava que, naqueles dias, ele só estava interessado por poesia, especialmente por Shelley e Keats e por partes do Velho Testamento, que ela lia em voz alta para ele. Ele sabia quase de cor a 'Canção de Salomão'.

A atenção que Lady Emily dispensava a Krishna deixou George Arundale enciumado nesta época. Ele enviava relatórios à Sra. Besant sobre o mal que ela estava causando a Krishna. Depois que a Sra. Besant ganhou a causa no Conselho Privado, em maio, os meninos, juntamente com os preceptores, mudaram-se para Bude, uma cidade costeira em Cornwall, onde Lady Emily foi proibida por Arundale de visitá-los. Ele lhe disse que ela estava atrapalhando 'o trabalho do Mestre ao enfatizar a natureza inferior de Krishna em detrimento da superior' e que ela sabia muito pouco sobre como ele realmente era. Ele solicitava com insistência que Krishna 'trouxesse' tudo que lembrasse do plano astral, mas Krishna nunca 'traria' nada que não considerasse genuíno.

Para compensar o fato de não poder ver Lady Emily, Krishna ganhou uma bicicleta motorizada com a qual andava por Bude. Ele passava horas polindo-a e lidando com o motor. Dick Clarke disse que ele era um mecânico nato. Tornou-se um bom jogador de golfe pois treinava com um excelente profissional. (Cinco anos depois ganhou um campeonato em Muirfield, um momento que, mais tarde, declarou ter sido o de que mais se orgulhava em sua vida).

Em julho, B. Shiva Rao foi enviado da Índia para Bude pela Sra. Besant, para ensinar sânscrito a Krishna. Shiva Rao conhecia os meninos de Adyar onde ele havia ajudado Leadbeater a compilar *The Lives of Alcyone*. Era jovem e tinha uma influência animadora, mas, quando a guerra estourou em 4 de agosto de 1914, foi chamado de volta. A guerra não mudou a vida tediosa nos melancólicos alojamentos em Bude. No outono, quando Nitya foi estudar em Oxford, Krishna ficou ainda mais isolado. Ansiava por uma vida normal e escreveu para Lady Emily: 'Por que eles me atormentam?' Não tinha companhia de jovens, ninguém com quem rir, e ele adorava rir, e, com o afastamento de Lady Emily, a severa Srta. Arundale era a única companhia feminina.

Não é certo que a Sra. Besant percebesse algo da solidão e infelicidade de Krishna. Ela estava totalmente ocupada com o trabalho pelo *Home Rule* (Governo Próprio) da Índia, em função do qual fez campanhas tão ativas que, em 1917, prenderam-na por três meses em Ootacamund. Leadbeater, enquanto isso, fazia uma longa turnê de palestras e, ao final, estabeleceu-se na Austrália, em 1915, onde deu início a uma comunidade. Parecia ter esquecido Krishna, embora continuasse a escrever artigos nas revistas teosóficas sobre a Vinda.

No final de março de 1915, Nitya, que também estava bastante só e infeliz e estudara muito com seu preceptor em Oxford, forçando demais os olhos, partiu para a França como estafeta da Cruz Vermelha francesa. Krishna desejava ir também e ficou emocionado ao receber um telegrama da Sra. Besant consentindo. Foi imediatamente para Londres encomendar um uniforme, mas, para seu grande desapontamento, a permissão foi subitamente retirada. Considerou-se mais importante que os dois meninos continuassem a preparar-se para Oxford, de sorte que ele retornou para Bude na companhia de Wodehouse, para alojamentos ainda mais monótonos, pois a Sra. Besant estava encontrando dificuldade em enviar mensalmente o dinheiro durante a guerra. Arundale, ao contrário, em um uniforme novo e elegante, foi trabalhar no hospital da Cruz Vermelha anglo-francesa em Londres. Ele e Krishna nunca mais ficaram próximos. Nitya foi chamado de volta da França, encontrando-se com Krishna em Bude.

Com Arundale fora do caminho, os irmãos ficaram muito próximos e sentiam-se ambos mais felizes. Krishna, porque podia ver Lady Emily outra vez, e Nitya, porque ganhou duas medalhas de ouro por seu trabalho com a Cruz Vermelha francesa. Krishna esperava passar, depois de muito esforço, no *Responsions* (o exame de admissão da Oxford) em outubro de 1916, dois anos mais tarde do que se pretendia. Isso significava que Nitya iria para Oxford antes dele.

No final de abril de 1916, os meninos deixaram Bude para sempre e Wodehouse alistou-se na Guarda Escocesa. Passaram dois meses em Londres, hospedando-se com a Srta. Dodge e Lady De La Warr na enorme casa que agora compartilhavam, *West Side House* em Wimbledon Common, a qual tinha um belo jardim. Embora os meninos tivessem estado muitas vezes em *Warwick House*, convidados para alguma refeição, *West Side House* oferecia-lhes a primeira experiência das condições luxuosas de um lar aristocrático e rico. Ficaram, também, em contato com um advogado aposentado, Harold Baillie-Weaver, o qual, antes de casar e converter-se à Teosofia vivia em grande estilo. Ele ainda se vestia impecavelmente e era cheio de *joie de vivre* (alegria de viver). Foi o primeiro 'homem do mundo' com o qual tiveram contato. Ele lhes apresentou seu alfaiate, moldou seus gostos em matéria de roupas e até mesmo ensinou-lhes lustrar os sapatos. Daí em diante, eles se vestiam com ternos feitos sob medida, camisas e sapatos, polainas e chapéus de cor cinza e portavam bengalas com cabo de ouro. (Este estilo tornou-se possível com a doação anual da Srta. Dodge). Krishna não perderia jamais o gosto e o interesse por boas roupas.

Esse período em *West Side House* foi comparativamente feliz para os meninos. Havia duas quadras de tênis; ficavam de roupão descansando a maior parte da manhã e eram livres para ir ao cinema sempre que quisessem e para visitar Lady Emily. Sentiam-se perfeitamente bem na casa dos Lutyens, cujas crianças menores os tratavam como parte da família. O inconveniente em *West Side House* era que deviam comportar-se exemplarmente, pois sabiam que Lady De La Warr imediatamente transmitiria à Sra. Besant qualquer futilidade indevida. Era uma mulherzinha irritadiça, muito diferente da Srta. Dodge que tinha uma natureza santa.

Contudo seus estudos logo tiveram que prosseguir. Baillie-Weaver encontrou um preceptor para os meninos, o Rev. John Sanger, que vivia com sua esposa perto de Rochester em Kent e tinha apenas outros três estudantes. Krishna considerava o Sr. Sanger um excelente professor, mas ficou desapontado quando ele lhe disse que não havia esperança de que viesse a passar nos exames antes de março de 1917. Os exames não eram o único problema, entretanto. O New College tinha cancelado o nome dos meninos por ocasião do processo judicial. Agora Baillie-Weaver estava tentando colocá-los no Christ Church ou no Balliol.

Depois de uma visita a Londres, ao retornar para junto de Sanger, Krishna escreveu uma carta para Lady Emily em que mostra a nobreza de seu amor por ela e a desnecessária suspeita de Arundale:

> Mamãe querida, haverá tantas despedidas nesta vida que precisamos acostumar-nos a elas se quisermos ser felizes. A vida é realmente uma imensa separação quando amamos *muito* e *puramente* alguém. Nesta vida temos que viver para os outros e não para nós mesmos e não devemos ser egoístas.

> Mamãe, você não sabe o quanto tem me ajudado ultimamente; foi você que despertou em mim o desejo de trabalhar e fazer o que o Mestre quer que eu faça. Foi você, também, que me fez viver de forma pura e pensar em coisas puras e afastar os pensamentos que a tantos incomodam. Como vê, minha *santa* mãe, você tem me ajudado muito, mesmo que muitas vezes pense que é um empecilho para mim.

Embora tenha se desenvolvido tardiamente, Krishna era um jovem perfeitamente normal, mas por causa da necessidade da absoluta pureza de um iniciado que lhe foi infundida, ele se preocupava terrivelmente com os 'maus sonhos', que considerava 'abomináveis'. Ele não conseguia entendê-los, pois sabia que seus pensamentos eram sempre puros quando estava acordado. Lady Emily ajudou-o, assegurando-lhe que eram apenas uma válvula de escape normal.

No início de 1917, todas as esperanças de colocar os meninos em Oxford foram abandonadas. Nenhuma universidade os aceitaria em virtude do processo e da reputação de Krishna de ser 'o Messias'. O Sr. Sanger tentou então, sem sucesso, colocá-los em sua velha Universidade de Cambridge. Por volta de junho compreendeu-se que não havia alternativa a não ser tentar a Universidade de Londres, o que significava um exame ainda mais difícil do que o de Cambridge.

Como Krishna deve ter-se sentido entediado com a interminável preparação para os exames para os quais não tinha a menor aptidão! Sentia-se que ele perseverou mais para agradar a Sra. Besant do que por sua própria vontade. Contudo, ele começava a desenvolver seus próprios poderes. Escreveu para Raja em 11 de novembro: 'Talvez fique contente em saber que estou tratando dos olhos de Nitya. Eles melhoraram tremendamente, e ele pode ver com o olho esquerdo [com o qual, até então, praticamente não via nada]... Aqui, [na casa de Sanger] quando alguém tem uma dor de cabeça ou de dente vem procurar-me, portanto você pode imaginar a minha popularidade'. Poucas semanas mais tarde ele escreveria à Sra. Besant:

> Tenho pensado muito na senhora ultimamente e faria qualquer coisa para ver seu querido rosto. Que mundo engraçado é este! Sinto-me tão triste por saber que está se sentindo fraca e, no entanto, espero que esteja trabalhando muito,

> como de costume. Eu só gostaria de estar aí para cuidar da senhora e acredito que a deixaria boa outra vez. Estou desenvolvendo o poder de curar as pessoas e estou tratando os olhos de Nitya todos os dias, e eles melhoraram muito.

Em janeiro de 1918, 'os meninos', como ainda eram chamados, embora Krishna já tivesse vinte e três anos e Nitya, vinte, vieram para Londres para os quatro dias de exames. Krishna achou que tinha ido bem, mesmo em matemática e latim, matérias em que era mais fraco, mas em março souberam que, embora Nitya tivesse passado com distinção, Krishna tinha rodado. Portanto, voltaria para as aulas com o Sr. Sanger, enquanto Nitya permaneceria em Londres para estudar advocacia. O Sr. Sanger ficou muito decepcionado por Krishna. Fez a interessante observação de que, embora Nitya tivesse uma mente mais aguda, a mente de Krishna era maior; ele possuía uma compreensão mais ampla do tema, mas a desvantagem de não conseguir expressar prontamente os pensamentos.[14]

Krishna deixou de vez a casa do Sr. Sanger em maio e passou a maior parte do verão em *West Side House*. Em setembro voltou a prestar exames, novamente com grandes esperanças, mas foi reprovado em matemática e latim. Neste inverno ele viajou todos os dias de ônibus de Wimbledon para a Universidade de Londres, para assistir conferências nas quais não tinha interesse algum, até o início de 1919, quando se mudou com Nitya para um apartamento em Londres na Robert Street, Adelphi. Ele continuou a ir todos os dias à Universidade de Londres enquanto Nitya ainda se preparava para a advocacia. Ficavam muito tempo em nossa casa em Londres. Era emocionante chegar em casa da escola e ver seus chapéus cinzas e as bengalas com cabo de ouro na mesa da entrada. Krishna, que recém descobrira P.G. Wodehouse e Stephen Leacock, lia *Piccadily Jim* e *Nonsense Novels* em voz alta para nós, encostado na estante de livros na sala de estar (ele raramente sentava, exceto durante as refeições), e ria tanto que mal podia pronunciar as palavras. Ele tinha um riso contagiante que jamais perdeu. Nos fins de semana, íamos ao cinema com eles e também brincávamos de esconde-esconde por toda a casa. Tinham um encanto pessoal único para mim; criavam um charme em torno de si onde quer que fossem. Pareciam mais um com o outro do que dois irmãos ingleses, pois o fato de serem estrangeiros colocava-os igualmente à parte. Seu sotaque inglês tinha uma cadência idêntica, tinham o mesmo riso, os mesmos pés estreitos para os quais nenhum sapato que não fosse feito sob medida servia, a mesma capacidade de dobrar as primeiras juntas dos dedos sem dobrar as segundas e ambos passavam uma pomada cheirosa nos cabelos lisos, pretos e lustrosos. E, além disso, eram os mais limpos e mais bem vestidos de todos que eu conhecia. Não podiam vestir as mesmas roupas porque Nitya era mais baixo que o irmão, mas dividiam as camisas, gravatas, meias, roupas de baixo e lenços, todos bordados com as iniciais JKN.

Em junho de 1919 a Sra. Besant veio para a Inglaterra. Há quatro anos e meio não via os irmãos. Enquanto ela estava lá, Krishna presidiu a reunião da Estrela, o primeiro trabalho do tipo que fez desde a última visita dela: ele nunca lhe falou de sua perda de interesse pela Teosofia e pela Ordem da Estrela no Oriente. Antes de retornar à Índia, ele lhe pediu permissão para viver na França para aprender francês, caso não passasse nos exames pela terceira vez. Vendo que não havia esperanças de que ele estudasse ainda mais para entrar na Universidade de Londres, ela permitiu. Em janeiro de 1920, Nitya passou no exame de leis e no mesmo mês Krishna fez os exames pela terceira vez, mas, vendo que não tinha chance alguma, deixou as provas em branco. Quatro dias mais tarde estava em Paris.

4

'Nunca poderei realizar meu sonho'

No início, Krishna morou em Paris com dois teosofistas, membros da Estrela, a Sra. Blech e sua irmã. Saudoso de Lady Emily, chegou ao auge de sua infelicidade e desilusão com seu papel. Escreveu para ela em 1º de fevereiro: '*Nunca* poderei realizar meu sonho. Quanto mais maravilhoso ele é, mais triste e inalterável. Você conhece o meu sonho, mãe, é estar com você *ad infinitum*. Mas eu sou um *lusus naturae* (um capricho da natureza), e a natureza diverte-se com seu capricho enquanto o capricho sofre'. Dez dias mais tarde: 'Ó, mãe, sou jovem, deverei por acaso envelhecer tendo a tristeza como eterna companheira? Você teve sua mocidade e felicidade e teve aquilo que só pode ser dado pelo homem ou por Deus, um lar!'

Uma das primeira pessoas que Krishna encontrou em Paris foi Fabrizio Ruspoli que tinha voltado para a marinha quando a guerra começou e estava agora em Paris como chefe da Delegação Naval italiana para a Conferência da Paz. Numa carta de 11 de fevereiro, Krishna contou a Lady Emily:

> Ruspoli e eu almoçamos em um pequeno restaurante. Conversamos bastante. Ele está muito triste como eu. Pobre velho Ruspoli... Ele, aos 42 anos, sente-se desamparado; não acredita em nada que C.W.L. [Leadbeater] ou a Sra. Besant disseram... Não sabe o que fazer, não tem ambição alguma. Na verdade, estamos ambos no mesmo barco infeliz... Ele pensa como eu e sente tudo o que sinto, mas, como ele mesmo diz, o que fazer? Nós dois sentimo-nos miseráveis.

Entretanto logo a vida de Krishna seria iluminada pela família chamada de Manziarly que vivia perto das irmãs Blech. A Sra. de Manziarly, uma russa casada com um francês, era uma mulher pequena, bonita e expressiva, com três filhas e um filho, os quais filiou à Ordem da Estrela ainda crianças. Somente as duas moças mais velhas, Marcelle e Yolande (chamadas de Mar e Yo), com dezenove e quinze anos, estavam em Paris na época. Mar, requintada pianista e compositora, tornou-se uma amiga especial de Krishna. A Sra. de Manziarly dava-lhe lições de francês, levava-o a exposições, à Comédia Francesa e ao Balé Russo, mas ele preferia mais os piqueniques com as garotas que o tratavam com um misto de brincadeira e reverência. No entanto, ficou constrangido ao descobrir que essa família e seus amigos sentiam-se 'inspirados' por ele, que o consideravam uma 'chama viva'. Como ele contou a Lady Emily, eles queriam ver os Mestres enquanto 'eu, como você sabe, não ligo a mínima'. Contudo, ele teve uma experiência mística que relatou a Lady Emily:

> De repente enquanto ela [a Sra. de Manziarly] falava, perdi a consciência dela, de toda a sala e *toute les choses*. Foi como se eu tivesse desmaiado por um segundo; esqueci o que estava dizendo e pedi para ela repetir o que eu dizia. É absolutamente indescritível, mãe. Foi como se minha mente e alma tivessem sido retiradas por um momento e me senti muito estranho, posso garantir. A Sra. de M. olhava para mim o tempo todo, e eu disse que me sentia muito estranho e perguntei: 'A sala está *muito* quente, não está?', pois não queria que ela pensasse que eu estava 'inspirado' ou qualquer coisa assim, mas de qualquer modo, realmente *me senti* inspirado e muito estranho... Tive que levantar e ficar um pouco em pé para retomar minhas idéias. Asseguro-lhe, mãe, que foi muito estranho, muito mesmo. Cá entre nós, na linguagem teosófica, *certamente* havia alguém ali, mas eu *não* disse isso a ela.

Nitya visitou Krishna em Paris em fevereiro de 1920; ele e a Sra. de Manziarly ficaram muito amigos. Nitya sentiu que finalmente encontrara alguém para cuidar dele não porque era irmão de Krishna, mas por ele mesmo. O marido da Sra. de Manziarly morreu em fevereiro. Ela pôde, então, dedicar-se inteiramente a Krishna que, agora, morava sozinho em um pequeno sótão. Em julho, Krishna partiu, por dois meses, juntamente com a família de Manziarly, para Amphion, no Lago de Genebra, onde alugaram uma casa. Enquanto estavam lá, ele leu para as meninas *The Buddhas's Way of Virtue* (O Caminho da Virtude de Buda), o que despertou nele um pouco de sua fé anterior. A passagem que mais o impressionou foi: 'Onipotente e onisciente, desprendido, imaculado, desimpedido, totalmente liberto pela destruição do desejo. A quem chamarei de mestre? Eu mesmo encontrei o caminho'.

Provavelmente essas férias em Amphion foram as mais felizes de Krishna. Entristecia-se porque Lady Emily não podia estar ali. 'Como você teria apreciado esse lado infantil e divertido', escreveu. Ele teria gostado especialmente que ela estivesse presente na expedição para Chamonix. 'Tão calmas e dignas pareciam aquelas montanhas... Queria muito que você visse aquilo. Para mim é a manifestação do próprio Deus'. Foi a primeira vez que percebeu as montanhas, as quais nunca mais deixaria de amar e reverenciar.

Krishna ouviu falar que Raja estava na Inglaterra outra vez, e trouxera com ele, para ir a Cambridge, um ex-aluno de Leadbeater, Rajagopalacharyia (Rajagopal), um jovem de vinte anos, que diziam ter sido São Bernardo numa vida anterior e ter um maravilhoso futuro. Krishna supôs, como disse a Lady Emily, que agora que Raja estava lá todas as vidas passadas e etapas ocultas no Caminho começariam outra vez. Raja, disseram lhe, queria iniciar algum tipo de cerimonial na Sociedade Teosófica. 'Vou escrever a Raja e dizer-lhe que desde que ele não use sua cerimônia cintilante na Estrela, para mim tanto faz... Suponho que ele acredite no que Lady D [De La Warr] diz sobre nós e nossas dívidas... Se ele tivesse me dito que gastaram tanto comigo em minha "educação"(?) e que eu teria que devolver em "serviço" à S.T. [Sociedade Teosófica], eu lhes teria dito que nunca pedi para me tirarem da Índia etc. De qualquer modo, está tudo miseravelmente podre e estou cheio de tudo isso'.

Ele ficou mais perturbado quando Raja enviou-lhe uma cópia adiantada de *The Disciple* (O Discípulo), uma nova revista editada pela Seção Esotérica da Sociedade Teosófica. Escreveu para Lady Emily:

> Meus cabelos ficaram em pé... como você sabe, eu realmente acredito nos Mestres etc., e não quero que sejam ridicularizados... o *Discípulo* é tão miseravelmente mesquinho e sujo... Estou revoltado, como você pode

> imaginar, e, pessoalmente, não quero pertencer a nada de que me envergonhe... *se* [sublinhado quatro vezes] tiver que ocupar uma posição de liderança na S.T. será por causa daquilo *que sou* e não pelo que os outros pensam de mim ou pela posição que criaram para mim.

Mas ele não demonstrou nem um pouco de sua revolta à Sra. Besant, tão-somente a devoção que jamais deixou de sentir por ela. Ao escrever-lhe pelo seu septuagésimo terceiro aniversário, em setembro, expressou isso de todo o coração. Ele também lhe disse que agora podia ler e entender francês facilmente e pretendia ir para a Sorbonne estudar filosofia.

No final de setembro, Krishna encontrou-se com Nitya e ficaram juntos por uma semana em outro apartamento em Adelphi. A essa altura já tinha visto Raja várias vezes e conhecera Rajagopal a quem achou 'muito simpático'. Naqueles dias em Londres, antes de voltar a Paris, em setembro, o seu interesse na Ordem da Estrela reascendeu, evidentemente por influência de Raja. Começou a escrever notas editoriais mensais para o *Herald,* que ainda estava sendo editado por Emily. Para ele, escrever essas notas era um grande esforço e ele se sentia cada vez mais tenso; no entanto, isso fez uma grande diferença sobre as vendas da revista, que atravessava dificuldades financeiras. O próprio Krishna escreveu solicitando donativos, e estes foram feitos de modo a poder levar adiante a revista. Quando Robert, filho de Lady Emily, agora jornalista profissional, tornou-se seu editor, a revista começou a ter lucro.

De volta a Paris, Krishna freqüentou a Sorbonne e também, seguindo o conselho de Lady Emily, teve lições de locução. Ao cabo de um mês falou voluntariamente numa reunião da Sociedade Teosófica. Disse que 'ficou tremendo' antes de começar a falar, mas uma vez na tribuna ficou 'tão calmo como um orador experiente... As pessoas batiam palmas e davam largos sorrisos... Daqui para a frente vou falar como gosto de falar e estou muito contente, pois terei que fazer isto um dia'. Este foi um passo importante em seu desenvolvimento.

Krishna escreveu para a Sra. Besant, em janeiro de 1921, contando-lhe que seu francês estava 'florescendo' e que havia começado a estudar sânscrito o que 'será útil na Índia'; e acrescentou: 'meu único desejo na vida é trabalhar para você e para a Teosofia. Hei de conseguir. Quero chegar à Índia, como Raja deve ter-lhe contado, e fazer minha parte no trabalho'. Ele nunca aprenderia sânscrito, contudo, e ficou pouco tempo na Sorbonne. No início de fevereiro foi acometido de bronquite, e a Sra. de Manziarly levou-o do hotelzinho barato onde estava agora para seu apartamento na Rua Marbeuf onde ela e as meninas cuidaram dele. Ao mesmo tempo, em Londres, Nitya foi atacado por uma forma virulenta de catapora. Quando os dois irmãos melhoraram, foram para Antibes, onde passaram três meses sozinhos recuperando-se. Lá Krishna teve tempo para olhar seriamente para si mesmo, como disse a Lady Emily, em março:

> Estive pensando muito na Ordem e na S.T. [Sociedade Teosófica] *mais surtout de moi-même* (mas sobretudo em mim mesmo). Preciso encontrar-me; *somente* então poderei ajudar os outros. Na verdade, preciso fazer o Velho Senhor [expressão de Ruspoli para o ego ou eu superior] descer e assumir alguma responsabilidade. O corpo e a mente não são espirituais o bastante, e agora devo despertá-los para ser 'sua' habitação. Para ajudar devo ter compaixão, compreensão total e *surtout* (sobretudo) infinito amor. Estou usando frases batidas, mas elas são *novas* para mim.

Visto que Krishna ainda estivesse longe de sentir-se bem quando retornou a Paris, a Sra. de Manziarly levou-o a um médico naturalista seu amigo, o Dr. Paul Carton, que o colocou sob uma dieta severa que ele seguiu criteriosamente. Embora Krishna nunca tenha deixado de ser vegetariano e jamais tenha tocado em álcool, chá ou café, experimentou novas dietas durante toda sua vida sem se prender a nenhuma por muito tempo. Com idade avançada ele tinha praticamente uma farmácia cheia de vitaminas, alimentos saudáveis e pílulas de todo tipo.

Uma grande mudança aconteceria nessa época para os dois irmãos. Em maio descobriu-se que Nitya tinha uma mancha no pulmão. Tão logo Krishna soube disso, intimou-o a vir para Paris para ser tratado pelo Dr. Carton, que afirmava que a única maneira de curá-lo seria tratá-lo como se estivesse no último grau da tuberculose; a Sra. de Manziarly, então, levou-o para um completo descanso em Boissy-St-Leger, perto de Paris, onde uma casa foi colocada à sua disposição. Foi o fim de sua futura carreira como advogado.

A Sra. Besant estava em Paris, em julho, para uma Convenção Teosófica Internacional, seguida do primeiro Congresso da Ordem da Estrela no Oriente, ao qual Nitya teve permissão de assistir. A Ordem contava agora com 30.000 membros, dos quais 2.000 participaram do Congresso. A Sra. Besant e Krishna abriram juntos o Congresso na França, após o que Krishna encarregou-se de tudo. Tanto a Sra. Besant quanto Nitya ficaram surpresos e encantados com a maestria com que ele o conduzia. A Sra. Besant escreveu no número de setembro de *The Theosophist* que 'ele surpreendeu a todos os presentes por seu domínio das questões que surgiam, sua firmeza no controle das discussões... mas o mais importante era sua intensa convicção da realidade e onipotência do Deus Oculto em cada homem e, para ele, dos resultados inevitáveis da presença dessa Divindade'.

Os irmãos passaram o mês de agosto com a Sra. de Manziarly, Mar e Yo em Boissy-St-Leger, para onde Lady Emily, minha irmã Betty e eu, agora com quinze e treze anos, fomos, embora tivéssemos ficado em outra casa. Rajagopal também fazia parte do grupo, ficando conosco, bem como John Cordes, que supervisionava os exercícios físicos de Krishna em Adyar. Nitya, que ainda se debatia com a febre alta, levava uma vida inválida, enquanto o restante do grupo jogava beisebol todas as tardes e jogos infantis em nosso jardim à noitinha, tais como o casaco do cego, 'estátua' e uma espécie de telefone-sem-fio russo, entremeados por risadas estridentes. Krishna envolvia-se totalmente nesses jogos como se nada mais importasse. Tendo sido privado de tudo isso na infância, era como se agora nada fosse o bastante.

Antes da Sra. Besant voltar para a Índia, ficou decidido que Krishna e Nitya deveriam encontrar-se com ela naquele inverno, pois Krishna iniciaria sua missão. Mas, por volta de setembro, Nitya piorou; por isso, acompanhado de Cordes, Krishna levou-o para Villars nos Alpes Suíços. Em meados daquele mês, deixando Nitya com Cordes em Villars, Krishna foi ter com o barão van Pallandt que queria doar a Krishna sua bela morada ancestral do início do século dezoito, o castelo Eerde, próximo de Deventer, na Holanda, cercado de 2000 hectares de florestas. No caminho, Krishna parou em Amsterdã onde conheceu uma atraente norte-americana de dezessete anos de idade, Helen Knothe, que estava passando uma temporada com a tia holandesa e teosofista para estudar violino. Pela primeira vez, apaixonou-se.

Retornando a Villars, ficou estabelecido que, se a saúde de Nitya permitisse, os irmãos partiriam de Marselha para Bombaim em 19 de novembro. O estado de saúde de Nitya certamente tinha melhorado e, no final de outubro, a Sra. de Manziarly os acompanhou até Leysin para consultar um conhecido especialista em pulmões, o Dr. Rollier, que, infelizmente, declarou que ele estava suficientemente bem para viajar para a Índia. Krishna, nesse meio tempo, após quinze dias em Londres, despedindo-se dos amigos, foi para a Holanda por uma semana para uma Convenção Teosófica e da Estrela. Encontrou Helen novamente e ficou ainda mais apaixonado. Em Paris, na véspera da partida para Marselha, escreveu para Lady Emily:

> Sinto-me muito infeliz por estar deixando você e Helen por um longo tempo. *Estou* terrivelmente apaixonado e é para mim um grande sacrifício partir, mas *nada* mais pode ser feito. Sinto como se tivesse uma enorme ferida dentro de mim... Creio, ou melhor, sei que ela também sente o mesmo, mas o que se há de fazer... Você não sabe como estou me sentindo. Nunca tinha compreendido isso antes e o que significa... 'Chega de desejos fúteis. Como roubam tempo'. Como estou infeliz! Deus a abençoe.

Os irmãos receberam boas-vindas dignas de um rei quando chegaram a Bombaim e Adyar. Em Adyar, a Sra. Besant mandou construir quartos com varanda para eles, na parte de cima de uma casa junto ao edifício da sede onde ela mesma vivia, com uma belíssima vista do rio desaguando no mar. Os dois acharam Adyar o lugar mais bonito que já haviam visto. Krishna, particularmente, gostava de caminhar até o mar ao entardecer por entre o coqueiral. Passaram a usar vestimentas indianas tão logo chegaram em Bombaim. (Krishna, não querendo chamar atenção, sempre vestia roupas indianas na Índia e ocidentais no Ocidente. Mas, às vezes, à noite, vestia roupas indianas na Europa).

Em Adyar, os irmãos foram ver o pai que vivia em Madras, prostrando-se a seus pés e tocando-os com a testa como bons filhos indianos. O velho homem ficou tão contente de vê-los que mal pôde falar por causa das lágrimas que lhe rolavam pelo rosto.*

Os irmãos permaneceram apenas três meses e meio na Índia, durante os quais viajaram com a Sra. Besant por vários lugares do país. Krishna deu uma das palestras da Convenção em Benares. (Nem nessa época, nem em outra ocasião, usou notas para suas palestras). Em Benares reencontrou George Arundale, recentemente casado com uma bela garota brâmane de dezesseis anos, Rukimini Devi, fato que causou grande sensação. Krishna deu, também, uma palestra em Adyar sobre 'A Vinda do Instrutor' que, com precisão, anunciaria o futuro: 'Ele não pregará o que nós queremos, nem fará concessões aos nossos sentimentos que tanto apreciamos, mas, ao contrário, Ele irá nos despertar queiramos ou não.'[15]

Krishna não via muito a Sra. Besant em Adyar, pois ela passava o dia na redação do *New Índia*, o jornal diário que editava desde 1915 em Madras. Infeliz e com saudades de Helen, sentia-se angustiado por encontrar tantas facções rivais em Adyar. Oferecia uma reunião com chá todos os dias em seu quarto na tentativa de fazer as pessoas entrarem em harmonia e de 'desfazer as panelinhas'. 'Todos estão muito ansiosos para me ver, falar comigo e receber conselho', disse a Lady Emily. 'Só Deus sabe o porquê. Eu não sei. Não, mãe, não tenha medo, não vou ficar orgulhoso'.

Assim que os irmãos chegaram à Índia ficou estabelecido que iriam a Sydney, onde Leadbeater ainda vivia como chefe de uma comunidade, para assistir à Convenção Teosófica de abril de 1922. O calor úmido de Colombo, de onde zarparam com Raja em março, fez Nitya começar a tossir outra vez, e ele não passou nada bem durante a viagem. Em Freemantle, Krishna recebeu um telegrama de Perth, que dizia: 'Os Irmãos da Estrela dão-lhe boas-vindas'. Ele escreveu para Lady Emily: 'Um calafrio percorreu minha espinha; aqui estão pessoas esperando para me dar boas-vindas; você já viu uma coisa dessas — dar boas-vindas para mim — que só queria estar longe daqui, mas... Assim será toda a minha vida. Oh,

* Narianiah morreu em fevereiro de 1924. O filho mais velho, Sivaram, tornou-se médico e morreu em 1952, deixando quatro filhos e quatro filhas. O irmão menor de Krishna, Sadanand, viveu com Sivaram até morrer em 1948. Com idade mental de uma criança, ele era muito brincalhão, gostava de jogos e era muito amado pelos sobrinhos. (Informações fornecidas pelo filho mais velho de Sivaram, Giddu Narayan).

Senhor, que foi que eu fiz...! Como detesto tudo isso'. Entretanto, no editorial de julho do *Herald*, ele fez uma descrição lírica da beleza do trajeto de Adelaide até Perth e da excitação de estar em um novo país. Ao ler essas notas, ninguém poderia ter a menor idéia sobre seus verdadeiros sentimentos.

Em Perth, Krishna teve que suportar a 'tortura' de falar duas vezes. 'Nunca quis falar, e toda aquela gente ficou encantada e agradecida com o que eu disse. Você não sabe como abomino tudo isso, todos vindo ao nosso encontro, as reuniões e as demonstrações devocionais. Tudo isso vai contra a minha natureza e não sirvo para esse trabalho'. 'As pessoas da S.T.' não o empolgavam, escreveu; não sentia que pertencia a seu círculo, contudo, fora dele era um 'excêntrico do mais alto grau'.

Leadbeater encontrou os nas docas de Sydney e parecia tão feliz de vê-los como eles por encontrá-lo após quase dez anos. 'Ele é realmente um velho maravilhoso', Nitya escreveu para Ruspoli. 'Não mudou absolutamente em nada, exceto o cabelo, que está mais branco... Exatamente como em Adyar, ele tem certeza de tudo, não tem nenhuma dúvida, nem vê nenhuma questão sobre a qual outras pessoas possam ter dúvidas'. Uma grande diferença, contudo, era que ele agora era bispo da Igreja Católica Liberal, uma dissidência da Antiga Igreja Católica, ou Jansenista, que reivindicava a sucessão apostólica. Ele vestia uma longa batina vermelha, uma cruz que pendia sobre o peito e usava um anel de bispo. Gastava a maior parte do tempo conduzindo serviços religiosos, os quais Krishna deplorava. Foi a um deles por educação e quase desmaiou de tédio.

Nitya foi a um médico em Sydney que descobriu, por meio de um raio-X, que não apenas seu pulmão esquerdo estava doente mas também o direito estava afetado. Aconselharam-no a retornar à Suíça imediatamente para se tratar. Ir via Índia seria muito quente, portanto, os irmãos decidiram voltar por San Francisco e fazer um intervalo na viagem no Vale de Ojai (pronuncia-se Orrái). O senhor A. P. Warrington, Secretário-geral da Sociedade Teosófica nos Estados Unidos, que estava em Sydney para a Convenção, viajaria com eles. Ele tinha uma amiga teosofista, a Sra. Mary Gray, que estava disposta a emprestar-lhes uma casa por três ou quatro meses. O vale, próximo a Santa Barbara, a 500 m acima do nível do mar, era conhecido pelo excelente clima para tuberculosos. Antes de deixar Sydney, Krishna recebeu uma mensagem do Mestre Kuthumi através de Leadbeater, que ele copiou e enviou a Lady Emily:

> Alimentamos as mais altas esperanças também a respeito de você. Fortaleça-se e amplie o seu horizonte e tente cada vez mais fazer a mente e o cérebro obedecerem ao verdadeiro Eu interior. Seja tolerante com as divergências de pontos de vista e métodos, pois cada um deles possui geralmente um fragmento de verdade oculto dentro de si, mesmo que, muitas vezes, possa estar tão distorcido a ponto de tornar-se irreconhecível. Busca aquele pequeno lampejo de luz no meio da escuridão estígia* de cada mente ignorante, pois, ao reconhecê-lo e fomentá-lo você poderá ajudar um irmão mais jovem.

Krishna comentou: 'É justamente disso que eu precisava, pois me inclino a ser intolerante e a não procurar o irmão!'

Krishna e Nitya ficaram encantados com a Califórnia. Depois de terem conhecido a Universidade de Berkeley, Krishna escreveu para Lady Emily:

> Não havia ali a arrogância de classe e cor... Fiquei tão impressionado que queria carregar comigo a beleza física do lugar para a Índia, para os indianos que são os únicos que sabem criar a atmosfera escolástica apropriada. Aqui faltava essa atmosfera; eles não são tão sérios quanto nós indianos... ah, se esta universidade pudesse ser transportada para a Índia, com nossos professores para quem a religião é tão importante, se não mais importante que a educação.

Os irmãos ficaram sós em Ojai em uma pequena casa de pinho, onde chegaram em 6 de julho. Ficava na parte mais oriental do vale, no canto mais afastado, cercada por laranjeiras e abacateiros. Uma senhora vinha preparar o café da manhã e o almoço, mas eles preparavam o seu próprio jantar, que consistia de ovos mexidos e batatas fritas, embora os enlatados Heinz 'fossem de grande utilidade'. O Sr. Warrington ficava em outro chalé próximo dali. Tudo ia bem nas primeiras semanas, cavalgavam

* Relativo ao Estige, rio do Inferno, da mitologia grega. (N. ed. bras.)

pelas montanhas e banhavam-se no riacho que descia o desfiladeiro, desfrutando plenamente da liberdade sem restrições, como jamais haviam tido antes. Então Nitya começou a ter febres e a tossir muito. Krishna ficou nervoso por estar sozinho com ele, especialmente porque Nitya ficava muito irritado quando ele tentava fazê-lo descansar. Pareceu providencial quando uma amiga, que estava hospedada com a Sra. Gray, surgiu em suas vidas. Era Rosalind Williams, uma moça muito bonita de cabelos loiros ondulados de dezenove anos, aparentemente uma enfermeira nata. Ambos apegaram-se a ela imediatamente. 'Ela é muito prestativa e alegre e deixa Nitya de bom humor, o que é essencial', contou Krishna a Lady Emily. 'A irmã dela é membro da S.T. [Sociedade Teosófica] e por isso ela está familiarizada com a S.T.; além disso ela é uma pessoa muito boa'. Ela teve permissão da mãe de ficar com a Sra. Gray para cuidar de Nitya. Ficou subentendido desde o início que ela era mais amiga de Nitya do que de Krishna. Krishna ainda escrevia cartas de amor para Helen Knothe.

Muitas pessoas insistiram para que Nitya se tratasse com uma máquina elétrica inventada por um tal de Dr. Albert Abrams, a qual, segundo ele, fazia o diagnóstico e a cura de muitas doenças, a partir de algumas gotas de sangue, inclusive da tuberculose. Os irmãos decidiram tentar este método e enviaram gotas de sangue em um pedaço de mata-borrão para um discípulo do Dr. Abrams em Los Angeles, sem qualquer informação além do nome. Dois dias mais tarde chegou o diagnóstico: tuberculose no pulmão esquerdo, nos rins e no baço. O Sr. Warrington conseguiu alugar uma das raras máquinas (uma caixa preta chamada osciloclasto), e Nitya sentava horas a fio com placas amarradas às partes afetadas por fios elétricos, enquanto Krishna ficava lendo O. Henry e o Velho Testamento para ele. O conteúdo da caixa era um segredo bem guardado. A máquina produzia um tique-taque parecido com o de um relógio, mas não causava sensação alguma.

5

'Inebriado de Deus'

A mensagem do Mestre a Krishna em Sydney influenciou-o imensamente. Ele escreveu para Lady Emily em 12 de agosto, contando que nos últimos quinze dias havia meditado sobre isso durante meia hora todas as manhãs e outra vez antes de dormir. '*Vou recuperar* meu antigo contato com os Mestres; afinal, esta é a única coisa que importa na vida'. Cinco dias depois de escrever isso, em 17 de agosto, ele passou por uma experiência de três dias que revolucionou inteiramente sua vida. Mas somente depois de quinze dias, Nitya escreveu um relato do que aconteceu, e o enviou à Sra. Besant e a Leadbeater:

> Nosso chalé está situado na parte mais alta, no final do vale, e ninguém mora por perto, a não ser o Sr. Warrington que possui um chalé só para ele a alguns metros de distância. Krishna, o Sr. Warrington e eu estamos aqui há quase oito semanas, descansando e recuperando a saúde. O Sr. Walton, vigário-geral da Igreja Católica Liberal, também tem uma casa no vale e visita-nos de vez em quando. Além disso, Rosalind, uma moça norte-americana, que está há uma ou duas semanas nas vizinhanças, passa seu tempo conosco. Cerca de duas semanas atrás, aconteceu o incidente que quero descrever-lhes, quando nós cinco estávamos juntos.
>
> Os senhores poderão dizer-nos, se assim desejarem, o verdadeiro significado do que aconteceu, a sua exata importância, mas parece termos sido transportados por um breve período de tempo a um mundo onde os Deuses outra vez caminhavam entre os homens, deixando-nos a todos tão mudados que agora sentimos que nossa bússola encontrou sua estrela-guia. Penso que não estou exagerando ao dizer que nossas vidas todas estão profundamente afetadas pelo que aconteceu.

O próprio Krishna, para falar a verdade, deveria relatar a seqüência dos acontecimentos, pois todos nós fomos meros espectadores, prontos a ajudar quando necessário; mas ele não lembra todos os detalhes, uma vez que esteve fora do corpo a maior parte do tempo; tudo continua claro em nossa memória, pois cuidamos o tempo todo dele com grande desvelo, com um sentimento de que seu corpo, em parte, nos fora confiado. O Sr. Warrington não está passando muito bem de saúde, e eu ainda não tenho permissão para movimentar-me em demasia, portanto coube a Rosalind a boa sorte de cuidar de Krishna, e penso que ela já recebeu a recompensa [ao ser submetida à provação].

Ao entardecer de quinta-feira, dia dezessete, Krishna sentiu-se um pouco cansado e inquieto e percebemos no centro da sua nuca uma protuberância dolorosa que parecia ser um músculo contraído mais ou menos do tamanho de uma bola de gude. Na manhã seguinte, ele parecia bem, até depois do café da manhã, quando se deitou para descansar. Rosalind e eu estávamos sentados do lado de fora e o Sr. Warrington e Krishna estavam dentro de casa. Rosalind entrou ao chamado do Sr. Warrington e encontrou Krishna aparentemente muito mal, estirado na cama, agitado e gemendo como se estivesse sofrendo muito. Sentou-se ao lado dele e tentou descobrir o que estava acontecendo, mas Krishna não conseguia dar uma resposta clara. Começou outra vez a gemer e foi acometido de um acesso de tremores e arrepios. Cerrava os dentes e apertava as mãos com força tentando parar de tremer. Tinha comportamento idêntico ao de um doente de malária, com a diferença que Krishna queixava-se de um calor terrível. Rosalind mantinha-o quieto por uns momentos e novamente os tremores e arrepios voltavam como se estivesse com calafrios. Então ele a empurrava para afastá-la de si e queixava-se de um calor terrível, com os olhos cheios de estranha inconsciência. Rosalind sentava-se ao seu lado até que ele se acalmava outra vez, segurando suas mãos e o confortando como faz uma mãe com o filho. O Sr. Warrington, sentado do outro lado do quarto, compreendeu, como me contou, que algum processo estava ocorrendo no corpo de Krishna, resultado de influências diretas advindas de outros planos que não o físico. Pobre Rosalind, no início muito aflita, erguia os olhos interrogativamente, e o Sr. Warrington assegurava-lhe que tudo acabaria bem. Mas, de manhã, as coisas pioraram, e, quando me aproximei e sentei ao seu lado, ele se queixou mais uma vez de calor e disse que nós todos estávamos muito nervosos e que isso o deixava cansado. A cada instante levantava-se na cama, empurrava-nos e começava de novo a tremer. Tudo isso se passava enquanto ele estava semiconsciente, pois falava de Adyar e das pessoas de lá como se estivessem presentes; a seguir, voltava a ficar quieto, deitado na cama por algum tempo, até que o farfalhar da cortina, a batida de uma janela ou o som de uma arado distante no campo o despertava e ele gemia pedindo silêncio e sossego. Persistentemente, a cada instante, afastava Rosalind de si quando começava a sentir-se acalorado, para logo depois querê-la de novo junto dele.

Eu me sentei perto, mas não muito. Fazíamos o possível para manter a casa no escuro e em silêncio, mas sons leves quase imperceptíveis são inevitáveis e, ainda assim, Krishna tornou-se tão sensível que o menor estalido o deixava com os nervos à flor da pele.

Mais tarde, na hora do almoço, ele se aquietou e aparentemente se sentia bem e plenamente consciente. Rosalind levou-lhe o almoço, que ele comeu, e, enquanto terminávamos a refeição, ele permaneceu tranqüilo. Dali a poucos minutos, gemia de novo e, logo depois, pobre criatura, não pôde reter o que havia comido. E assim foi até o final da tarde, Krishna tremia e gemia irrequieto, semiconsciente, como se estivesse com dores intensas. Curiosamente, quando chegava a hora das refeições, mesmo que nada comesse, ficava tranqüilo, e Rosalind podia deixá-lo o tempo suficiente para se alimentar. À noite, na hora de dormir, ele ficou calmo e dormiu a noite toda.

No dia seguinte, sábado, tudo recomeçou depois do banho, e ele parecia menos consciente do que na véspera. Durou o dia todo, com intervalos regulares em que descansava e deixava Rosalind alimentar-se.

Domingo foi o pior dia, e presenciamos o glorioso clímax. Durante os três dias, todos tentamos manter nossas mentes e emoções serenas e pacíficas, e Rosalind passou o tempo todo ao lado de Krishna, pronta quando ele a solicitava e deixando-o a sós quando ele assim queria. Era muito bonito vê-la com ele, observar o modo como derramava seu amor desinteressado e absolutamente impessoal. Mesmo antes de tudo isso acontecer já havíamos percebido esta sua característica grandiosa, e, embora tivéssemos dúvidas se uma mulher devia estar por perto num momento como aquele, os acontecimentos mostraram-nos que provavelmente ela tinha sido especialmente enviada para ajudar Krishna e a todos nós. Visto ter apenas dezenove anos e pouco saber a respeito de Teosofia, ela desempenhou o papel de uma grande mãe nesses três dias.

No domingo, como disse, Krishna dava a impressão de estar muito pior, aparentava estar sofrendo muito, os tremores e o calor pareciam intensificados e sua consciência tornou-se cada vez mais intermitente. Quando supúnhamos que ele estava conseguindo controlar o próprio corpo, só falava em Adyar, em A.B. [Annie Besant] e nos membros da Ordem da Púrpura em Adyar [um grupo interno formado pela Sra. Besant que vestia xales de seda púrpura], e imaginava que estava o tempo todo em Adyar. Em seguida dizia: 'Quero ir para a Índia! Por que me trouxeram para cá? Não sei onde estou', e repetia muitas vezes 'Não sei onde estou'. Se alguém se mexia dentro de casa, ele quase pulava da cama e, toda vez que entrávamos no quarto, tínhamos que avisá-lo antes. No entanto, por volta das seis da tarde, enquanto jantávamos, ele se aquietou até termos terminado. Depois, subitamente, toda a casa pareceu encher-se de uma força terrível e Krishna ficou como que possesso. Não queria nenhum de nós perto dele e começou a se queixar dolorosamente da sujeira, da sujeira da cama, da intolerável sujeira da casa, da sujeira de tudo ao redor, e, com uma voz carregada de sofrimento, disse que ansiava ir para a mata. Agora soluçava alto, não ousávamos tocá-lo e não sabíamos o que fazer. Havia saído da cama e sentado em um canto escuro do quarto, no chão, soluçando alto e dizendo que queria ir para as florestas da Índia. De repente anunciou sua intenção de caminhar sozinho, mas conseguimos dissuadi-lo disso, pois não achávamos que ele estivesse em condições de fazer passeios noturnos. Então, como expressasse o desejo de ficar a sós, nós o deixamos e fomos para a varanda, do lado de fora; dentro de poucos minutos ele apareceu, carregando um travesseiro na mão; sentou-se o mais longe possível de nós. Teve energia e consciência suficientes para chegar na varanda, mas, assim que chegou, ausentou-se de nós, e seu corpo, murmurando incongruências, ficou ali sentado.

Formávamos um grupo estranho. Rosalind e eu em cadeiras, o Sr. Warrington e o Sr. Walton do lado oposto, virados para nós e sentados em um banco, e Krishna, a nossa direita, a alguns metros de distância. O sol tinha-se posto uma hora antes, e nós, no crepúsculo, sentados, contemplávamos as montanhas distantes, avermelhadas, contrastando com o céu pálido; falávamos pouco e sentíamos a iminência de um clímax. Todos os nossos pensamentos e emoções estavam tensos com a expectativa estranhamente pacífica de algum grande acontecimento.

O Sr. Warrington, então, teve uma inspiração celeste. Em frente à casa, a poucos metros, encontrava-se uma aroeira ainda jovem, com delicadas folhas de um verde suave, carregada de perfumadas flores e que servia o dia inteiro de 'murmurante guarida das abelhas', canarinhos e outros pássaros vivazes. Ele pediu gentilmente a Krishna para ir para debaixo da árvore. A princípio Krishna não quis, mas depois foi para lá espontaneamente.

Estávamos a esta altura numa escuridão cravejada de estrelas, e Krishna sentou-se sob o abrigo das delicadas folhas negras contra o céu. Murmurava inconscientemente, quando ouvimos um suspiro de alívio. Ele se dirigiu a nós: 'Ah, por que não me mandaram antes para cá?' Seguiu-se um breve silêncio.

Ele começou a cantar. Há quase três dias nada passava entre seus lábios; seu corpo estava totalmente exaurido por causa do esforço intenso. Foi uma voz calma e cansada que ouvimos cantar os mantras que são cantados todas as noites em Adyar na Sala do Santuário. A seguir o silêncio.

Muito tempo atrás, em Taormina, Krishna observara com olhos meditativos uma bela pintura do nosso Senhor Gautama [o Buda] em trajes de mendigo e, naquela ocasião, sentimos por um momento bem-aventurado a presença divina do Grande Ser, que se dignou a enviar-nos um pensamento. Novamente, nesta noite, quando Krishna terminou o canto de adoração, sob a aroeira, pensei no Tatagata [o Buda] sob a árvore Bo e, mais uma vez, senti o vale calmo permear-se de uma onda daquele esplendor, como se novamente Ele tivesse derramado uma bênção sobre Krishna.

Permanecemos sentados com os olhos fixos na árvore, conjeturando se tudo estaria bem, pois havia agora um silêncio perfeito e, enquanto olhávamos, eu vi de repente uma grande Estrela brilhando sobre a árvore e percebi que o corpo de Krishna estava sendo preparado para o Grande Ser. Inclinei-me e chamei a atenção do Sr. Warrington para a Estrela.

O lugar parecia estar repleto de uma Grande Presença e senti um desejo ardente de cair de joelhos e adorar, pois compreendi que o Grande Senhor de todos os nossos corações tinha vindo Ele próprio e, conquanto não O víssemos, todos sentíamos o esplendor de Sua presença. Nesse momento os olhos de Rosalind abriram-se e ela viu. Seu rosto alterou-se de um modo que eu jamais havia visto, pois lhe foi concedida a graça de ver com os olhos físicos a glória daquela noite. Seu rosto estava transfigurado ao nos perguntar: 'Vocês O vêem, vocês O vêem?' Ela via o divino Bodhisattva [O Senhor Maitreya]. Milhões esperam várias encarnações para conseguir um vislumbre de nosso Senhor, mas ela tinha olhos inocentes e havia servido nosso Senhor fielmente e nós, que não podíamos ver, vimos o Esplendor da noite espelhado em seu rosto pálido e extasiado à luz das estrelas. Não esquecerei nunca a expressão de seu rosto. Naquele momento, eu que não podia ver, mas exultava na presença de nosso Senhor, senti quando Ele se voltou para nós e disse algumas palavras para Rosalind. Seu rosto brilhou com êxtase divino ao responder: 'Assim farei, assim farei'. Pronunciou as palavras como se estivesse fazendo uma promessa com suprema alegria. Jamais esquecerei sua fisionomia; até eu quase fui abençoado através de sua visão. Seu rosto mostrava o enlevo do coração, pois a parte mais íntima do seu ser estava flamejante com Sua presença, e seus olhos viram. Silenciosamente orei para que Ele me aceitasse como Seu servo, e todos os nossos corações estavam repletos com essa prece. Ouvimos à distância a música divina tocar suavemente, todos ouvimos, embora os *Gandharvas* [anjos cósmicos que tocam a música das esferas] estivessem ocultos para nós. O resplendor e a glória dos muitos Seres presentes durou cerca de meia hora, e Rosalind, tremendo e quase chorando de alegria, viu tudo. 'Olhem, vocês estão vendo?' repetia com freqüência ou 'Estão ouvindo a música?' Pouco depois ouvimos os passos de Krishna e vimos sua figura clara destacar-se na escuridão e tudo estava terminado. Rosalind gritou 'Olhem, ele está vindo, peguem-no, peguem-no', e caiu na cadeira quase desmaiada. Quando voltou a si de nada se lembrava, nada, tudo se esvaiu de sua memória exceto o som da música que ainda soava em seus ouvidos.

No dia seguinte, os tremores e a consciência semidesperta de Krishna reapareceram, embora durassem poucos minutos e os intervalos fossem longos. Durante o dia todo, ele ficou sob a árvore em *samadhi** e ao anoitecer, enquanto meditava como na noite anterior, Rosalind viu outra vez três figuras a sua volta que logo se afastaram levando Krishna consigo e deixando seu

* Palavra sânscrita utilizada aqui provavelmente para designar um estado de transe. Uma definição simples seria: 'O eminente processo do *Samadhi* destrói a morte, conduz à felicidade eterna e confere a suprema Bem-aventurança de Brahman [Realidade]'.

> corpo sob a árvore. Desse dia em diante, todos os dias, ao entardecer, ele se sentava debaixo da árvore e meditava.
>
> Descrevi o que vi e ouvi, mas não falei do efeito que o incidente provocou em todos nós, porque penso que levará tempo, pelo menos para mim, para compreender plenamente a glória que tivemos o privilégio de testemunhar, embora sinta, agora, que a vida só pode ser vivida de um jeito: a serviço do Senhor.

Krishna também escreveu um relato de sua experiência para a Sra. Besant e Leadbeater, mas como tinha estado inconsciente ou semiconsciente, lembrava-se muito pouco de tudo. Encerrou sua descrição como segue:

> Eu me sentia supremamente feliz, pois tinha visto. Nada mais seria como antes. Bebi das águas claras e puras da fonte da vida e minha sede foi aplacada. Nunca mais terei sede. Nunca mais estarei na escuridão total. Eu vi a Luz. Toquei a compaixão que cura toda a tristeza e todo o sofrimento; não para mim, mas para o mundo. Estive no topo da montanha e olhei para os Seres poderosos. Vi a Luz gloriosa e curadora. A fonte da Verdade foi-me revelada e as trevas, dissipadas. O amor, em toda sua glória, inebriou meu coração; meu coração não mais poderá estar fechado. Bebi da fonte da Alegria e da Beleza eterna. Estou inebriado de Deus.

Anteriormente em seu relato ele escrevera:

> No primeiro dia em que me vi nesse estado, e mais consciente das coisas ao meu redor, tive a primeira experiência extraordinária. Havia um homem consertando a estrada; aquele homem era eu; a picareta que ele segurava era eu; as próprias pedras que ele estava quebrando eram uma parte de mim; a tenra relva era o meu ser, e a árvore atrás do homem era eu. Podia sentir e pensar como o homem que consertava a estrada e podia sentir o vento que passava pela árvore e também podia sentir a pequenina formiga na relva. Os pássaros, a poeira e ate o barulho eram parte de mim. Naquele momento um carro passou a alguma distância, eu era o motorista, o motor e os pneus; na medida em que o carro distanciava-se de mim, eu também me distanciava de mim. Eu estava em tudo, ou melhor, tudo estava em mim, o animado e o inanimado, as montanhas, o verme e tudo que respira. Fiquei o dia todo nesse estado feliz.

O Sr. Warrington também escreveu um relato da experiência, afirmando a veracidade dos outros dois. Cópias dos três relatos foram enviadas para a Srta. Dodge e para Lady Emily, solicitando que a última pedisse para alguma pessoa de confiança fazer algumas cópias, uma vez que eram estritamente confidenciais. Ela escolheu Rajagopal, que tinha aprendido datilografia, para a tarefa.[16]

Após uma quinzena tranqüila, durante a qual Krishna continuou a meditar todos os dias ao entardecer sob o pé de aroeira, os estados estranhos, semiconscientes, recomeçaram no dia 3 de setembro, mas dessa vez ocorriam regularmente das 18:30 às 20:30 ou 21:00 horas, depois da meditação, e eram acompanhados por dores na coluna que se transformaram, depois de alguns dias, em verdadeira agonia. Nitya anotava diariamente a condição de Krishna e, posteriormente, reuniu tudo numa longa narrativa e enviou à Sra. Besant e a Leadbeater.[17] O 'ego' de Krishna, como Nitya o chamava, recolhia-se, deixando o corpo encarregado do 'elemental físico'* que suportava a dor de modo que Krishna de nada se recordava quando 'voltava'. As descrições da tortura física que o corpo sofreu noite após noite nos três meses seguintes são penosas. Nitya e o Sr. Warrington, que ficava lá o tempo todo, não acreditavam que tal dor fosse normal. O 'elemental físico' tomava Rosalind por sua falecida mãe, que vinha ao chalé todas as noites enquanto ocorria o que ficou conhecido como 'o processo'.

Às vezes, Krishna tinha a sensação de estar queimando; tinha ímpetos, então, de correr e jogar-se num rio e precisava ser impedido à força, pois podia desmaiar onde quer que estivesse. Geralmente ficava deitado, na penumbra, em uma esteira no chão para não cair da cama. Não suportava muita luz. Nitya comentou que era o mesmo que ver um homem sendo queimado vivo até morrer. A dor, que afetava diferentes partes do corpo, vinha em longos espasmos. Quando havia um pouco de alívio, Krishna conversava com certos seres invisíveis ou com um ser que, aparen-

---

* É a parte do corpo que controla as ações instintivas e puramente físicas, quando a consciência está ausente. Sendo um estágio pouco evoluído, requer orientação.

temente, vinha todas as noites 'para conduzir as operações'. Krishna referia-se a eles apenas como 'ele' ou 'eles'. Evidentemente lhe estavam sendo dadas indicações do que iria acontecer, pois se ouvia ele dizer coisas como 'Vai ser duro esta noite? Tudo bem, não me importo'. À medida que a dor intensificava-se, ele soluçava, contorcia-se e dava gritos terríveis e, às vezes, chorava alto para desabafar. O 'elemental físico' soluçava: 'Por favor, por favor, não posso'; era então interrompido e ouvia-se a voz de Krishna dizer: 'Está tudo bem. Não tinha a intenção de fazer isso, por favor, continue', ou 'Estou pronto agora, vamos em frente'.

Às vinte e uma horas, após o trabalho noturno em seu corpo, sentava-se com os demais e bebia leite (ele nunca jantava naquelas noites), e eles lhe contavam o que tinha acontecido. Ouvia como se eles estivessem falando de um estranho, e seu interesse naquilo que estava acontecendo era tão grande quanto o deles; tudo era novo para ele uma vez que sua memória nada retinha.

Em uma noite muito difícil, ele falou entre gemidos: 'Ah, mãe, por que deixou que isso me acontecesse?' Suplicou por alguns minutos de descanso, e os outros o ouviram falar com sua mãe ou com 'Eles' aos quais ele dizia com bastante convicção: 'Sim, é claro! Posso agüentar muito mais, não se importem com o corpo, não consigo fazê-lo parar de choramingar', e outras vezes 'Eles' diziam alguma coisa para ele e todos 'riam com vontade'. Certa vez ouvi o 'elemental físico' chamar: 'Por favor, Krishna volte'. Se Krishna voltasse, 'o processo' seria interrompido. Parecia que uma certa quantidade de trabalho no corpo precisava ser realizada todas as noites e se houvesse uma interrupção no meio, ele seria feito no final.

O corpo de Krishna estava ficando cada vez mais cansado e magro. Era terrivelmente desgastante para os demais presenciarem seu sofrimento. No início de outubro, 'Eles' começaram a trabalhar em seus olhos, uma tortura mais aterradora do que nunca. 'Disseram a Krishna esta noite', escreveu Nitya, 'que seus olhos seriam limpos para que ele pudesse "vê-Los". Mas era horrível ouvir o processo de limpeza. Ouvíamos Krishna dizer: 'É como estar atado no deserto, com o rosto sob um sol abrasador e ter as pálpebras arrancadas'.

Certa tarde, quando Krishna, após o banho, foi meditar sob a aroeira, antes do início dos trabalhos à noite, ele contou aos demais que um 'Grande Visitante' viria aquela noite (deduziram que não seria o Senhor Maitreya que diziam ter estado lá uma ou duas vezes). Krishna pediu a Nitya para colocar o retrato de Buda em seu quarto para onde ele voltaria depois da meditação; por isso Nitya não tinha dúvida de quem seria o 'Grande Ser'. O trabalho daquela noite pareceu o mais agonizante que o corpo de Krishna já havia passado, mas também o mais glorioso desde aquele domingo de agosto, à noite, sob a árvore, pois todos sentiram que a 'Grande Presença' veio por um momento. Mais tarde, quando Nitya e Rosalind estavam com Krishna em seu quarto, ele começou a falar com pessoas que não podiam ver. Evidentemente, o 'trabalho' tinha sido coroado de êxito e Eles o estavam felicitando. Eles ouviram-no dizer: 'Não há nada para me felicitar; vocês também fizeram o mesmo'. Depois que esses seres retiraram-se, Krishna ainda inconsciente disse: 'Mãe, tudo será diferente agora, a vida nunca será a mesma para nenhum de nós depois disso. Eu O vi, mãe, e nada mais importa agora'.

Mas esse não foi o fim do sofrimento físico de Krishna. 'Eles' agora começaram a abrir alguma coisa em sua cabeça que causava tal 'tortura indescritível ' que ele ficava gritando: 'Por favor, acabem com isso, por favor, acabem'. Quando a dor tornava-se insuportável, 'Eles' fechavam e, um pouco mais tarde, abriam novamente, e o corpo começava a tremer até desfalecer. Isso durava uns quarenta minutos. Ao final, o corpo, para o assombro de todos, começava a falar com a voz de uma criança de cerca de quatro anos de idade, recordando incidentes da infância.

'O processo' prosseguiu sem descanso todas as noites até o início de dezembro, exceto por alguns dias em que Krishna e Nitya foram para Hollywood. Quando o processo terminava, o menininho continuava tagarelando sobre os acontecimentos da infância durante uma ou duas horas com a mãe, que ele ainda confundia com Rosalind. Ele lhe contava sobre uma fada falante, companheira de jogos e brincadeiras, que ele teve, e como odiava ir à escola. Descreveu a morte da mãe: 'Ele pensou que ela estivesse doente e quando viu o médico dar-lhe um remédio suplicou: "Não tome isso, mãe, não tome, isso é uma coisa abominável e não lhe fará bem, por favor, não tome, o doutor não sabe de nada, é um homem sujo". Um pouco depois, num tom de horror disse: "Por que você está tão quieta, mãe, o que aconteceu, e por que papai esta com o rosto coberto, mãe, responda, mãe?"'

Enquanto 'o processo' prosseguia todas as noites, Krishna escrevia, pela manhã, como contou a Lady Emily em uma carta de 17 de setembro, 'um artigo bastante curioso. Escrevi até agora 23 páginas, sem auxílio de ninguém'.[18]

Tanto a Sra. Besant quanto Leadbeater reportaram-se à experiência de Krishna de 17-20 de agosto como a passagem pela terceira iniciação, mas não podiam encontrar explicação para 'o processo'. O próprio Krishna estava convencido de que era algo pelo qual deveria passar, preparando, assim, seu corpo para receber o Senhor Maitreya e que nenhuma tentativa deveria ser feita para impedi-lo ou mitigá-lo. Apenas uma médica o viu neste estado, a Dra. Mary Rocke, uma teosofista inglesa, membro da Estrela, que ele conhecia bem e em quem confiava. Ela não conseguiu esclarecer a causa daquilo e não podia examiná-lo sem que recobrasse a consciência. Se algum médico ou psicólogo estranho entrasse na casa, ou no quarto, Krishna saberia disso imediatamente, e 'o processo' sem dúvida seria interrompido.

Portanto, o que era 'o processo?' A explicação dada por Nitya na época — e adotada pelos demais — foi a de que era o despertar da *kundalini* de Krishna, às vezes chamado de 'Fogo Serpentino', que se localiza na base da coluna e, quando desperto pela prática da verdadeira *yoga*, libera uma tremenda energia e poderes clarividentes. Leadbeater contestou isso, numa carta à Sra. Besant, ao dizer que não sofreu nenhum desconforto quando sua *kundalini* foi despertada. Krishna não desenvolveu maiores poderes clarividentes depois do 'processo' que os revelados quando garoto. De qualquer forma, 'o processo' prolongou-se por muito tempo para que a explicação do despertar da *kundalini* pudesse ser válida. De tempos em tempos, médicos, psicólogos e outras pessoas faziam sugestões sobre o que poderia ter sido. As hipóteses de enxaqueca, histeria, epilepsia e esquizofrenia foram todas sugeridas. Nenhuma se adequava ao caso. Muitos místicos, certamente, tiveram visões e ouviram vozes, mas foram elas acompanhadas alguma vez de tal agonia física? Há alguma explicação física? Ou deve-se concluir que só pode haver uma explicação mística? O que parece certo é que seja o que for que tiver acontecido ao corpo de Krishna, em poucos anos possibilitou-lhe tornar-se um canal para alguma força ou energia superior, fonte de seu ensinamento posterior.

6

'Há uma solidão'

A oportunidade de comprar *Pine Cottage* e mais dois hectares e meio de terra nas proximidades, incluindo outra casa maior, surgiu em fevereiro. Quando Krishna expressou o desejo de adquiri-la, ressaltando quão sagrado o lugar tinha se tornado depois de tudo o que acontecera, a Srta. Dodge ofereceu o dinheiro. Krishna batizou a casa maior de *Arya Vihara* (Nobre Monastério). Logo depois, outros três hectares foram comprados e estabeleceu-se a *Brother's Trust* (Fundação dos Irmãos) para gerir a propriedade. Tudo que dizia respeito à vida financeira de Krishna, na forma de doações e legados, vinha quando ele precisava. Mais tarde, ele ganhou dinheiro com os seus livros. Nunca, contudo, ficou com algo para si, exceto a pensão anual de 500 libras.

No início de 1923, Krishna começou a trabalhar duro em Ojai, escrevendo dúzias de cartas oficiais, o editorial mensal do *Herald*, reorganizando a Ordem da Estrela na Califórnia, dando palestras nas vizinhanças e levantando dinheiro para uma escola na Índia. Em maio, ele e Nitya, que, após posteriores tratamentos Abrams, foi considerado mais uma vez curado, viajaram pelos Estados Unidos, ficando em Chicago para a Convenção Teosófica. Em junho, os irmãos foram para a Inglaterra. Havia sido planejado que participariam do Congresso Teosófico e da Ordem em Viena, em julho. Lady Emily foi recebê-los em Plymouth e escreveu para a Sra. Besant que Krishna parecia pouco mudado exteriormente, talvez, mais bonito; contudo 'temos consciência a todo momento de um poder imenso, concentrado e controlado, que flui através dele'. Após o Congresso, onde Krishna encontrou Helen Knothe novamente (ela tinha permanecido em Amsterdã), ele perguntou se poderia tirar umas férias 'familiares' em algum lugar sossegado onde não o conhecessem. Um amigo de John Cordes colocou um chalé, a Villa Sonnblick, à sua disposição nos arredores da cidadezinha de Ehrwald, no Tirol Austríaco, onde ele e Nitya passaram sete semanas com um grupo de amigos, incluindo Lady Emily, minha irmã Betty e eu, Helen, Mar de Manziarly, Rajagopal (que estava agora em Cambridge), Cordes e Ruth Roberts, uma garota inglesa com a qual Krishna tivera um flerte em Sydney. Krishna, Nitya, Lady Emily, Helen e Rajagopal ficaram em Sonnblick, onde todos nós fazíamos as refeições, e o restante do grupo dormia em outro chalé. Os primeiros quinze dias foram realmente de férias; era um lugar ideal para passeios na montanha e havia um campo plano no qual podíamos jogar *rounders*. Nos piqueniques nas montanhas, Krishna, Nitya e Rajagopal entoavam mantras indianos que ressoavam especialmente belos entre as matas.

Em meados de agosto, 'o processo' recomeçou, ainda mais seriamente, todas as noites, e continuou até 20 de setembro. Krishna, ou melhor, o 'elemental físico' agora tomava Helen por sua mãe quando ele 'se ausentava'. Lady Emily enviava cartas diárias para a Sra. Besant relatando tudo que acontecia. 'Ao vê-lo [Krishna] saltitando pelas montanhas, tão cheio de graça, beleza e vitalidade', escreveu: 'é quase impossível acreditar no que seu pobre corpo tem suportado todas as noites'. Depois de uma noite de tortura ele gritou: 'Nunca foi tão ruim assim'. Nitya escreveria depois: 'Durante os últimos dias em Ehrwald, tentaram deixar Krishna consciente enquanto a dor ainda estava bastante forte, mas essa consciência durava apenas de 10 a 20 segundos e assim que a dor tornava-se muito intensa, Krishna abandonava o corpo'.

Na noite de 20 de setembro Krishna 'trouxe' uma mensagem para Nitya, supostamente do Mestre Kuthumi, que Nitya anotou:

> Nitya, preste atenção. Isso aqui acabou, esta é a última noite. Prosseguirá em Ojai. Mas isso vai depender de vocês. Os dois precisam ter mais energia. O sucesso depende daquilo que fizerem no mês que vem. Não deixem que nada se interponha no caminho. Foi um êxito aqui. Mas Ojai depende inteiramente de vocês; lá tudo continuará com muito mais vigor se estiverem preparados.
>
> Quando deixar este lugar tenha extremo cuidado. É como um vaso novo, recém-saído do molde, qualquer má vibração pode parti-lo, e isso significaria reparos e remodelações que levariam muito tempo; se falhar, terá que recomeçar tudo do início.

Essa mensagem é particularmente interessante pois o estilo difere completamente tanto do de Krishna quanto do de Nitya.

Ao deixar Ehrwald, a maior parte do grupo foi para o Castelo Eerde na Holanda, a convite do barão van Pallandt, que ofereceu a propriedade para Krishna. Esta era a última vez que ele seria usado como residência particular. Foi formada uma Fundação, com Krishna como Presidente, para a qual o castelo foi doado, e Eerde tornou-se a sede internacional da Ordem da Estrela no Oriente.

Acreditando que 'o processo' continuaria em Ojai, Nitya achou necessário ter outro iniciado lá; portanto, Rajagopal (que tinha sido iniciado antes de vir para a Inglaterra) trancou a matrícula por um ano em Cambridge para ir com eles. Viviam agora em *Arya Vihara* e Rosalind em *Pine Cottage* com a mãe. (Helen teve que voltar para casa em Nova Iorque).

Logo após sua chegada, 'o processo' recomeçou e era tão forte que, pela primeira vez, Nitya ficou preocupado e escreveu ansiosamente para Leadbeater perguntando se tudo estava 'bem'. Krishna agora tinha de suportar ele próprio a dor, que aumentava cada vez mais. 'Agora', escreveu Nitya para Leadbeater, 'Helen não está com ele e, embora Rosalind more na casa ao lado, ele parece não querê-la; depois que a dor passa, Krishna deixa o corpo e o corpo chora de dar dó, exausto. Ele chama pela mãe. Eu descobri que ele quer Helen e não Rosalind. Pelo que consegui depreender do que o corpo de Krishna diz ocasionalmente, há ainda muito trabalho a ser feito, talvez durante vários meses'.

Em 26 de novembro, o corpo de Krishna 'trouxe' uma mensagem que Nitya incluiu nesta carta para Leadbeater: 'O trabalho que está sendo feito agora é da maior importância e extremamente delicado. É a primeira vez que se faz esta experiência no mundo. Tudo na casa deve dar lugar a esse trabalho e não devem ser levadas em conta as conveniências de ninguém, nem mesmo as de Krishna'.

É estranho que Leadbeater não tenha querido ir a Ojai para presenciar aquele fenômeno singular. Ele simplesmente escreveu para a Sra. Besant dizendo que estava 'muito perturbado com toda essa história... tão completamente contrária ao que me foi ensinado. Espero que possa me garantir que tudo está bem'. A Sra. Besant, embora tivesse agora renunciado a seus poderes ocultos, aparentemente foi capaz de tranqüilizá-lo, pois, daí em diante, Leadbeater deixou toda a responsabilidade em relação a Krishna para ela. Para Nitya ele escreveu: 'Não compreendo o terrível drama que está ocorrendo com nosso amado Krishna'.

Krishna escreveu para Lady Emily: no início de 1924, quando 'o processo' já estava em andamento há dois meses:

> Estou ficando cada vez mais irritado e cansado e gostaria que você e os demais estivessem aqui. Tenho vontade de chorar freqüentemente, hoje em dia, e eu não era assim. É terrível para os outros e também para mim... Gostaria que Helen estivesse aqui, mas isso é impossível. Além do mais Eles provavelmente não querem ninguém por perto para me ajudar. Portanto, tenho que fazer tudo sozinho... Mesmo que seja duro, preciso tentar; há uma solidão comparada à solidão de um pinheiro na vastidão... Nos últimos dez dias, foi realmente extenuante, minha espinha e nuca sofreram muito e anteontem tive uma noite extraordinária. Seja o que for, a fonte, ou como quer que chamemos esta maldita coisa, subiu pela minha coluna até o centro da nuca, então se separou em duas, uma indo para a direita e a outra para a esquerda de minha cabeça até se encontrarem outra vez entre os olhos, logo acima do nariz. E eu vi o Senhor e o Mestre. Foi uma noite memorável. É claro que a coisa toda foi dolorosa ao extremo... Com certeza teremos uma folga em breve.

Krishna descreveu sua experiência também para a Sra. Besant. Nitya fez o mesmo. Nitya supunha que 'era a abertura do terceiro olho'. Em tratados de *yoga* o 'terceiro olho' é muitas vezes referido como o Olho de Shiva. Fica localizado no centro da testa e, como a *kundalini*, está associado à clarividência. 'A clarividência de Krishna ainda não começou', acrescentou Nitya, 'mas acredito que é só uma questão de tempo. Até agora já são 110 noites de processo desde que estamos aqui'.

Em fins de março chegou a Ojai a doutora Rocke, enviada por Leadbeater de Sydney, onde ela vivia agora, para observar Krishna. Demorou-se quinze dias, acompanhando 'o processo' todas as noites. Krishna escreveu para Lady Emily: 'ela ficou muito impressionada com tudo e não estamos completamente loucos'. A Dra. Rocke ainda estava lá em 11 de abril 'uma noite maravilhosa para todos nós', como contou Nitya à Sra. Besant, quando Krishna 'trouxe' uma mensagem, a primeira parte da qual Nitya acreditava ser do próprio Senhor Maitreya:

> Meus filhos, estou satisfeito com sua resistência e coragem. Tem sido uma longa luta e, até onde Nós chegamos, um êxito. Embora tenha havido muitas dificuldades, Nós as superamos com relativa facilidade... Vocês se saíram muito bem, conquanto toda a preparação ainda não tenha chegado ao fim... Lamentamos o sofrimento, muito prolongado, que pode ter-lhes parecido interminável, mas há uma grande glória esperando cada um de vocês... Eu os abençôo.
>
> Apesar de *termos* de reiniciar numa data ulterior, não quero que saia desse lugar para ir à Europa até depois de Wesak [o grande festival oculto da lua cheia de maio, que ocorreria, naquele ano, em 18 de maio], quando você Me verá. Protegemos três lugares em seu corpo, mas mesmo assim, com certeza haverá dor. É como uma cirurgia; apesar de ter acabado, você sentirá seus efeitos posteriores.

Infelizmente, não temos o relato da Dra. Rocke sobre o que ela pensou do 'processo'.

Os irmãos, juntamente com Rajagopal e Helen, que encontraram em Nova Iorque, chegaram na Inglaterra em 15 de junho. A Sra.

Besant também se encontrava na Inglaterra, e os irmãos envolveram-se em suas inúmeras atividades, culminando no Congresso Teosófico e da Estrela em Arnhem, na Holanda, seguido pelo primeiro acampamento em Ommen, a um quilômetro e meio do Castelo Eerde, nas terras doadas pelo barão van Pallandt. Nesse acampamento ocorreria um acontecimento anual até o início da guerra.

Depois disso, Krishna finalmente foi deixado livre para desfrutar as férias 'familiares' que tanto desejava. O lugar escolhido naquele ano foi um hotel-castelo do século onze no topo de uma montanha íngreme no alto da vila de Pergine na região de Dolomitas, onde Krishna chegou com os amigos em 18 de agosto. O grupo era o mesmo do ano anterior, com exceção de Mar de Manziarly, mais a presença de uma senhora italiana e alguns amigos indianos. Ocupamos duas torres nos cantos das ameias e alguns quartos do hotel e fazíamos as refeições, preparadas por nossa própria cozinheira vegetariana austríaca, em uma das extremidades do vasto refeitório, separados dos demais hóspedes por um biombo. Logo abaixo do castelo, havia um campo para beisebol (*rounders*) como em Ehrwald. Mas Krishna teve pouco menos de uma semana de descanso antes que 'o processo' reiniciasse. Era mais torturante do que nunca, o que parecia quase impossível depois de Ojai. Agora, no entanto, Helen estava lá e podia ajudá-lo.

Nitya, Lady Emily, Helen e Rajagopal estavam na mesma ala do castelo que Krishna, na torre redonda. Quando 'o processo' iniciou, os ocupantes daquela torre não vinham jantar conosco no hotel. Nós, os remanescentes, sabíamos que *alguma coisa* estava ocorrendo todas as noites — algo para preparar o corpo de Krishna para a ocupação do Senhor Maitreya — mas foi somente no ano seguinte que me contaram sobre 'o processo', e os relatos de Krishna e de Nitya da experiência de Ojai foram lidos em voz alta para mim.

Havia um propósito definido nas férias daquele ano. Foi estabelecido que as quatro moças — Helen, Ruth, Betty e eu — deviam, a pedido de Krishna, ir para Sydney para serem 'orientadas' no Caminho do

Discipulado por Leadbeater. (Rosalind já fora para lá quando os irmãos partiram de Ojai, em junho). Em todas as palestras públicas de Krishna, nos vários lugares em que esteve com a Sra. Besant naquele verão, ele havia enfatizado que para o discipulado era necessário dar saltos no escuro, viver temerariamente, sentir-se suficientemente forte para ser capaz de pular uma janela — mudar a si mesmo radicalmente. Agora, em Pergine, por sugestão de Lady Emily, ele começou a falar sobre esse tema para o grupo lá reunido. Depois dos jogos da manhã, sentava-se debaixo de uma macieira e batia sempre na mesma tecla: as qualidades a que se devia aspirar. Disse para as garotas que, embora fosse da natureza humana o desejo de casar e formar um lar, elas não podiam ter aquelas coisas e servir ao Senhor ao mesmo tempo, quando ele viesse. Se tentassem fazer as duas coisas, virariam burguesas e nada era pior do que a mediocridade. Mas nao deveriam tornar-se insensíveis; a única maneira de crescer era por meio do amor e da suprema felicidade. A pureza completa, mental e física, era também essencial.

Quatro jovens garotas passionais entre as quais eu — com apenas dezesseis anos, era a mais nova — estavam sendo instruídas a viver vidas celibatárias fora do convento. A atitude de Krishna com relação ao sexo e ao casamento deveria mudar dentro de alguns anos. Quando ouviu falar, em 1922, que Mar de Manziarly ficara noiva e ia casar-se, disse que ela teria feito melhor se tivesse se suicidado. (O noivado foi rompido antes de ele ir para Ehrwald). Ele era muito duro com todas nós em Pergine, fazendo-nos chorar com freqüência, com as verdades íntimas que nos dizia. Achava-nos todas tremendamente irresponsáveis. Disse a Lady Emily que era o mesmo que falar para um bando de esponjas que se limitavam a absorver tudo. Ele só desejava poder nos 'machucar' ainda mais. 'Vocês são como pessoas num quarto escuro à espera de alguém que acenda a luz, ao invés de tatearem na escuridão e acenderem-na sozinhas'.[19]

A despeito de sua rudeza, contudo, sentíamos seu grande amor para conosco e seu desejo de que nos tornássemos seres humanos harmoniosos — temia que nos transformássemos em pessoas 'medíocres'.

'O processo' foi interrompido em 24 de setembro, quando Krishna 'trouxe' uma mensagem que acreditava ser do Senhor Maitreya:

> Aprendam a servir-Me, pois só ao longo do Caminho irão encontrar-Me. Esqueçam-se de si mesmos, pois apenas então Eu serei encontrado. Não procurem pelos Grandes Seres, eles podem estar muito próximos de vocês. Vocês são como o cego que busca a luz do Sol. Vocês são como o faminto a quem se oferece comida e não come. A felicidade que buscam não está distante; está em cada pedra comum. Estou aqui, basta que queiram ver-me. Sou o que ajuda, basta que me deixem ajudar.

Essas linhas, muito diferentes das outras mensagens, parecem-se mais com o estilo dos poemas que Krishna logo começaria a escrever.

7

'Um velho sonho está morto'

O marido de Lady Emily ao ouvir falar do plano de Sydney posicionou-se fortemente contra ele, mas quando a Srta. Dodge ofereceu-se para pagar as passagens de ida e volta de sua esposa e das quatro garotas, ele nada pôde fazer para impedir a viagem sob o risco de desmanchar o casamento. Não creio que Krishna estivesse ciente dessa oposição pois, embora fosse contra o casamento de futuros discípulos, não era um desmancha-lares.

Krishna e Nitya, juntamente com as quatro moças, zarparam de Veneza para Bombaim, no dia 2 de novembro. (Rajagopal retornara a Cambridge para cursar o último ano). No último dia de viagem, Nitya subitamente expectorou sangue. Os próximos doze meses seriam de grave preocupação para Krishna com a saúde do amado irmão.

Na Índia, devíamos ficar primeiro em Adyar, depois em Delhi, antes de ir para Sydney no ano seguinte. Logo após a chegada em Adyar, onde nos encontramos com a Sra. de Manziarly, Mar e Yo, 'o processo' de Krishna começou outra vez sem poder contar com o auxílio de Helen, que viajara com Ruth diretamente para Sydney. Nem contamos com qualquer ajuda de Nitya que, novamente, estava muito doente e fora para Ootacamund com a Sra. de Manziarly. 'Suponho que tudo isso um dia acabe', Krishna escreveu, em janeiro, de Adyar para a Sra. Besant, que se encontrava em Delhi, 'mas, no momento, é bastante terrível. Não posso fazer meu trabalho, etc. Agora dura o dia inteiro e a noite também'. Mas era bem menos intenso do que já fora. Logo depois de escrever isso, Krishna esteve em Madanapalle, sua terra natal, para procurar um lugar para uma universidade que desejava muito construir. Descobriu um lugar adorável no vale de Tettu, cerca de 15 quilômetros da cidade e 800 metros acima do nível do mar. No ano seguinte, conseguiu formar uma Fundação para comprar cerca de 120 hectares de terra. Rebatizou o lugar, chamando-o *Rishi Valley* (Vale dos Rishis) em homenagem a *Rishi Conda*, a montanha que ali imperava, e, no local, fundou-se uma escola, não uma universidade. Foi a primeira de oito escolas que Krishna fundaria ao todo.

Os irmãos foram convidados para a Convenção Teosófica em Sydney, em abril, e viajaram para lá com a família Lutyens. Raja foi com eles para cuidar de Nitya que ainda estava muito doente. Um especialista, em Sydney, declarou que ele precisaria fazer um grande esforço para se recuperar e deveria deixar a cidade imediatamente. Ele foi, então, para Leura, nas Montanhas Azuis, para uma cabana alugada. Rosalind, que ainda estava em Sydney, acompanhou-o para servir-lhe de enfermeira e companhia. Krishna dividia seu tempo entre Leura e Sydney. Embora tivesse feito tudo para levar as moças para Sydney, era evidente que ele detestava a atmosfera de igreja existente lá, e Leadbeater fazia restrições a sua presença, pois o considerava uma influência desagregadora. Ele sorria e piscava para nós do outro lado da janela enquanto sentávamos numa sala abafada tentando meditar com os outros membros da grande comunidade em *The Manor* (O Solar), num subúrbio de Mosman.[20] Ele ficava terrivelmente impaciente com a preocupação febril de todos de obter graus na Senda, os quais eram distribuídos por Leadbeater e despertavam ciúmes e esnobismo. Comparados a Krishna, todos em *The Manor* pareciam vulgares e medíocres. Ele tentou falar com Leadbeater sobre 'o processo', mas este nada lhe disse de útil; estava completamente fora do alcance de sua experiência e com certeza não era uma preparação necessária para as iniciações.

Alguns terrenos haviam sido doados a Krishna para seu trabalho em várias partes da Austrália, e um grande anfiteatro de pedra branca fora recentemente construído em um local espetacular, nas imediações do porto de Balmoral, perto de *The Manor*, onde se esperava que o Senhor falasse quando viesse. Essa propriedade e as terras eram geridas por diferentes curadores a pedido de Krishna.

Em meados de junho, o especialista considerou que Nitya tinha melhorado o suficiente para viajar. Quando os irmãos zarparam para San Francisco, em 24 de junho, com Rosalind e um médico teosofista suíço, senti que as luzes apagaram-se da minha vida para sempre. Minha mãe, que supostamente tinha passado pela primeira iniciação em Sydney, já havia retornado à Inglaterra, deixando Helen, Ruth, Betty e eu em *The Manor*.

Foi uma viagem terrível uma vez que Nitya sentia-se cada vez mais fraco. Quase ao final dela, Krishna escreveu à Sra. Besant: 'Nós nos recuperaremos, e Nitya haverá de ficar bom outra vez. Este foi e tem sido um período de muita aflição, minha mãe querida, mas você e os Mestres estão aí'. Com apenas quinze dias de tratamento Abrams diário em Ojai, o estado de Nitya melhorou. Porém o alívio durou pouco, e, nos três meses seguintes, todas as energias de Krishna foram para cuidar de Nitya que ficara demasiado doente para sair da cama. Krishna teria ficado desesperado se não lhe tivesse sido assegurado pela Sra. Besant e por Leadbeater que os Mestres não permitiriam que Nitya morresse; sua vida era muito valiosa.

Nesse meio tempo, a Sra. Besant foi para a Inglaterra com Shiva Rao, a fim de proferir palestras no *Queen's Hall*. George Arundale, que estivera numa turnê mundial com a esposa Rukmini, encontrava-se na comunidade teosófica em Huizen, na Holanda, não muito distante do Castelo Eerde, dirigido por um teosofista, bispo da Igreja Católica Liberal, James Ingall Wedgwood. Um jovem norueguês, chamado Oscar Kollerstrom, ex-aluno de Leadbeater em Sydney e sacerdote da Igreja Católica Liberal também estava em Huizen. Arundale telegrafou para a Sra. Besant em Londres para comunicar-lhe as coisas espantosas que estavam acontecendo: Oscar recentemente havia passado pela terceira iniciação, Wedgwood pela segunda e Rukmini pela primeira; a *kundalini* tinha sido despertada em Wedgwood e Rukmini. (Arundale já passara pela segunda iniciação, e tanto ele quanto Oscar diziam-se clarividentes). Após outro exaltado telegrama, a Sra. Besant cancelou suas palestras no *Queen's Hall* e partiu para Huizen, acompanhada de Esther Bright, Lady Emily, Shiva Rao e Rajagopal.

Dois dias antes da Sra. Besant chegar, em 26 de julho, Arundale foi ordenado padre e dizia-se que a Srta. Bright, Lady Emily e Rajagopal haviam passado pela segunda iniciação. Na noite de 1º de agosto, Arundale e Wedgwood passaram pela terceira iniciação e Rukmini pela segunda. No quarto dia Arundale foi consagrado bispo. O consentimento de Leadbeater para este grau foi solicitado por telegrama; como não chegasse uma resposta, Arundale afirmou que havia recebido o 'cordial consentimento' de Leadbeater no plano astral. Quando retornaram da cerimônia, a Sra. Besant encontrou um telegrama de Leadbeater desaprovando veementemente o grau. Nenhum dos acontecimentos de Huizen jamais foi confirmado por Leadbeater.

Arundale continuou 'trazendo' instruções dos Mestres: nenhum iniciado devia compartilhar o quarto com um não-iniciado; os padres da Igreja Católica Liberal deveriam vestir roupas de baixo de seda (isso seria muito difícil para os pobres, observou Lady Emily); os mantos deveriam ser cuidadosamente escolhidos, mas não seriam usados chapéus (pela primeira vez a Srta. Dodge negou-se a colaborar quando lhe foi solicitado que financiasse a compra de magníficas vestimentas para os bispos); a Sra. Besant, Wedgwood e os Arundale deveriam parar de comer ovos de qualquer espécie. (Segundo Lady Emily, a única que aderiu a essa instrução foi a Sra. Besant.).

Na noite de 7 de agosto, Arundale declarou que Krishna (em Ojai), Raja (na Índia), Wedgwood e ele próprio haviam passado pela quarta iniciação, que é a iniciação do *Arhat*; duas noites mais tarde, Arundale 'trouxe' os nomes de dez pessoas que diziam ser os doze apóstolos do Senhor. Eram a Sra. Besant, Leadbeater, Raja, Arundale, Wedgwood, Rukmini, Nitya, Lady Emily, Rajagopal e Oscar Kollestrom. Krishna não foi consultado, mas foi dado como certo que sabia de tudo a partir do plano astral.

No número de junho do *Herald*, Arundale anunciou que Krishna não poderia vir ao acampamento de Ommen naquele ano por causa da saúde de Nitya, mas que a Sra. Besant e ele lá estariam e esperavam que todos considerassem um especial dever comparecer. Houve poucos cancelamentos, portanto, e, em 10 de agosto, o grupo de Huizen mudou-se para Ommen onde o acampamento e o Congresso foram abertos naquela tarde (a Sra. Besant hospedou-se no Castelo). Em uma palestra, no dia seguinte, a Sra. Besant anunciou que o Senhor já havia escolhido seus apóstolos, mas que ela tinha permissão apenas de dar os nomes de sete deles, aqueles que já haviam-se tornado *Arhats* — ela própria, Leadbeater, Raja, Arundale, Krishna, Oscar Kollestrom e Rukmini, a qual, ela tinha certeza, iria tornar-se *Arhat* em poucos dias.[21] Dois dias mais tarde, depois que lhe chamaram a atenção para isso, é que a Sra. Besant percebeu que deixara Wedgwood de fora e nomeara Krishna como um dos apóstolos dele mesmo. Ela retificou o engano em outra palestra pública no dia 14. O acampamento dispersou-se naquele mesmo dia, e o grupo de Huizen retornou para lá. Arundale continuou dizendo excitado: 'Sei que aconteceu outra coisa, mas parece impossível'. Na manhã seguinte, a Sra. Besant chamou Esther Bright, Lady Emily, Rukmini e Shiva Rao em seu quarto e contou-lhes, acanhada, que ela, Leadbeater, Krishna, Raja, Arundale, Wedgwood e Oscar tinham passado pela quinta e definitiva iniciação na noite do dia 13, mas isso não faria diferença na maneira com que deveriam ser tratados.

Lady Emily teve uma crise de euforia na ocasião em Huizen, e escreveu entusiasmada para Krishna sobre isso. Ele lhe enviou um telegrama perguntando se Leadbeater confirmara todos esses acontecimentos. Ela lhe telegrafou dizendo que a própria Sra. Besant os estava anunciando e acrescentou: 'Deposite sua confiança nela'. Quando Lady Emily retornou a Londres encontrou uma carta muito infeliz de Krishna, cheia de ceticismo. Ela destruiu, a seu pedido, todas as cartas que ele lhe enviou nesse período instável; ele temia que pudessem parar em outras mãos e ferir a Sra. Besant que escrevera a ele, suplicando-lhe que confirmasse tudo que Arundale tinha 'revelado'. Para não magoá-la, ele simplesmente respondeu que estivera distante e muito ocupado cuidando de Nitya para saber de qualquer coisa àquele respeito. Ele havia perguntado anteriormente se Rajagopal podia ser enviado a Ojai para ajudá-lo a cuidar de Nitya. Esse pedido foi atendido, e Rajagopal partiu para os Estados Unidos antes da abertura do acampamento.

A Sra. Besant desejava muito que Krishna fosse com ela à Índia naquele inverno à Convenção em Adyar para comemorar o qüinquagésimo aniversário da fundação da Sociedade Teosófica. Ele não queria de modo algum deixar Nitya, mas como no final de outubro Nitya parecia melhor e a Sra. de Manziarly ofereceu-se para ir a Ojai cuidar dele, Krishna, relutante, foi à Inglaterra, com Rosalind e Rajagopal para agradar a Sra. Besant. Lady Emily teve uma longa conversa com ele e percebeu que ele estava profundamente infeliz com todos os recentes acontecimentos em Huizen e Ommen. Algo que para ele era belo, privado e sagrado fora tornado publicamente feio, vulgar e ridículo. Lady Emily perguntou-lhe por que ele não contava à Sra. Besant o que estava sentindo. Ele respondeu: Para quê? Eles apenas diriam que os Poderes Negros haviam-se apoderado dele. Mesmo assim, tentou várias vezes falar com ela, mas ela não parecia compreender o que ele lhe dizia. Lady Emily sentiu que a Sra. Besant havia sido hipnotizada por Arundale e que ela própria fora ridiculamente crédula.

Do grupo que partiu de Nápoles para Colombo em 8 de novembro faziam parte a Sra. Besant, Krishna, Lady Emily, Rosalind, Rajagopal, Shiva Rao, Wedgwood, Arundale e Rukmini. Os dois bispos, caminhando por Nápoles vestidos com longas batinas púrpuras, disseram a Krishna que a vida de Nitya seria poupada se ele os reconhecesse como discípulos e os confirmasse como Adeptos. Krishna não faria isso e evitou falar com eles. Shiva Rao acreditava que Krishna nunca, em momento algum, duvidou dos poderes dos Mestres de salvar Nitya. Quando entravam no Canal de Suez, na noite do dia 13, um telegrama foi entregue à Sra. Besant anunciando a morte de Nitya. De acordo com Shiva Rao, que compartilhava a cabina com Krishna, os dez dias seguintes foram de agonia. À noite Krishna soluçava, gemia e chamava Nitya, às vezes em sua língua nativa, télugo, que, em estado de vigília não sabia falar. No entanto, quando estavam aproximando-se de Colombo, ele conseguiu transformar seu pesar quase em graça e escreveu expressando seus sentimentos sobre Nitya. O relato foi publicado no editorial do *Herald* de janeiro de 1926:

> Terminaram os sonhos agradáveis que meu irmão e eu tivemos no plano físico... Muito nos divertimos na vida, embora tivéssemos temperamentos diferentes. De algum modo compreendíamos um ao outro sem esforço... Foi uma vida feliz, e eu sentirei sua falta física por toda esta existência.
>
> Um velho sonho está morto e um novo está nascendo, como uma flor que irrompe da terra sólida... Uma nova força nascida do sofrimento pulsa nas veias e uma nova compaixão e compreensão está nascendo do sofrimento passado. Um grande desejo de ver os outros sofrerem menos e, se devem sofrer, de ver que o suportam nobremente e saem dele sem muitas cicatrizes. Eu chorei, mas não desejo que os demais chorem, mas se o fizerem, agora sei o que isso significa... Como Krishnamurti agora tenho mais zelo, mais fé, mais simpatia e mais amor, pois há em mim também o corpo, o Ser de Nityananda... Agora eu sei, com uma certeza maior do que nunca, que há realmente beleza na vida, real felicidade que não pode ser destruída por nenhum acontecimento físico, uma força maior que não pode ser enfraquecida por nenhum acontecimento passageiro e um amor maior que é permanente, imperecível e invencível.

A morte de Nitya foi um choque terrível para a Sra. Besant, embora não tenha abalado sua fé. Krishna, daí para a frente, parecia ter perdido a fé nos Mestres conforme Leadbeater apresentava-os, mas não no Senhor Maitreya e em seu próprio papel como veículo. Arundale e Wedgwood deixaram claro que Nitya morrera porque Krishna recusara-se a reconhecê-los.

Leadbeater, com um grupo de setenta pessoas, que incluía Helen, Ruth, Betty e eu, chegou a Colombo poucos dias mais tarde. Soubemos da morte de Nitya em Melbourne. A Sra. Besant, Krishna e outros, que haviam ido para Adyar, retornaram a Colombo para encontrar-nos.

Leadbeater cumprimentou Krishna dizendo: 'Pelo menos *você* é um *Arhat*'.

Depois da travessia para a Índia havia um trem especial para Madras para todo o grupo, com uma multidão de pessoas, guirlandas e prostrações em todas as estações. Krishna, que sabia que eu amava Nitya apaixonadamente, sentou-se ao meu lado no trem. 'Krishna foi encantador' escrevi em meu diário, 'e falou comigo sobre Nitya. Eles estão juntos o tempo todo agora. O próprio K está ainda mais maravilhoso e mais suave'.

A situação em Adyar estava muito difícil. Ruth revelou que Leadbeater não acreditava em nenhuma das iniciações anunciadas em Huizen. Havia, entretanto, duas facções — o grupo favorável a Arundale-Wedgwood e o grupo favorável a Leadbeater, com Krishna e seus próprios seguidores posicionando-se longe de ambos. A Sra. Besant, que continuava sentido o mesmo amor e reverência por Krishna, tentava reconciliar todos. Certa manhã ela foi até o quarto de Krishna, pegou-o pela mão e o levou até sua sala de estar onde estavam reunidos Leadbeater, Raja, Arundale e Wedgwood. Colocando-o no sofá entre ela e Leadbeater, perguntou-lhe se ele os aceitava como seus discípulos. Ele respondeu que não aceitaria nenhum deles como seus discípulos a não ser, talvez, a própria Sra. Besant. (A recordação desse incidente é uma das poucas que Krishna guardou pelo resto da vida; logo depois ele perdeu praticamente todas as recordações do passado).

O Congresso da Estrela seguiu-se à Convenção Teosófica em 28 de dezembro. No primeiro encontro da Estrela, debaixo da figueira-brava, às oito horas da manhã, com mais de 3.000 pessoas presentes, ao encerrar uma palestra sobre o Instrutor do Mundo, Krishna subitamente se transformou e disse: 'Ele vem apenas para aqueles que querem, que desejam, que anseiam'. Seu rosto mudou e sua voz soou com extraordinária autoridade: 'E eu venho para os que querem compreensão, que desejam a felicidade, que anseiam por ser libertados. Eu venho para reformar, não para dividir, não venho para destruir, mas para construir'.[22]

Foi um momento eletrizante para todos nós que notamos a mudança. (Wedgwood e Arundale pensaram, segundo eles, que ele estivesse meramente citando as Escrituras). A Sra. Besant certamente percebeu a mudança. No último encontro do Congresso da Estrela ela diria: '...aquele acontecimento [de 28 de dezembro] marcou a definitiva consagração do veículo escolhido... A aceitação final do corpo escolhido muito antes... do Advento ter iniciado'. E, no número de janeiro de 1926 do *Theosophist*, ela escreveu: 'Não houve excitação, não houve agitação, nem mesmo em 28 de dezembro quando, no momento em que nosso Irmão Krishnaji estava concluindo seu "discurso", sua frase foi interrompida pelo nosso Senhor o Instrutor do Mundo, que tomou posse de seu corpo e disse algumas frases'. Leadbeater também estava convicto disso. Após ter retornado para Sydney, afirmou que não 'havia uma sombra de dúvida' que 'Ele' tinha usado 'o Veículo mais de uma vez' na Convenção do Jubileu.[23]

O próprio Krishna também não tinha dúvidas. Em uma palestra aos Representantes Nacionais da Ordem da Estrela no Oriente em Adyar, ele disse: 'Vocês devem guardar a lembrança do dia 28 como se guardassem uma jóia preciosa e cada vez que olharem para ela sentirao uma emoção. E quando Ele voltar outra vez, e estou certo de que Ele em breve virá novamente, será para vocês uma ocasião ainda mais nobre e bela do que da última vez'.[24] No encontro dos discípulos ele disse: 'Pessoalmente me sinto muito diferente desde aquele dia... como um vaso de cristal, um jarro que foi limpo e no qual agora qualquer pessoa no mundo pode colocar uma bela flor. E a flor deve viver ali e não morrer jamais.[25]

Lady Emily anotou em seu diário quando Krishna lhe disse que se sentia como uma concha — tão absolutamente impessoal. Quando ela lhe descreveu como seu rosto e sua voz tinham mudado, ele disse pensativamente: 'Eu queria ter visto'. Ele acreditava que era o rosto do Senhor Maitreya? Até quase o fim de sua vida ele não se cansou de falar da importância que a Sra. Besant e Leadbeater sempre deram ao 'rosto', mas isso parecia referir-se à beleza de seu próprio rosto, que ele sempre considerou com bastante impessoalidade como fazia com todo o seu corpo. O corpo, evidentemente, havia sido colocado sob sua responsabilidade e sob seus cuidados. Esse sentimento de completa dissociação com seu corpo foi um fenômeno que durou toda sua vida.

8

'Uma constante inquietação interior'

Krishna permaneceu na Índia até maio; depois viajou para a Inglaterra com Rosalind e Rajagopal. (Minha mãe, Betty e eu tínhamos partido no final de janeiro, quando Helen e Ruth retornaram a Sydney). Parecia natural para Rajagopal assumir o lugar de Nitya como Secretário Administrador da Estrela. Ele também se tornou Tesoureiro Internacional da Ordem, um cargo novo. Era um administrador nato, e Krishna estava muito agradecido por poder deixar todas as preocupações financeiras em suas mãos eficientes.

A pedido de K, Rajagopal organizou um encontro de três semanas no Castelo Eerde, com início em 3 de julho, antes do acampamento de Ommen daquele ano. Foram enviados convites da *West Side House* em Wimbledon para amigos especiais, aos quais foram solicitadas duas libras por semana a título de alimentação e alojamento. Trinta e cinco pessoas de diversas nacionalidades aceitaram. Mar de Manziarly, John Cordes, Rosalind, Rajagopal e as três Lutyens encontravam-se entre eles. O Castelo agora possuía rede elétrica e hidráulica apropriadas, instaladas pela Fundação (anteriormente havia lamparinas de óleo e calabouços que davam diretamente no fosso, onde enormes carpas devoravam tudo que descia), e os quartos tinham sido transformados em dormitórios. Apenas Krishna tinha um quarto só para si. Os primeiros três dias, ele passou na cama com bronquite; depois falava para nós todas as manhãs, durante uma hora, em uma ampla sala de estar, sentado com as pernas cruzadas no sofá, sob um tapete Gobelin. Lady Emily, Mar e eu fazíamos anotações em nossos diários, confirmando independentemente a crença de que o Senhor falou várias vezes através de K.

O tempo estava perfeito, e havia gente suficiente para jogarmos emocionantes partidas de voleibol. 'Não há nada melhor na vida', escrevi em meu diário, 'do que como me sinto aqui, física, mental e emocionalmente viva. Ter, como disse K, uma sensação de bem-estar completo'. Fiquei muito próxima de Krishna durante esse encontro. Lady Emily recordou em seu diário que, na palestra do último dia, Krishna 'falou como nunca antes o fizera, e sentimos que sua consciência e a do Senhor estão tão completamente fundidas, que não há mais nenhuma distinção entre elas. Ele disse: "Sigam-me e Eu lhes mostrarei o caminho para o Reino da Felicidade. Darei a cada um de vocês a chave com a qual poderão abrir o portão do jardim", e o rosto do Senhor brilhou através do rosto de Krishna'.

A maior parte dos amigos e seguidores de Krishna agora o chamavam de Krishnaji — o sufixo 'ji' indica respeito afetuoso. Continuar chamando-o de Krishna neste livro parece-me muito familiar, Krishnaji, muito indiano e Krishnamurti, muito trabalhoso; portanto, no restante do livro será chamado de K, que é como ele se referia a si mesmo.

Quando o acampamento foi aberto em 24 de julho, o grupo de Eerde, com exceção de K, que permaneceu no Castelo, mudou-se para as tendas entre os pinheirais, a um quilômetro e meio dali. Cerca de 2.000 pessoas* vieram para o acampamento que estava muito bem organizado. A Sra. Besant, ao chegar à Europa, no início de julho, foi diretamente para Huizen. Não obstante, ela e Wedgwood assistiram às palestras do acampamento, embora ficassem hospedados no Castelo. No meio do acampamen-

* O relatório anual da Ordem da Estrela no Oriente de 1926 registrou um total de 43.000 membros de quarenta países. Dois terços dos mesmos eram também membros da Sociedade Teosófica.

to, havia um anfiteatro feito de toros grosseiramente talhados onde se realizavam os encontros quando o tempo estava bom; todas as tardes, ao pôr-do-sol, acendiam-se fogueiras. K vestia-se com roupas indianas para as fogueiras do acampamento e acendia a pirâmide de troncos de cinco metros de altura enquanto entoava um hino a *Agni*, deusa do fogo. Ele então falava ao luzir do fogo.

Na noite do dia 27, Lady Emily, segundo seu diário, percebeu 'que assim que Krishna apareceu Ele [o Senhor] estava lá. Tinha uma aparência austera e cheia de poder'. A Sra. Kirby, uma italiana, casada com um banqueiro inglês de Gênova, que conhecia K desde 1909, de Adyar, e estivera conosco em Pergine, escreveu que havia uma inusitada dignidade em sua aparência naquela noite e que a força em sua voz foi aumentando, soando mais profunda e plenamente até 'que o Senhor estava lá e Ele estava falando... Quando terminou, percebi que eu estava tremendo da cabeça aos pés'. Quando ela o viu na manhã seguinte 'Ele estava tão querido e afetuoso como sempre, e, quando lhe contei como sua aparência tinha mudado, ele disse: "Gostaria de ter visto também"... Krishnaji parecia precisar de muito repouso... Que vida, pobre Krishnaji. Não há dúvida de que ele é o *Sacrifício*'.[26]

Parte de sua palestra naquela noite está reproduzida abaixo:

> Peço-lhes para vir e olhar através de minha janela, que lhes mostrará meu céu, que lhes mostrará meu jardim e minha morada. Vocês veriam então que o importante não é o que fazem, o que lêem, o que alguém diz que você é ou não é, mas que tenham um desejo ardente de entrar naquela morada onde mora a Verdade... Eu quisera que viessem e vissem; eu quisera que viessem e sentissem... E não me dissessem: 'Ah, você é diferente, você está no topo da montanha, você é um místico'. Vocês me dizem frases e cobrem minha Verdade com suas palavras. Não quero que rompam com tudo em que acreditam. Não quero que neguem seu temperamento. Não quero que façam coisas que não sintam ser certas. Mas algum de vocês está feliz? Algum de vocês acaso provou a eternidade?... Eu pertenço a todas as pessoas, a todos

> que realmente amam, a todos que realmente estão sofrendo. Se caminharem, devem caminhar comigo. Se entenderem devem olhar através de minha mente. Se sentirem, devem olhar através de meu coração. Porque eu realmente amo, quero que vocês amem. Porque realmente sinto, quero que sintam. Porque tudo me é caro, quero que tudo lhes seja caro. Porque desejo proteger, devem proteger. Esta é a única vida que vale a pena ser vivida e a única Felicidade que vale a pena possuir.[27]

No final da palestra, Wedgwood foi visto inclinando-se para a Sra. Besant e sussurrando algo para ela. Assim que K voltou ao Castelo, ela lhe disse que um poderoso mago negro, que ela conhecia bem, havia falado através dele. K, completamente estarrecido, disse que se realmente ela pensava aquilo ele nunca mais falaria em público. O mago negro jamais foi mencionado depois disso. Eu estava dormindo no Castelo naquela noite, e o próprio K contou-me esse incidente e acrescentou: 'Pobre Amma'. Ele compreendeu que sua mente estava deteriorando-se e que acreditava em tudo que Wedgwood dizia-lhe.

A Sra. Besant tomou a súbita decisão de ir com K aos Estados Unidos para onde não ia desde 1909. Foi rapidamente organizada uma turnê de palestras, e ela partiu, juntamente com K, Rosalind e Rajagopal, no dia 26 de agosto. Vinte repórteres subiram a bordo do navio em Nova Iorque e ficaram decepcionados ao encontrar K vestido num elegante terno cinza. Um jornalista descreveu-o como 'um tímido, assustado e bem apessoado menino hindu'. K estava profundamente embaraçado com as manchetes: 'Culto da Estrela Aguarda a Glória da Vinda do Senhor', 'Novo Messias com Calçados de Flanela'; 'Nova Deidade Chega em Calças Folgadas', etc.

Quarenta repórteres entrevistaram K sozinho no Hotel Waldorf-Astoria, no dia seguinte. Ele era muito menos tímido sem a presença da Sra. Besant. O *New York Times* relatou que muitos entrevistadores 'tentaram fazê-lo contradizer-se, mas que ele evitou habilmente todas as armadilhas e conquistou-lhes a admiração por ter-se saído brilhantemente'. K mencionou muitas vezes, no final da vida, que nessa época uma companhia cinematográfica ofereceu-lhe 5.000 dólares semanais para fazer o papel principal da vida de Buda. Isso o agradou, pois o fez sentir que poderia ganhar a própria vida se quisesse.

Foi somente em 3 de outubro, ao término das trinta palestras da Sra. Besant, que K encontrou-se com ela em San Francisco e teve a alegria de levá-la a Ojai. Ele estava descansando em Warm Springs, Virginia, com Rajagopal. Ficara longe de Ojai por cerca de um ano. Dois dias depois de chegar lá, escreveu para Lady Emily: 'Aqui estou sem Nitya... Quando entrei no quarto em que ele esteve doente e do qual se foi, creio que meu corpo chorou. O corpo é uma coisa estranha. Eu não estava realmente triste, mas meu corpo estava num estado fora do comum... Estou acostumando-me com a ausência física de Nitya — uma coisa muito difícil para mim, uma vez que vivemos aqui mais do que em qualquer outro lugar, onde ambos sofremos e fomos felizes'.

Por causa de uma dolorosa protuberância no peito (que eventualmente baixava), dois médicos de Hollywood proibiram K de ir à Índia naquele inverno como ele planejava. A Sra. Besant decidiu permanecer com ele em Ojai e escreveu para Lady Emily insistindo para que ela fosse para lá, juntamente com Betty e eu. Betty havia se matriculado recentemente no *Royal College of Music* (Academia Real de Música) e não quis ir, mas minha mãe e eu partimos alegremente no final de novembro e passamos quase cinco meses paradisíacos em Ojai, com K e a Sra. Besant, Rajagopal e Rosalind. K e a Sra. Besant nunca haviam passado juntos um período tão longo, sereno e feliz. Ele escrevia poesia na época. Todos os fins de tarde fazíamos caminhadas para ver o pôr-do-sol que o inspirava tanto que voltou a escrever poemas.* Seu lado mais humano estava aflorado nessa época; ficava muito irritado comigo quando me ensinava a dirigir

* Seu primeiro poema, 'Hino do Iniciado Triunfante', foi publicado no *Herald* em janeiro de 1923. Cerca de 60 outros poemas seus foram publicados, tanto no *Herald* quanto em forma de livro, até 1931, quando parou de escrever poesias.

seu Packard e todo preocupado quando eu pegava o carro e saía sozinha para me vingar.

Em janeiro o que ele chamava de 'a velha história' da dor intensa na nuca e na base da coluna começou outra vez, mas agora ele era capaz de suportá-la sem 'ausentar-se'. Depois que passava, ele precisava relaxar — ausentava-se do corpo por uma hora, aproximadamente, e transformava-se numa criança. Nisso, eu conseguia ajudá-lo. Quando fui encontrá-lo pela primeira vez, o 'elemental físico' perguntou-me quem eu era e, então, disse: 'Bem, se é amiga de Krishna e de Nitya, creio que está tudo bem'. Falava como uma criança de uns quatro anos e chamava-me de 'Amma'. A criança parecia ter medo de K e dizia coisas do tipo: 'Cuidado, o Krishna está voltando'. Quando K voltava não recordava absolutamente nada do que a criança tinha dito.

Quando Lady Emily perguntou-lhe certa feita o que queria dizer com amor possessivo, ele respondeu: 'São todos iguais — todos pensam que têm um direito especial, algum caminho especial que conduz a mim'. Isso continuou a vida toda — as pessoas pensavam que o possuíam de alguma forma, que o compreendiam melhor que ninguém mais. Será que alguém o compreendeu de fato algum dia? Certamente ninguém o possuiu.

Em 9 de fevereiro ele escreveu a Leadbeater: 'Tenho certeza de que estou me fundindo com a consciência do Instrutor único e de que Ele irá preencher-me completamente. Sinto e sei também que minha taça está cheia quase até a borda e que logo transbordará. Anseio por fazer, e farei, todos felizes'.

Logo depois da chegada da Sra. Besant em Ojai, ela comprou 180 hectares de terra no alto do vale de Ojai para K construir a escola que tanto queria. Ela tentou então arrecadar dinheiro para outros 100 hectares, na parte baixa, para um acampamento anual como o de Ommen. Outra Fundação foi formada, a *Happy Valley Foundation* e foi feito um apelo para conseguir os 200 mil dólares necessários.* Finalmente, todo o dinheiro foi arrecadado e a terra foi comprada, mas a *Happy Valley School* somente seria iniciada vinte anos depois.

Em abril, antes de partir de Ojai com K, a Sra. Besant fez uma declaração para a *Associated Press of America,* que começava assim: 'O Espírito Divino desceu uma vez mais sobre um homem, Krishnamurti, que é literalmente perfeito em sua vida, como aqueles que o conhecem podem atestar', e concluía: 'O Instrutor do Mundo está aqui'.

Naquele ano, houve um encontro no Castelo Eerde, antes do acampamento de Ommen, que durou um mês. Um dos grandes celeiros que flanqueavam a entrada do Castelo foi convertido em quartos pequenos dispostos em dois pisos, de modo que agora havia quartos para sessenta pessoas. Na primeira semana, K foi outra vez acometido de forte bronquite. Lady Emily lia-nos os poemas dele em voz alta todas as manhãs, enquanto ele ficava deitado na cama lendo Edgar Wallace. No dia 30 de junho, ele já estava suficientemente bem para descer e dar palestras.

Havia muitas discussões nos encontros entre Lady Emily e Rajagopal sobre a reorganização da Ordem. Uma vez que tantas pessoas acreditavam na chegada do Instrutor, os objetivos da Ordem não eram mais válidos. Em 28 de junho, novos objetivos foram estabelecidos: '1. Congregar todos aqueles que acreditam na presença na Terra do Instrutor do Mundo. 2. Trabalhar para Ele, de todas as maneiras possíveis para que Ele possa realizar Seu ideal pela humanidade. A Ordem não tem dogmas, credos ou sistemas de crença. Sua inspiração é o Instrutor, seu propósito é corporificar Sua vida universal'. O nome da Ordem foi mudado de Ordem da Estrela no Oriente para Ordem da Estrela, e a revista de *Herald of the Star* (Arauto da Estrela) para *Star Review* (Revista da Estrela). Daí para a frente, cada país publicaria sua própria versão da revista, mas haveria, além disso,

* A Sra. Besant escreveu no *Theosophist* de abril fazendo um apelo: 'Estou arriscando nesta nova aventura uma reputação alicerçada em cinqüenta e três anos de trabalho público e todo meu futuro financeiro'.

um *International Star Bulletin* (Boletim Internacional da Estrela), publicado pela *Star Publishing Trust* (Editora da Fundação da Estrela), que fora constituída na Holanda, em 1926, e que publicaria por muitos anos as palestras de K.

O tema de K nesse ano em Eerde foi a *Libertação* e no ano anterior tinha sido *O Reino da Felicidade*. Lady Emily tomou algumas notas do que ele disse:

> É preciso que se libertem, não por minha causa, mas apesar de mim... toda esta vida e, especialmente nos últimos meses, tenho lutado para ser livre — livre de meus amigos, meus livros, minhas associações. Vocês devem lutar pela mesma liberdade. Deve haver uma constante inquietação interior. Segurem um espelho constantemente a sua frente. Se houver algo indigno do ideal que criaram para si mesmos, mudem-no... Não façam de mim uma autoridade. Se eu me tornar uma necessidade para vocês o que farão quando eu partir?... Alguns de vocês acreditam que posso dar-lhes uma bebida que os tornará livres, que posso dar-lhes um fórmula que os libertará — mas não é assim. Eu posso ser a porta, mas vocês devem passar por ela e encontrar a libertação que está além dela... A verdade chega como um ladrão — quando menos se espera por ela. Gostaria de poder inventar uma nova língua; como não posso, gostaria de destruir sua velha fraseologia e antigos conceitos. Ninguém pode dar-lhes a libertação, terão de encontrá-la dentro de si, mas porque eu a encontrei, eu lhes mostrarei o caminho... Aquele que atingiu a libertação tornou-se um Instrutor — como eu. Cada um de vocês tem o poder de entrar na chama, de tornar-se a chama... Porque eu estou aqui, se me tiverem em seus corações, eu lhes darei força para alcançá-la... A libertação não se destina aos poucos, aos escolhidos, aos eleitos.

A filosofia de K estava finalmente começando a emergir, para a consternação de muitos dos que ali estavam reunidos, especialmente os membros da Seção Esotérica da Sociedade Teosófica, que estavam acostumados a ser instruídos sobre o que fazer e a respeito do progresso que tinham feito no Caminho. Ele estava dizendo, com efeito, que os Mestres e todos os demais gurus eram desnecessários, que cada um tinha de encontrar a verdade por si mesmo. Ele falou muito a Lady Emily nesse encontro sobre seu desejo de tornar-se um saniasi. Disse que esta havia sido a última grande tentação a que teve de resistir.

Arundale, Wedgwood e até mesmo Raja, que era pessoalmente devotado a K, declararam nessa época em Huizen, onde se encontravam, que não acreditavam que a consciência de K já estivesse fundida com a do Senhor, mas que uma frente unida devia ser mantida. K tinha agora mudado sua terminologia: a consciência fundida havia-se tornado para ele a 'união com o Bem-amado', isto é, a libertação.

Os antigos líderes da Sociedade Teosófica agarravam-se desesperadamente ao seu poder; sua influência estava sendo abalada. O que aconteceria com sua autoridade se não pudessem mais treinar aspirantes ao discipulado e distribuir passos no Caminho? Como poderiam continuar a fazer palestras sobre 'A Vinda do Instrutor do Mundo' se o Instrutor estava fazendo afirmações revolucionárias que feriam o coração da Seção Esotérica?

A Sra. Besant estava novamente no acampamento naquele ano e evidentemente também queria estar presente nas reuniões de Eerde. K deve tê-la dissuadido de vir, pois ela escreveu uma carta patética para ele, de Londres, em 28 de julho, três dias antes da abertura do acampamento:

> Meu amado... Sinto há tempos que o clímax será atingido em Eerde neste ano e queria muito estar aí nesse momento tão belo e nada mais ser do que uma entre as pessoas que o cercam, de modo que tenho me sentido realmente triste por não estar aí com todos os aventurados que tiveram esta grande graça. Talvez seja tolice minha, mas eu queria estar em Eerde. Não creio que saiba o quanto eu o amo, querido, pois não fico pendurada em você cobrindo-o de atenções exageradas. Bom, já me lamentei pelo meu mau *karma*. Você não sabia que eu era tão tola assim, não é mesmo? Nem que eu queria estar aí antes em vez de só chegar com a multidão.[28]

Na véspera da abertura do acampamento, antes da Sra. Besant chegar, K deu sua primeira resposta pública para a pergunta que estava afligindo a muitos: ele acreditava ou não nos Mestres e na hierarquia oculta? Foi, talvez, a afirmação mais importante que ele fez a respeito de sua própria posição:

> Quando eu era garoto, costumava ver Sri Krishna, com a flauta, da forma como era representado pelos hindus, pois minha mãe era devota de Sri Krishna... Mais tarde, ao conhecer o bispo Leadbeater e a Sociedade Teosófica, comecei a ver o Mestre K.H., — novamente da forma que o colocaram diante de mim, a realidade vista do ponto de vista deles — e, por isso, para mim o Mestre K.H. era tudo. Mais tarde, cresci e comecei a ver o Senhor Maitreya. Isso foi há dois anos; eu o via constantemente na forma como tinha sido colocado diante de mim... Ultimamente, tenho visto o Buda e tem sido meu deleite e minha glória estar com Ele. As pessoas perguntam-me o que quero dizer quando me refiro ao Bem-amado. Vou dar um sentido, uma indicação, que vocês podem interpretar como quiserem. Para mim é tudo — é Sri Krishna, é o Mestre K.H., é o Senhor Maitreya, é o Buda e, não obstante, está além de todas essas formas. O que importa o nome que lhes damos?... Vocês se preocupam em saber se há tal pessoa como o Instrutor do Mundo que Se manifestou no corpo de uma certa pessoa, Krishnamurti; mas no mundo ninguém irá preocupar-se com isso. É uma infelicidade ter de explicar, mas é preciso. Eu queria ser o mais vago possível e consegui fazer isso. Meu Bem-amado é o céu aberto, a flor, cada ser humano... Eu nunca falei enquanto não fui capaz de dizer com segurança, sem nenhuma ansiedade indevida ou exagero para convencer os outros de que eu e o meu Bem-amado éramos um só. Falei das generalidades vagas que todos queriam ouvir. Jamais disse: Eu sou o Instrutor do Mundo; contudo, agora que sinto que sou um com meu Bem-amado, eu digo, não para impor minha autoridade sobre vocês, nem para convencê-los de minha grandeza, nem da grandeza do Instrutor do Mundo, nem mesmo da beleza da vida, mas meramente para despertar em seus corações e em suas mentes o desejo de buscar a Verdade. Se eu digo, e direi, que eu e meu Bem-amado somos um só, é porque sinto e sei disso. Encontrei o que desejava, alcancei a unidade, de modo que daqui em diante não haverá separação, porque meus pensamentos, meus desejos, meus anelos — os do eu individual — foram destruídos... Sou como a flor que perfuma o ar da manhã. A flor não se preocupa com quem está passando... Até agora vocês têm dependido dos dois Protetores da Ordem [a Sra. Besant e Leadbeater]; sempre que precisaram de uma autoridade, têm dependido de

> alguém que lhes diga a Verdade, quando a Verdade está dentro de vocês... Não me perguntem quem é o Bem-amado. De que serve a explicação? Vocês só compreenderão o Bem-amado quando forem capazes de vê-lo em cada animal, em cada folhinha de grama, em cada pessoa que está sofrendo, em cada indivíduo.[29]

A Sra. Besant foi para o acampamento de Huizen com Raja e Wedgwood. Sua principal palestra durante os encontros era 'O Instrutor do Mundo está Aqui', e ela ainda não conseguia conciliar o que K estava dizendo com o que supunha que o Senhor diria. Ela retornou a Huizen em 15 de agosto, perdendo assim uma palestra que K proferiu dois dias depois para os trabalhadores voluntários que haviam cuidado da administração do acampamento. As palestras geralmente eram estenografadas e publicadas posteriormente, mas não há registro oficial dessa palestra (ela foi suprimida provavelmente por consideração à Sra. Besant). Temos apenas uma frase dela, registrada no diário de Lady Emily: 'Você só poderá ajudar depois que, pessoalmente, não precisar mais de ajuda'. Relatos dessa palestra chegaram aos ouvidos da Sra. Besant e a perturbaram bastante e, a muitos outros também, como ela declarou. K, que estava descansando em Villars com Rajagopal, escreveu-lhe dizendo que não se lembrava do que tinha dito. 'Receio que ninguém queira pensar por si próprio', acrescentou, 'É muito mais fácil apoiar-se confortavelmente nos pensamentos dos outros... Mãe, temos que ficar unidos, nada mais importa'.

Mas, segundo Peter Freeman, membro do Parlamento e Secretário Geral da Sociedade Teosófica para o País de Gales: 'Ele [K] nos disse que nunca conseguiu ler um livro teosófico em toda sua vida, que não conseguia entender nosso "jargão" teosófico e, apesar de ter assistido a muitas palestras teosóficas, nenhuma a tinha convencido de que possuíam o conhecimento da verdade'.[30]

De Villars, K foi para Paris, onde prometera posar para o escultor Antoine Bourdelle. Bourdelle, então com sessenta e seis anos, ficou imediatamente fascinado por K. 'Quando se ouve Krishnamurti falar, fica-se estarrecido', disse ele, 'por encontrar tanta sabedoria num homem tão jovem... Krishnamurti é um grande sábio e se eu tivesse quinze anos eu o seguiria'.[31]*

K não estava presente no casamento civil de Rajagopal e Rosalind em Londres, no dia 3 de outubro, seguido de uma cerimônia religiosa na Igreja Católica Liberal *St Mary*. A Sra. Besant entrou na igreja com Rosalind. Foi a Sra. Besant que apressou o casamento, para que Rosalind pudesse viajar com K sem problemas, embora Rajagopal certamente estivesse profundamente apaixonado por ela. Arya Vihara em Ojai seria seu lar. K não se recorda do que pensou sobre o casamento. Entretanto, seus sentimentos em relação ao casamento em geral haviam mudado; não mais o considerava um desastre.

---

* O busto de K feito por Bourdelle, considerado um dos seus melhores trabalhos, está agora no Museu Bourdelle em Paris.

9

'Recuso-me a ser sua muleta'

K partiu para a Índia com a Sra. Besant em outubro de 1927. Ao desembarcarem em Bombaim, no dia 27, a Sra. Besant fez uma declaração a respeito dele para os repórteres que foram recebê-los: 'Sou testemunha de que ele foi considerado digno... de fundir sua consciência com a de um fragmento, um *amsa*, da consciência onipresente do Instrutor do Mundo... E agora ele voltou para vocês, para o seu povo, para a sua raça, embora transcenda a ambos, pois ele pertence ao mundo inteiro'.

Pode-se imaginar o efeito desse pronunciamento sobre os indianos, cuja tendência natural é prostrar-se em adoração. Arundale, contudo, escreveu um artigo no *Theosophy in Índia* (Teosofia na Índia) que ilustra a difícil situação com a qual K defrontar-se-ia naquele inverno e a perplexidade dos teosofistas: 'Nossa Presidente declarou que o Senhor está aqui... Ora, é impossível para mim conciliar essa afirmação... com meus próprios conhecimentos a respeito do Senhor tal como ele é em Seu glorioso corpo'.

Leadbeater estava em Adyar para a Convenção Teosófica de dezembro. No dia 8, K escreveu para Lady Emily: 'Tive uma longa conversa com ele... Surpreendentemente ele concorda comigo em muitas coisas. Ele me perguntou como me sentia, e eu lhe falei que não havia Krishna —

o rio e o mar.* Ele disse, sim — como nos livros de antigamente —, é tudo verdade. Ele foi muito simpático e extremamente reverente'.

Em janeiro, K escreveria a Lady Emily outra vez dizendo-lhe que sentira um mal-estar muito grande na cabeça e que desmaiara várias vezes. Raramente essas sensações o deixavam agora, embora não o impedissem de viajar pela Índia dando palestras. Ele estava decepcionado porque Leadbeater não conseguia explicar o motivo pelo qual a dor continuava.

O companheiro que viajava com ele, agora que Rajagopal estava em Ojai com Rosalind, era um velho amigo, Judunandan Prasad (Jadu). Jadu estivera nos encontros de Pergine e Eerde no verão anterior. Era um jovem atraente, com um temperamento muito mais parecido com o de Nitya do que Rajagopal, e K sentia uma afinidade natural por ele. Acompanhou K à Europa no final de fevereiro. Pela primeira vez, em uma viagem, K manteve discussões com os passageiros após repetidas solicitações da parte deles.

Em 31 de março, K fez sua primeira conferência pública na Inglaterra na *Friends' Meeting House* (Casa de Encontro de Amigos). Havia tanto interesse que centenas de pessoas não conseguiram lugar. Quatro dias mais tarde, ele e Jadu zarparam para os Estados Unidos. O primeiro Acampamento da Estrela foi realizado em Ojai em maio, nas terras adquiridas pela Sra. Besant, na extremidade inferior do vale, que incluía um arvoredo de azinheiros, os belos carvalhos sempre-verdes da Califórnia. Mas, antes do acampamento, K fez sua primeira palestra nos Estados Unidos, na noite de 5 de maio, no *Hollywood Bowl*, para uma audiência de 16.000 pessoas, que, segundo o *Los Angeles Times*, ouviu-o, 'aparentemente extasiada', falar sobre 'A Felicidade através da Libertação'.

Apenas cerca de mil pessoas assistiram ao primeiro acampamento de Ojai. Não obstante, foi um grande sucesso. As palestras matinais

* Diz a tradição da filosofia oriental que no final da evolução o ego, após longa peregrinação por sucessivas vidas, deixa o rio da vida para perder-se no mar de Nirvana.

de K eram feitas no *Oak Grove* (Arvoredo de Carvalhos). Em 30 de maio, dois dias depois do encerramento do acampamento, K, Rajagopal e Jadu partiram para a Inglaterra. Rosalind permaneceu em Ojai. A Sra. Besant foi para a Inglaterra na mesma época e de lá rumaram para Paris onde, no dia 27 de junho, K falou na Rádio da Torre Eiffel, em francês, sobre 'O Segredo da Felicidade', para um público estimado de 2 milhões de ouvintes.

Houve um grande encontro, o maior já ocorrido, no Castelo Eerde naquele verão, antecedendo o acampamento de Ommen. O outro celeiro também fora reformado, de sorte que havia quartos para outras pessoas além dos membros da Estrela. Leopoldo Stokowsky e a esposa vieram por alguns dias, bem como Sir Roderick Jones, diretor da Reuters, com a esposa, a escritora Enid Bagnold. K tinha inúmeros amigos agora, de muitas nacionalidades diferentes, mas ele ficou especialmente próximo, durante muitos anos, de um casal egípcio que vivia em Paris, Carlo e Nadine Suàres.

A Sra. Besant tencionava ir ao acampamento de Ommen a convite especial de K, feito em uma carta muito amorosa, mas uma indisposição a impediu. Embora ele se preocupasse muito com a saúde dela, sua ausência permitiu-lhe dizer o que queria nas palestras em volta da fogueira do acampamento, sem temer magoá-la. Ele chegou a dizer aos organizadores do acampamento, antes da abertura, que dissolveria a Ordem da Estrela imediatamente se ela 'reivindicasse ser um instrumento que tinha a Verdade, a única Verdade'. Durante as reuniões fizeram-lhe perguntas como: 'É verdade que não deseja discípulos?' 'O que pensa de rituais e cerimônias?' 'Por que nos diz que não há estágios no Caminho?' 'Uma vez que nos diz que não há Deus, código moral e nem o bem ou o mal, em que seu ensinamento difere do materialismo comum?' 'Você é o Cristo que retornou?' Trechos das respostas de K transcritos abaixo mostram como ele era pouco entendido por aqueles que lhe faziam estas perguntas.

> Torno a dizer que não tenho discípulos. Se compreenderem a Verdade e não seguirem indivíduos verão que cada um de vocês é um discípulo da Verdade... A Verdade não dá esperança; ela dá compreensão... Não há

> compreensão no culto à personalidade... Continuo a afirmar que todas as cerimônias são desnecessárias para o crescimento espiritual... Se quiserem procurar a Verdade, precisam sair, ir para bem longe das limitações da mente e do coração humanos e lá descobri-la — e esta Verdade está dentro de vocês. Não é mais simples ter a própria Vida como meta do que ter mediadores, gurus, que inevitavelmente diminuirão a Verdade e, portanto, a trairão?... Digo que a Libertação pode ser alcançada em qualquer estágio da evolução pelo homem que compreende, e que adorar estágios, como vocês fazem, não é essencial... Não repitam minhas palavras como vindas de uma autoridade. Recuso-me a ser sua muleta. Não permitirei que me carreguem em uma gaiola para sua adoração. Quando levamos o ar fresco da montanha e o prendemos numa pequena sala, o frescor do ar desaparece e resta apenas a estagnação... Jamais disse que Deus não existe. Disse que Deus só existe manifestado em nós... mas não usarei a palavra Deus... Prefiro chamar-lhe Vida... É claro que não existe nem o bem nem o mal. O bem é o que vocês não receiam; o mal é o que temem. Portanto, se destruírem o medo, estarão espiritualmente realizados... Quando estiverem apaixonados pela vida e colocarem este amor acima de qualquer coisa e julgarem por esse amor e não por seu temor, então esta estagnação que chamam de moralidade desaparecerá... Amigos, não se preocupem com quem eu sou: nunca saberão... Vocês pensam que a Verdade tem alguma relação com aquilo que pensam que eu sou? Vocês não estão preocupados com a Verdade, mas com o vaso que contém a Verdade... Bebam a água se estiver limpa: eu lhes digo que tenho esta água limpa; tenho o bálsamo que purifica, que cura enormemente, e vocês me perguntam: quem é você? Eu sou todas as coisas porque sou a Vida.[32]

Ele encerrou a Convenção com as palavras: 'Milhares de pessoas têm vindo a estes acampamentos, o que não fariam no mundo se todos compreendessem! Poderiam mudar amanhã a face da Terra'.

A pobre Sra. Besant, na época com oitenta anos, estava tendo uma velhice bastante infeliz, tentando reconciliar o irreconciliável. Para ficar de acordo com o que K estava dizendo, ela fechou a Seção Esotérica no mundo todo antes de ele chegar à Índia, em outubro de 1928. (Ela a reabriria em menos de um ano). K reconhecia que isso era maravilhoso de sua parte. Ela não estava em condições de dar-lhe as boas-vindas quando ele chegou em Adyar, mas escreveu: 'Meu querido... Estou suspendendo a S.E. [Seção Esotérica] no mundo inteiro, por tempo indeterminado, deixando todo o ensinamento a seu encargo', e no dia seguinte: 'Bem-vindo amado. Fiz o que pude para deixar o caminho aberto para você, você, a única autoridade'.[33] Como disse K a Lady Emily, a Sra. Besant queria desistir da Presidência da Sociedade Teosófica para segui-lo, mas o seu Mestre não permitia. Em todos os encontros na Índia, naquele inverno, ela fez questão de sentar-se no chao com o restante da audiência ao invés de ficar com ele na tribuna como sempre fizera antes. Ao mesmo tempo dava apoio a Arundale que disse a K, conforme ele se queixou a Lady Emily: 'Siga o seu caminho que nós seguiremos o nosso'. A Sra. Besant também apoiava Leadbeater que lhe havia escrito: 'É claro que nosso Krishnaji não tem a Onisciência do Senhor'. No *Theosophist* de dezembro, ela escreveu: 'A consciência física de Krishnamurti não compartilha a onisciência do Senhor Maitreya', e citando Sri Krishna: 'A humanidade vem a mim por muitos caminhos'. K escreveu para Lady Emily que haveria 'uma divisão nítida' entre ele e a Sociedade Teosófica, o que seria 'muito melhor do que ficar mantendo as aparências'. As dores na cabeça e na coluna recomeçaram, e ninguém podia ajudar, 'não como antes'.

Enquanto K estava em Benares, naquele ano, a *Rishi Valley Trust* adquiriu das autoridades militares cerca de 120 hectares de terra onde K desejava fazer outra escola. Esta área é Rajghat, um lugar maravilhoso às margens do Ganges, ao norte de Benares. O caminho dos peregrinos atravessa a propriedade, ligando Kashi com Saranath, onde o Buda pregou seu primeiro sermão depois da iluminação. Todo o capital da fundação seria gasto para comprar estas terras, mas 'não havia como evitar'.

K e Jadu zarparam para a Europa em fevereiro de 1929. Depois de uma breve visita a Paris, Eerde e Londres, partiram para Nova Iorque. Em Londres contei a K que estava noiva e em breve me casaria. A bordo, ele escreveu para Lady Emily: 'No início fiquei francamente perturbado com tudo — você sabe o que quero dizer — e pensei cuidadosamente sobre isso quando estive com você, mas agora está tudo bem. Minhas idéias e mi-

K, Nitya e Leadbeater, Adyar, 1910.

Nitya, Sra. Besant, K e George Arundale chegando na Estação de Charing Cross, Londres, maio de 1911.

K em Londres, 1911.

Lady Emily Lutyens, 1912.

No carro do Barão van Pallandt, Eerde, 1923.
Da esquerda para a direita: Helen, Mary, Nitya, Betty, Lady Emily.

O campo de jogos atrás do Hotel Castle, Pergine, 1924.

Nitya na Índia, 1924

K na porta de entrada da *Round Tower* (Torre Redonda), Hotel Castle, Pergine, 1924.

Rajagopal em Ehrwald, 1923.

Leadbeater em Sydney com dois de seus jovens alunos, 1925.

Sra. Besant e K em Ojai, 1927.

K em Ommen, 1928.

K em Ojai, 1934.

K e a autora em Scheveningen, Holanda, 1953.
Uma fotografia rara de K aos 58 anos.

nha maneira de encarar as coisas não devem interferir no desenvolvimento de Mary. Bem poucos trilharão o caminho comigo. Espero que ela saia disso como uma flor plenamente desabrochada'. No mesmo dia, 5 de março, ele escreveria a Mar de Manziarly: 'Nunca abandonarei ninguém, mas todos me abandonarão'. Dos velhos amigos apenas Mar seguiu-o continuamente até o fim da vida. A Sra. de Manziarly encontrou uma saída para sua energia no movimento ecumênico cristão; Ruth já havia casado com um bispo da Igreja Católica Liberal; K e Helen seguiram caminhos diferentes (no início dos anos 30, ela casou com Scott Nearing); minha irmã Betty reagiu violentamente contra ele; Rajagopal tornou-se independente dele, como veremos. Certamente, muitos dos velhos amigos foram leais até morrerem e muitos outros que encontrou mais tarde foram leais até *sua* morte e depois disso, mas alguns se voltaram contra ele, geralmente por ciúmes e sentimentos feridos. Nos primeiros tempos, quando ele dizia para as pessoas algo de que elas gostavam, afirmavam que era o Senhor falando por meio dele; quando lhes dizia algo que não queriam ouvir, era K que falava. Do mesmo modo, posteriormente, quando ele dizia algo inaceitável, ele seria acusado de estar 'influenciado' por uma coisa ou outra.

Apesar da certeza de K de sua união com 'o Bem-amado', ele não perdeu, e jamais perderia, seu lado humano. Em Ojai, naquele ano, ele, Rajagopal e Jadu 'conversaram, discutiram e exaltaram-se', como disse Lady Emily. Também riram muito, brincaram e caçoaram uns dos outros. Rajagopal tinha uma risada memorável — mais parecia um riso nervoso — e a de K era alta e mais profunda. Ele permaneceu tímido a vida toda e discreto com estranhos, pouco dado a conversas sociais. Em nossa casa, em Londres, e com a Sra. Besant, ele havia encontrado Bernard Shaw, que declarou que ele era 'o ser humano mais bonito que ele já havia visto'[34], mas K era demasiado tímido para trocar uma dúzia de palavras com ele.

K era fisicamente um homem perfeitamente normal que tinha sido levado a acreditar que o sexo deve ser sublimado por todos aqueles que aspiram a tornar-se discípulos dos Mestres e, ainda mais, o veículo do Senhor. Ele perderia completamente sua intolerância em relação ao sexo, embora nunca o tivesse considerado um problema. Só por sua aparência, que dirá por outras coisas, era inevitável que muitas mulheres se apaixonassem por ele. Mais de uma mulher ficaria louca por ele e escreveria pedindo para ser sua esposa, e se ele era visto publicamente em companhia de alguma moça, a imprensa imediatamente anunciava um noivado.*

Durante as seis semanas que K passou em Ojai naquele ano, antes do acampamento, a dor na cabeça e na coluna aumentou muito e ele se sentia tão cansado que um novo médico advertiu-o de que os freqüentes ataques de bronquite que estava sofrendo podiam transformar-se em tuberculose se não descansasse mais; portanto, ele cancelou todas as palestras do verão, inclusive as três palestras no *Queen's Hall* em Londres e decidiu ater-se aos acampamentos de Ojai e Ommen e ao encontro de Eerde.

O acampamento de Ojai, iniciado em 27 de maio, dobrou sua audiência. Ele declarou em uma de suas conferências em *Oak Grove*: 'Digo agora, e digo-o sem nenhuma vaidade, com a necessária compreensão, com plenitude de mente e coração, que sou a chama plena que é a glória da vida, para a qual devem vir todos os homens e todo o mundo'.[35] Correu o rumor, durante o acampamento, que ele estava prestes a dissolver a Ordem da Estrela. Fez isso algumas semanas mais tarde. No primeiro encontro do acampamento de Ommen, no dia 3 de agosto, na presença da Sra. Besant e mais de 3.000 membros, com centenas de holandeses ouvindo o rádio, ele pôs fim a um período de sua própria história. Parte do que disse encontra-se a seguir:

> Sustento que a Verdade é uma terra sem caminhos, e vocês não podem aproximar-se dela por nenhum caminho, por nenhuma religião, por nenhuma seita. Este é meu ponto de vista e eu o sigo absoluta e incondicionalmente... Se compreenderem isso em primeiro lugar, verão que é impossível organizar uma crença. A crença é uma questão puramente individual, e não podemos nem devemos organizá-la. Se assim o fizermos, ela morrerá, ficará cristalizada; tornar-se-á um credo, uma seita, uma religião para ser imposta aos outros.

---

* Houve um anúncio de seu noivado com Helen Knothe nos jornais de Nova Iorque, e minha família conseguiu evitar o anúncio do meu noivado com ele em 1927.

É isso o que todos, no mundo inteiro, estão tentando fazer. A Verdade é confinada e transformada em um brinquedo para os fracos, para os que estão momentaneamente insatisfeitos. A Verdade não pode ser trazida para baixo; é o indivíduo que deve fazer o esforço de ascender até ela. Não podemos trazer o topo da montanha para o vale... Essa é a primeira razão, do meu ponto de vista, porque a Ordem da Estrela deve ser dissolvida. Apesar disso, vocês provavelmente formarão outras Ordens, continuarão a pertencer a outras organizações à procura da Verdade. Não quero pertencer a nenhuma organização espiritual; por favor entendam isso...

Caso se crie uma organização com este propósito, ela irá tornar-se uma muleta, uma fraqueza, uma servidão e incapacitará o indivíduo, impedindo-o de crescer, de estabelecer sua unicidade, que jaz na descoberta por si mesmo daquela absoluta, incondicionada Verdade. Portanto, essa é a outra razão pela qual decidi, como Chefe da Ordem, dissolvê-la.

Não se trata de um feito magnífico, porque não quero seguidores, e é esse o meu propósito. A partir do momento em que seguirmos alguém, cessaremos de seguir a Verdade. Não me preocupo se estão prestando atenção no que estou dizendo ou não. Quero fazer certa coisa no mundo e vou fazê-la com resoluta concentração. Estou preocupado com uma coisa essencial: libertar o homem. Desejo libertá-lo de todas as prisões, de todos os temores, e não fundar novas religiões, novas seitas nem estabelecer novas teorias e novas filosofias. Diante disso, naturalmente me perguntarão por que percorro o mundo todo, falando continuamente. Vou dizer-lhes por que o faço; não porque desejo seguidores, nem porque desejo um grupo especial de discípulos especiais. Não tenho discípulos, nem apóstolos, seja na Terra seja no reino da espiritualidade.

Tampouco é o fascínio do dinheiro, nem o desejo de viver uma vida confortável que me atrai. Se eu quisesse viver confortavelmente não viria para um acampamento ou viveria num país úmido! Estou falando francamente porque quero deixar isso bem claro de uma vez por todas. Não quero saber destas discussões infantis ano após ano.

Um jornalista que me entrevistou considerou um ato magnífico a dissolução de uma organização com milhares e milhares de membros. Para ele era um grande ato em função da resposta que Krishnamurti deu à pergunta: 'O que fará o senhor depois disso, do que viverá? Não terá seguidores, as pessoas não mais o ouvirão'. Se houver apenas cinco pessoas dispostas a ouvir, a viver, com os rostos voltados para a eternidade, será suficiente. Que adianta ter milhares que não compreendem, que estão completamente embalsamados em preconceitos, que não querem o novo, que só fazem traduzir o novo para adequar-se a seus próprios eus estéreis e estagnados!

Há dezoito anos vocês vêm preparando-se para este acontecimento, para o Advento do Instrutor do Mundo. Por dezoito anos vocês organizaram, procuraram alguém capaz de dar um novo deleite a seus corações e mentes, de transformar suas vidas, de dar-lhes uma nova compreensão; alguém que os elevaria a um novo plano de vida, que lhes daria um novo encorajamento, que os libertaria — e agora vejam o que está acontecendo! Considerem, pensem consigo mesmos e descubram de que maneira essa crença tornou-os diferentes — não superficialmente diferentes pelo fato de portarem uma insígnia, que é trivial, absurda. De que maneira essa crença afastou para longe todas as coisas não-essenciais da vida? Essa é a única maneira de julgar: de que maneira vocês estão mais livres, maiores, mais desafiadores para a sociedade que se baseia no falso e no não-essencial? De que maneira os membros desta organização da Estrela tornaram-se diferentes?

Vocês dependem para sua espiritualidade de outra pessoa, para sua felicidade, de outra pessoa, para sua iluminação, de outra pessoa... quando digo olhem para dentro de si mesmos para buscar a iluminação, a glória, a purificação e a incorruptibilidade do eu, nenhum de vocês se dispõe a fazê-lo. Devem existir alguns, mas são muito, muito poucos. Portanto, por que ter uma organização?

Vocês usam uma máquina de escrever para redigir cartas, mas não a colocam em um altar e a adoram. Mas é isso que estão fazendo quando as organizações tornam-se sua principal preocupação. 'Quantos membros há nela?' Essa é a primeira pergunta que me fazem todos os repórteres dos jornais. Eu não sei quantos são. Não estou preocupado com isso... vocês se acostumaram a que lhes digam até que ponto avançaram, qual é seu *status* espiritual. Que infantilidade! Quem mais a não ser vocês próprios poderão dizer se são ou não incorruptíveis?

...Mas aqueles que realmente desejam compreender, que estão buscando o eterno, sem início nem fim, caminharão juntos com maior intensidade, serão uma ameaça para tudo que não é essencial, para as irrealidades, as sombras...

Tal é o corpo que precisamos criar, e este é o meu propósito. Por causa desta amizade verdadeira — que vocês parecem não conhecer — haverá uma real cooperação da parte de cada um. Não em virtude de uma autoridade, não por causa da salvação, mas porque vocês realmente compreendem e, portanto, são capazes de viver no eterno. Isso é algo muito maior do que todo o prazer e todo o sacrifício.

Portanto, essas são algumas das razões pelas quais, depois de cuidadosa consideração por dois anos, tomei essa decisão. Não partiu de um impulso momentâneo. Não fui persuadido por ninguém — ninguém me persuade nestas coisas. Durante dois anos estive pensando sobre isso, lentamente, cuidadosamente, pacientemente, e agora decidi dissolver a Ordem. Vocês podem formar outras organizações e esperar outra pessoa. Não me preocupo com isso, nem em criar novas prisões, novas decorações para essas prisões. Minha única preocupação é tornar os homens absolutamente livres, incondicionalmente livres.[36]

10

'Seguirei o meu caminho'

Depois da dissolução da Ordem, o Castelo Eerde e as terras, com exceção dos 160 hectares onde se achava instalado o acampamento, foram devolvidos ao barão van Pallandt, e todos os terrenos e o anfiteatro à beira do porto de Sydney foram devolvidos aos doadores. Embora K tenha ido para Adyar com a Sra. Besant naquele inverno, e por sua causa tenha mantido uma aparente harmonia com a Sociedade Teosófica, ele deixou a Sociedade quando a Sra. Besant reabriu a Seção Esotérica em todo o mundo antes do final do ano. Não obstante, o amor pessoal que sentiam um pelo outro nunca se abalou. Escrevendo para ela, ao deixar a Índia em fevereiro de 1930, como 'Minha Mãe muito amada', ele disse: 'Eu sei, e não me importo que C.W.L. [Leadbeater] está contra mim e contra o que eu digo, mas, por favor, não se preocupe com isso. Tudo isso é inevitável e de certo modo necessário. Não posso mudar e suponho que eles não mudarão, daí o conflito. Não importa o que um milhão de pessoas diz ou deixa de dizer, eu estou certo do que sou e seguirei o meu caminho'.

Leadbeater, em Sydney, dizia que 'o Advento fracassara'; Arundale, que permitiria que K tivesse 'um nicho no panteão teosófico, mas não mais do que isso'; Raja, que os ensinamentos de K eram 'uma cor a mais no espectro' e Wedgwood, que a Sra. Besant estava 'senil' e que, por isso, quando ela dizia que a consciência de K estava fundida com a do Senhor Maitreya, não se podia confiar em suas palavras.[37]

Centenas de pessoas ficaram desoladas com a dissolução da Ordem. Uma delas foi Lady de La Warr, que morreria em 1930. A Srta.

Dodge permaneceu leal a K até morrer, cinco anos mais tarde. A pessoa que mais sofreu provavelmente foi Lady Emily, nem tanto por causa da dissolução, mas por causa das declarações de K de que não queria seguidores. Por dezoito anos ela esperou que ele dissesse: 'Siga-me' e ela alegremente teria abandonado o lar, o marido e a família; agora sua existência tornara-se totalmente destituída de propósito. Ela escreveu em sua autobiografia *Candles in the Sun* (Velas ao Sol): 'Krishna conseguiu transcender o amor pessoal, mas eu não consegui. Não é que ele não ame, mas ninguém mais lhe faz falta. Ele alcançou o amor universal. Como ele mesmo diz: "O amor puro é como o perfume de uma rosa, que se oferece a todos. O Sol não se importa para quem ele brilha... O amor verdadeiro, o amor puro, não conhece distinções como marido e esposa, filho, pai e mãe"'. Lady Emily achava isso muito abstrato para ter qualquer utilidade para aqueles que precisavam viver no mundo com responsabilidades familiares — que K estava, na verdade, fugindo da vida. Ele tentou com muita paciência que ela o compreendesse, escrevendo-lhe de Ojai:

> Lamento muito que você se sinta dessa maneira a respeito do que eu digo. O êxtase que sinto é resultado desse mundo. Eu queria compreender, eu queria vencer o sofrimento, a dor do apego e do desapego, da morte, da continuidade da vida, de tudo aquilo pelo que o homem passa todos os dias. Eu queria compreender e vencer. Consegui isso. Portanto, meu êxtase é real e infinito, não é uma fuga. Eu conheço a saída desta aflição incessante e quero ajudar outras pessoas a se livrarem desse pântano de dor. Não, isso não é uma fuga.

Ela lhe disse naquela ocasião que estava muito triste porque o tinha desapontado, ao que ele respondeu: 'Querida mamãe, não estou "desapontado" com você — não devia dizer nem escrever uma coisa dessas. Eu sei pelo que está passando, mas não se preocupe com isso... procure apenas desviar sua atenção deste assunto. Veja bem, não devemos ter crenças e nem mesmo idéias, pois elas pertencem a todos os tipos de reações e respostas... se você estiver alerta, livre de idéias, crenças, etc. no presente, poderá ver infinitamente, e esta percepção é alegria'. Mas ela ficou mais confusa ainda quando ele lhe disse que não devia ter crenças ou idéias.

Os acampamentos anuais de Ommen e Ojai eram agora abertos ao público e não menos concorridos, e atraíam um tipo diferente de audiência — pessoas interessadas no que K tinha a dizer e, não, no que ele era. Era isso mesmo que ele queria. Ele ficava agora em Ommen, numa cabana construída para ele. (Várias pessoas construíram cabanas entre os pinheirais). As doações para o seu trabalho continuaram a ser feitas. Rajagopal cuidava da parte financeira, organizava suas turnês e cuidava da impressão das palestras pela *Star Publishing Trust*; Rajagopal também editava o *International Star Bulletin*.

Depois do acampamento de Ommen, em 1930, K viajou com Rajagopal para Atenas, Constantinopla e Bucareste, onde foi convidado a dar palestras. De Atenas, escreveu para Lady Emily: 'Jamais vi nada mais bonito, simples, poderoso do que o Partenon. Toda a Acrópole é espetacular, de tirar o fôlego, e *tudo* mais na natureza, que seja expressão do homem, é vulgar, medíocre e confuso. Aqueles poucos gregos eram um povo maravilhoso'. As únicas outras obras de arte que o impressionaram foram a Vitória Alada (*Winged Victory*) no Louvre e uma cabeça de Buda esculpida em pedra no Museu de Boston. (Ele escreveu um artigo sobre esta escultura do Buda no *Herald* de março de 1924).

Em Bucareste teve dois encontros privados com a Rainha Maria da Romênia, neta da Rainha Vitória, que pediu para vê-lo no palácio. Foi necessária uma escolta policial, dia e noite, pois alguns estudantes nacionalistas católicos ameaçaram matá-lo. Ele considerou as precauções da polícia uma grande brincadeira. Em janeiro e fevereiro de 1931, falou na Iugoslávia e em Budapeste. Para onde quer que viajasse, sempre dava palestras públicas e tinha encontros privados.

Durante uma palestra pública em Londres, em março, podia-se notar uma sutil evolução no ensinamento de K e uma mudança de estilo:

> Em tudo, em todos os homens, há a totalidade, a inteireza da vida... Por inteireza refiro-me à liberdade de consciência, liberdade da individualidade. Essa inteireza que existe em tudo não pode progredir: ela é absoluta. O esforço de

> adquirir é fútil, mas se você puder compreender que a Verdade e a felicidade existem em todas as coisas e que a compreensão dessa Verdade é feita somente por intermédio da eliminação, então haverá uma compreensão atemporal. Não é algo negativo. Muitas pessoas temem nada ser. Chamam de positivo o fato de fazerem um esforço e denominam esse esforço de virtude. Onde há esforço não há virtude. A virtude é algo sem esforço. Quando você nada for, será todas as coisas, não por engrandecimento, não por colocar ênfase no "eu", na personalidade, mas pela contínua dissipação daquela consciência que cria poder, avidez, inveja, possessividade, vaidade, medo e paixão. Através da contínua auto-recordação, você se torna plenamente consciente e, então, libera a mente e o coração e conhece a harmonia, que é inteireza.[38]

Quando, como escreveu para Raja, um jornalista perguntou-lhe se era Cristo, ele respondeu: 'Sim, no sentido puro, mas não no tradicional, no sentido usual da palavra'. Mais tarde, ele disse a Lady Emily: 'Você sabe, mamãe, eu nunca *neguei* isso [ser o Instrutor do Mundo], eu apenas disse que não importa quem ou o que sou, mas que examinem o que digo, o que não significa que tenha negado ser o I.M.' Ele nunca negaria isso.

Em agosto chegou a notícia que Jadu, que havia ficado nos Estados Unidos naquele ano, morrera de um ataque. Sua morte foi um grande golpe para K, que se afeiçoara muito a ele. Depois de outras viagens e do acampamento de Ommen, K retornou exausto para Ojai em outubro, determinado a ter um descanso completo antes de ir para a Índia. Rajagopal e Rosalind agora tinham uma filhinha, Radha, a quem K ficou muito afeiçoado. Quando a família foi para Hollywood, onde Rajagopal iria extrair as amígdalas, K ficou só pela primeira vez na vida. Ele escreveu para Lady Emily em 11 de dezembro, de Pine Cottage, onde morou enquanto a família Rajagopal estava fora: 'O fato de estar só foi extraordinário e é exatamente disso que preciso. Na minha vida tudo tem acontecido, até agora, no momento certo. Minha mente está muito serena e concentrada, e eu a estou observando como um gato a um rato. Estou realmente desfrutando desta solidão e não consigo descrever em palavras o que estou sentindo. Mas também não me iludo. Farei isso pelos próximos três meses ou enquanto eu quiser. Jamais serei perfeito, mas quero acabar com todas as superficialidades em mim'. Acrescentou que, tão logo a família Rajagopal retornasse, ele faria suas refeições no chalé, em uma bandeja. Ao que parece, K perdeu quase completamente a memória do passado a partir desse período solitário. Isso seria compatível com seu ensinamento posterior de que a memória, exceto para fins práticos, era um peso morto que não deveria ser carregado de um dia para o outro.

Sabemos alguma coisa de seu estado de espírito no início de 1930 tão-somente por meio das cartas que K enviava a Lady Emily. Em março do ano seguinte, ele lhe escreveu: 'Estou tentando construir uma ponte para os outros passarem, não para saírem da vida, mas para terem mais abundância de vida... Quanto mais penso no que "compreendi" tanto mais claro posso expressar isso e ajudar a construir uma ponte, mas é necessário tempo e uma mudança contínua de palavras para transmitir o verdadeiro significado. Você não tem idéia de como é difícil expressar o inexprimível, e aquilo que é expresso não é a verdade'. Durante toda sua vida ele continuou tentando expressar o inexprimível com diferentes palavras e frases.

Longe de se deixar levar por K, Lady Emily criticava-o muito, dizendo-lhe o que muitas pessoas, sem dúvida, pensavam e falavam por trás, sem coragem de dizer-lhe diretamente. Em setembro desse ano, por exemplo, ela escreveu:

> Você parece surpreso de que as pessoas não o compreendem, mas eu estaria muito mais surpresa se o fizessem!! Afinal, você está transtornando tudo em que sempre acreditaram — abalando seus princípios e colocando em seu lugar uma abstração nebulosa. Você fala que o que você diz é indescritível — e não pode ser compreendido ate descobrir-se por si próprio. Como então você espera que o compreendam? Você fala a partir de outra dimensão e parece ter esquecido o que significa viver em um mundo de três dimensões... Você está advogando uma completa destruição do ego a fim de alcançar algo sobre o qual nada se pode saber até alcançá-lo! Naturalmente as pessoas preferem seus egos, do qual pelo menos conhecem alguma coisa... Nenhum

> problema humano significa coisa alguma para você posto que você é destituído de ego, e, por outro lado, sua abstração de bem-aventurança nada significa para as pessoas que ainda desejam viver no mundo como o conhecem.[39]

No mesmo dia, enquanto ela escrevia isso, ele escrevia para ela durante uma turnê pelos Estados Unidos: 'Estou extraordinariamente pleno. Não posso exprimir em palavras, uma alegria esfuziante, um silêncio vivo, uma percepção intensa, como uma chama viva... Tenho experimentado fazer curas — dois ou três casos — e pedi às pessoas que nada contem a respeito, e isso tem sido muito bom. Creio que uma senhora que estava ficando cega ficará boa'.

K sem dúvida possuía algum poder de cura, mas era sempre muito reticente sobre isso, pois não queria que as pessoas o vissem como alguém que cura problemas físicos. Respondendo a uma pergunta em um encontro, ele disse:

> O que é que vocês preferem: um Instrutor que lhes mostre o caminho para que se mantenham permanentemente sadios ou alguém que cure momentaneamente suas feridas? Milagres são brincadeiras que fascinam as crianças. Milagres acontecem todos os dias. Os médicos estão realizando milagres. Muitos amigos meus praticam curas espirituais. Porém, embora possam curar o corpo, a menos que façam da mente e do coração um todo único, a doença retornará. Não estou preocupado com o corpo, mas com a cura do coração e da mente. Sustento que nenhum grande Instrutor realizaria um milagre, porque isso seria trair a Verdade.[40]

Em sua juventude, K certamente tinha poderes clarividentes que poderia ter desenvolvido; em vez disso, deliberadamente os suprimiu. Quando as pessoas aproximavam-se dele para pedir auxílio, não queria saber mais sobre elas do que estavam dispostas a revelar-lhe. Ele dizia que muitas pessoas aproximaram-se dele com uma máscara diante de si, e que ele esperava que tirassem a máscara; caso contrário, ele não tentava ver por trás delas, pois seria o mesmo que ler sua correspondência particular.[41]

Até a guerra, a vida de K era viajar, viajar, viajar, dando palestras e entrevistas privadas onde quer que fosse, entremeadas de períodos de repouso em Ojai. Ele pediu a Lady Emily para enviar-lhe nomes de livros sobre assuntos atuais que considerasse importantes para ele ler e também *The New Statesman and Nation*. Ela fez isso, mas ele, com a enorme correspondência e a correção que fazia nessa época, das próprias palestras para publicação, realmente não tinha tempo de ler nada, a não ser histórias de detetive. Em qualquer lugar que ia, fazia novos contatos, novos amigos, falava para uma grande variedade de pessoas, e obtinha, assim, um conhecimento muito mais valioso daquilo que ocorria no mundo do que pelos livros.

Em novembro de 1932, foi com Rajagopal para a Índia. A Sra. Besant estava doente e perdendo a memória rapidamente, mas estava presente na Convenção Teosófica em Adyar, a que Leadbeater e K assistiram. K teve uma longa conversa com Raja, como contou a Lady Emily: 'Todos eles têm uma frase decorada — você segue o seu caminho e nós seguimos o nosso, mas nós nos encontraremos... Acredito que não queriam que eu viesse para cá. Há um evidente antagonismo... Adyar é bela, mas as pessoas estão *mortas*'.

Após a Convenção, viajou pela Índia, retornando a Adyar em maio de 1933, onde viu a Sra. Besant pela última vez. Ela o reconheceu e foi muito afetuosa. (Ela faleceu no dia 20 de setembro).* K não voltaria à sede da Sociedade Teosófica por quarenta e sete anos.

Quando K e Rajagopal voltaram a Adyar, três meses após o falecimento da Sra. Besant, ficaram pela primeira vez em Vasanta Vihar, Greenways Road, 64, em uma casa que havia sido construída recentemente para servir de sede indiana para o trabalho de K, situada num terreno de dois hectares e meio. Ficava ao norte do rio Adyar, enquanto que a propriedade da Sociedade Teosófica (de 105 hectares) ficava ao sul, e estendia-se até o mar. Vasanta Vihar era uma casa bem maior do que K queria, e Lady Emily repreendeu-o por construí-la tão próxima da sede da Sociedade Teosófica. Ele respondeu que ele e Rajagopal consideravam Madras o melhor

* George Arundale tornou-se o Presidente da Sociedade Teosófica e, após sua morte, em 1945, Raja o sucedeu, permanecendo nesse cargo até poucos meses antes de falecer, em 1953.

lugar 'para impressão de livros, no que se referia a pessoas, trabalhadores, etc.' e este era o único terreno que encontraram. 'Nada temos contra a S.T. e seus objetivos', ele acrescentou. 'Não estou brigando com *eles*, mas com as idéias e os ideais do mundo'. Pediu a Lady Emily, na mesma carta, que o criticasse o quanto quisesse: 'quanto mais críticos formos, mais poderemos compreender uns aos outros'. Ela se valeu disso e nunca deixou de criticá-lo, embora suas cartas fossem também muito carinhosas com ele.

Durante essa visita à Índia, K foi até Rishi Valley, a cerca de 270 quilômetros a oeste de Madras, onde, como já foi dito, tinham sido compradas terras para seu trabalho, em 1928. J.V. Subba Rao foi o primeiro diretor da escola mista construída lá e permaneceu nessa função durante trinta anos, período em que a escola cresceu e floresceu. Durante a visita, K falava para os professores por cinco horas diárias.

Durante toda a sua vida, a educação foi uma de suas mais ardentes preocupações. Ele sempre amou as crianças e pensava que, se elas pudessem ser criadas para florescer plenamente, sem preconceitos, religiões, ideologias tradicionais, nacionalismo e competição, poderia haver paz na Terra. Mas onde encontrar os professores? Obviamente era mais difícil para um adulto descondicionar-se do que para uma criança permanecer sem condicionamentos. Isso significaria uma completa autotransformação. Abandonar os preconceitos era virtualmente abandonar a própria personalidade, tendo em mente que para K os ideais como patriotismo, heroísmo e fé religiosa eram todos preconceitos. Nesse campo da educação, K era uma exceção. Esperava que as escolas fundadas por ele alcançassem uma 'excelência acadêmica' sem competição. Isso teria sido possível se os pais não insistissem com os filhos para que obtivessem graus universitários. Na Índia, particularmente, um diploma universitário era essencial para obter-se um bom emprego.

Palestras na Austrália e Nova Zelândia seguiram-se no início de 1934. A imprensa australiana foi muito receptiva; não aconteceu o mesmo com os membros da Sociedade Teosófica. Leadbeater falecera há pouco em Perth, ao retornar de Adyar, onde fora assistir ao funeral da Sra.

Besant. K estava em Sydney quando o corpo de Leadbeater foi enviado para lá para ser cremado. Escreveu para Lady Emily contando que havia ido ao serviço fúnebre, mas ficara fora da capela. 'As pessoas de Manor estão desoladas com sua morte e sem saber quem lhes dirá quando derem algum passo [no Caminho] agora que ele se foi'. Na Nova Zelândia os jornais foram ainda mais receptivos. Não lhe foi permitido, contudo, falar no rádio, pois era considerado 'anti-religioso'. 'Bernard Shaw, que fazia uma visita ao país, comentou que isso era um absurdo, uma vez que ele me considera um grande instrutor religioso. Escreveu-me sobre isso. Infelizmente não o encontrei. Tive encontros memoráveis e despertei bastante interesse. Creio que meus amigos lá darão continuidade ao trabalho'.

De volta a Ojai, K começou a aprender espanhol, a fim de preparar-se para uma turnê pela América do Sul. Ele não perdera nem um pouco de seu arrebatado entusiasmo. Escreveu para Lady Emily em novembro: 'Estou extasiado com a imensidão do amor, ou como quer que se queira chamar isso. Estou inebriado de discernimento, de sabedoria. É tão surpreendente e paradoxal que não pode ser colocado em palavras — tornar-se-ia trivial demais. Imagine o estado mental do homem que escreveu *Song of Songs* (Canção das Canções), o de Buda e o de Jesus, e compreenderá como é o meu. Parece bombástico, mas não é — é tão arrebatadoramente simples'.

Ao escrever isso, ele, evidentemente, não esta protestando o que Lady Emily havia-lhe dito em uma carta datada de agosto:

> Como você sabe que não encontrou meramente uma fuga? Você não consegue encarar a vida como ela é — em toda sua fealdade — você sempre esteve envolto em panos de algodão — falando em sentido figurado — você sempre se evadiu da fealdade fugindo para os mais belos recantos. Você está sempre 'em retiro'. Encontrou uma fuga que o leva ao êxtase — mas o mesmo aconteceu com todos os místicos religiosos... Como posso eu, uma leiga, saber se você está mais certo do que qualquer outro que proclama ter alcançado o êxtase — Deus — a Verdade, etc.? [Não houve resposta para esta carta].

Depois de falar três vezes em Nova Iorque, no início de 1935, e passar uns tempos com seus velhos amigos, Robert Logan e a esposa Sarah, que tinham uma casa em uma grande propriedade, Sarobia, perto de Filadélfia, K partiu com Rajagopal, no dia 3 de março, para o Rio de Janeiro. Foi o início de uma turnê de oito meses, na qual proferiu palestras no Brasil, Uruguai, Argentina, Chile e, na volta, na Cidade do México.[42]

Como ele falava apenas em inglês, centenas de pessoas que acorriam a essas palestras não o compreendiam, e no entanto estavam evidentemente 'encantadas'. Ele iniciava cada palestra declarando que não pertencia a nenhuma seita religiosa ou partido político: 'A crença organizada é um grande empecilho, separa o homem do homem... O que desejo é auxiliar o indivíduo a vencer a torrente de sofrimento, confusão e conflito, atingindo uma realização profunda e completa'.

Houve tanta publicidade em Montevidéu (onde falou a convite do Ministro da Educação) e em Buenos Aires, com fotografias e entrevistas nas rádios, que onde quer que fosse atraía uma multidão. Ao mesmo tempo, muitos artigos contrários foram publicados pela Igreja Católica, e os católicos esforçaram-se para deportá-lo. K ficou surpreso por encontrar tanto interesse e entusiasmo. Mas o ponto alto da turnê para ele foi o vôo de uma hora e vinte minutos cruzando os Andes em um Douglas de duas turbinas (seu primeiro vôo de avião) do qual ele gostou muito, embora lhe tenham dito que esse 'era o vôo mais perigoso do mundo'.

Em uma das palestras, pronunciou-se, pela primeira vez, a respeito de sexo, ao responder a pergunta: 'Qual a sua opinião sobre o problema do sexo, que tem um papel tão importante em nossa vida diária?' Ele respondeu:

> O sexo tornou-se um problema porque não existe amor. Quando amamos de verdade, não há problema, há um ajustamento, uma compreensão. O problema do sexo surge somente quando perdemos o senso da verdadeira afeição, aquele amor profundo em que não há possessividade. É somente quando nos entregamos completamente à mera sensação, que surgem tantos problemas concernentes ao sexo. Como a maioria das pessoas perdeu a

alegria do pensar criativo, naturalmente elas se voltam para as sensações do sexo, o que se torna um problema, absorvendo suas mentes e seus corações.

Foi preciso um longo tempo para K recuperar a energia, repousando em Ojai e em Villars, na Suíça, depois dessa exaustiva turnê (ao final da qual ele pesava menos de 50 quilos). Contudo, sentiu-se revigorado o suficiente para ir à Índia com Rajagopal no inverno de 1936, onde proferiu palestras no jardim de Vasanta Vihar. Raja, que permaneceu amigo de K até morrer em 1953, apesar de suas diferenças, foi várias vezes visitá-lo. 'A destruição do velho', escreveu K a Lady Emily, no início de 1937, 'do cristalizado, não é processo de um dia. É preciso haver uma percepção constante e sem escolha. Eu estou inebriado e vibro com tudo isso'.

'Percepção sem escolha' seriam palavras que K usaria com freqüência daí em diante. Lady Emily não as compreendia, e elas realmente necessitam de algum esclarecimento. Escolha implica direção, uma ação da vontade. K, como ele explicou, estava referindo-se a uma percepção momento a momento de tudo o que estava ocorrendo no interior de cada um, sem qualquer esforço para mudar ou direcionar essa percepção. Era uma questão de pura observação, de olhar: isso levaria à autotransformação sem esforço.

K estava consternado com as condições da Índia nessa época — a terrível pobreza, miséria e ódio que existiam e que os indianos acreditavam ser possível resolver através do nacionalismo. 'Temos que encontrar novas pessoas [para o trabalho dele] e é difícil. Temos que começar aqui como se nada tivesse acontecido nos últimos dez anos'. K afirmava que reforma social alguma terminaria com o sofrimento humano; as pessoas sempre transformariam qualquer novo sistema naquilo que elas próprias eram; através da história, todos os movimentos utópicos revolucionários haviam caído de volta na velha situação anterior porque as pessoas não haviam mudado a si mesmas; qualquer tipo de sociedade era o resultado do indivíduo, e este era o resultado da sociedade; o indivíduo era você e eu; a sociedade não pode ser transformada de fora; ela pode ser transformada somente com a transformação total do ser humano, por cada um de nós, em nosso interior.

11

'Um êxtase profundo'

K e Rajagopal foram para Roma na primavera de 1937. Mussolini havia proibido palestras públicas na Itália, portanto, foi organizada uma reunião com K na casa da condessa Rafoni. Nessa ocasião, ele conheceu Vanda Passigli, que mais tarde teria um importante papel em sua vida. Ela era filha de Alberto Passigli, um aristocrata, proprietário de terras, proeminente na sociedade florentina, fundador de duas importantes sociedades de música em Florença e amigo de todos os grandes músicos da época. Vanda era pianista profissional. Em 1940, casou-se com o marquês Luigi Scaravelli, também excelente músico, que se tornou professor de filosofia na Universidade de Roma. Depois do encontro, o casal Passigli convidou K para visitá-los em sua casa no alto de Fiesole, Il Leccio. K ficaria muitas vezes lá no futuro, depois que Vanda e o irmão herdaram a casa dos pais.

Naquele verão, em Ommen, K teve, pela primeira vez, a febre alta que, de tempos em tempos, iria atormentá-lo pelo resto da vida. E, como sempre, teve um acesso de bronquite. Ficou contente de voltar a Ojai, no inverno de 1937-8, onde descansou e não viu ninguém, a não ser os Rajagopal. 'Estou vibrando muito com a descoberta de meu interior', escreveu para Lady Emily; 'há muitas idéias, e estou aos poucos tentando encontrar palavras e expressões adequadas para elas. É um êxtase profundo. Uma maturidade que não deve ser forçada, nem estimulada artificialmente. Somente isso pode trazer muito preenchimento e realidade à vida. Estou realmente contente com esse sossego e com esta meditação aparentemente sem propósito'.

Esta, provavelmente, é a primeira menção de K àquilo que era para ele 'verdadeira' meditação: 'fazer descobertas inesperadas e surpreendentes dentro de si', sem qualquer direção ou propósito. Nessas ocasiões, sua mente ficava inquiridora, viva e aguçada como nunca. A idéia popularmente aceita de meditação como a tranqüilização da mente pela fixação da mesma em uma palavra, objeto ou prática de alguma técnica era, para ele, mortal e inútil.

Na primavera de 1938, uma nova e estimulante amizade iniciou-se para K, quando ele conheceu Aldous Huxley. Em fevereiro daquele ano, um amigo de Huxley, Gerald Heard, que morava na Califórnia, pediu para ver K. Huxley estava, então, hospitalizado e, somente em abril, Heard trouxe Huxley e a esposa belga, Maria, para Ojai. (Os Huxley e o filho chegaram à Califórnia em 1937). Houve uma simpatia imediata entre K e Huxley. Em novembro, Huxley começou um tratamento para os olhos com um método de exercícios criado por um norte-americano, o Dr. W. H. Bates. K, mais tarde, praticaria esse método diariamente, não porque houvesse algo de errado com seus olhos, mas como tratamento preventivo. Se foi resultado desses exercícios ou não, o fato é que ele nunca precisou usar óculos em toda sua longa vida.

No início, K ficou intimidado pelo brilho intelectual de Huxley; contudo, quando descobriu que Huxley daria todo seu conhecimento em troca de uma experiência mística não induzida por drogas, percebeu que podia falar-lhe daquilo que chamava 'as observações' que estava fazendo. K, referindo-se a si mesmo na terceira pessoa do singular, descreveu uma caminhada que fez com Huxley:

> Ele [Huxley] era um homem extraordinário. Falava sobre música moderna e clássica, explicava em detalhes a ciência e seus efeitos sobre a civilização moderna e, é claro, estava bastante familiarizado com todas as filosofias, com o Zen, com o Vedanta e, naturalmente, com o Budismo. Era um deleite caminhar com ele. Falava das flores à beira do caminho e, embora não pudesse ver bem, sempre que passeavam pelas montanhas da Califórnia e um animal se aproximava, ele sabia seu nome e discorria sobre a natureza des-

trutiva da civilização moderna e sua violência. Krishnamurti ajudava-o a cruzar algum regato ou buraco. Os dois tinham um relacionamento singular, afetivo, atencioso e, aparentemente, havia uma comunicação não-verbal. Muitas vezes sentavam-se juntos lado a lado sem dizer uma palavra.[43]

O último acampamento ocorrido em Ommen, o décimo quinto, foi em agosto daquele ano. (Após a invasão alemã da Holanda em 1940, o acampamento tornou-se um campo de concentração). 1938 foi o ano da crise de Munique. K era, naturalmente, um pacifista. Rajagopal não o acompanhou aquele ano à Índia. K, então, viajou com um velho amigo que estava em Pergine, V. Patwardhan (conhecido como Pat). Em Bombaim, onde chegaram no dia 6 de outubro, K encontrou os amigos indianos imersos nos 'ciúmes sem importância' da política. Vários deles, seguidores de Gandhi, tinham sido presos. K encontrou-se com Gandhi várias vezes, mas não o admirava. K nunca se interessou pela política. Não via diferença entre a agressão alemã e o imperialismo britânico. Ele escreveu para Lady Emily: 'Tendo se apossado da metade do mundo, os britânicos podem dar-se ao luxo de ser menos agressivos', embora, no fundo, sejam tão 'brutos e gananciosos' como qualquer outra nação. Em novembro, na Índia, ele escreveu novamente:

> Concordo plenamente com você que os pobres judeus estão passando por um período horrível e degradante. Tudo isso é completamente maluco. É revoltante que seres humanos comportem-se dessa maneira bestial; os kaffir* são tratados da forma mais brutal e desumana possível; os brâmanes, no sul, em alguns lugares, perderam todo o senso de humanidade com relação aos intocáveis, os burocráticos do país, brancos ou não, são em sua maior parte máquinas que fazem funcionar um sistema brutal e estúpido; os negros no sul dos Estados Unidos estão sofrendo; uma raça dominante explora outra, como se vê em todo o mundo. Não há razão, sanidade, por trás de toda essa ganância por poder, riqueza e posição. É difícil para o indivíduo não ser tragado por esta tempestade de ódio e confusão. Temos que ser indivíduos

* *Kaffir* — Indivíduo da raça bantu sul-africana. (N. ed. bras.)

saudáveis e equilibrados, não pertencer a nenhuma raça, país ou ideologia particular. Então, talvez, a sanidade e a paz possam voltar ao mundo.

Posteriormente escreveu: 'É tão fácil acusar Hitler, Mussolini e companhia, mas essa atitude de dominação e ganância por poder está no coração de quase todos; por isso, temos guerras e antagonismos de classe social. Enquanto a origem não for esclarecida, haverá sempre confusão e ódio'.

Além de viajar por várias partes da Índia, dando palestras, no final do ano, K visitou a segunda escola que fundou, Rajghat, perto de Benares, a qual foi oficialmente aberta em 1934. De lá foi para Rishi Valley no início de 1939 — uma escola às margens do rio e outra nas montanhas, cada uma extremamente bela a sua própria maneira. Os dois lugares na Índia que ele mais amaria. No dia 1º de abril zarpou, com Pat, de Colombo para a Austrália e Nova Zelândia. Finalmente retornou para Ojai, e Pat voltou para a Índia onde faleceu subitamente de hemorragia cerebral. Outro amigo que partiu. Nitya, Jadu, Pat: o grupo antigo estava diminuindo.

K não saiu dos Estados Unidos em 1939, por causa da ameaça da guerra. Passou os nove meses seguintes na Califórnia com os Rajagopal, quase todo o tempo em Ojai. Depois que Hitler invadiu a Holanda e a Bélgica, em maio de 1940, K não teve mais notícias dos muitos amigos holandeses, e as notícias da Índia eram escassas. A França capitulou em 22 de junho. Os de Manziarly conseguiram fugir para os Estados Unidos e os Suarès para o Egito. K iniciou discussões em grupo duas vezes por semana em Ojai e Hollywood. Também via com freqüência os Huxley. (O pacifismo de K atenuou a culpa de Huxley de permanecer na Califórnia durante a guerra). Na primavera de 1940, K proferiu oito palestras em *Oak Grove*; no entanto, quando pregou o pacifismo dizendo: 'A guerra com a qual devem preocupar-se é a guerra dentro de vocês, não a guerra exterior', muitos que se encontravam na platéia saíram desgostosos. No final de agosto foi para Sarobia visitar os Logan, que organizaram um encontro para ele. Seria a última vez que falaria em público até 1944.

K fez duas viagens com os Rajagopal em 1941-42 para o Parque Nacional Sequóia, 400 quilômetros ao norte de Ojai, a 1.800 metros acima do nível do mar, onde se diz que algumas sequóias têm 3.000 anos de idade. Na metade da segunda destas viagens, em setembro de 1942, os Rajagopal tiveram que voltar para Ojai, pois as aulas de Radha iam começar. Deixaram K três semanas sozinho numa cabana. Ele preparava sua comida, caminhava cerca de 16 quilômetros diários, meditava de duas a três horas por dia e via muitos animais silvestres. Esse período solitário, que ele apreciou muito, pois sempre gostou de ficar completamente só, causou-lhe tamanha impressão que o descreveu em vários livros, ressaltando sua amizade com um esquilinho e narrando um perigoso encontro com uma mamãe ursa e seus filhotes. Essa era uma de suas pouquíssimas e indeléveis recordações.

Quando os Estados Unidos entraram na guerra (os japoneses bombardearam Pearl Harbour no dia 7 de dezembro de 1941), K teve dificuldade para renovar o visto de permanência no país. Considerando sua propaganda antiguerra, foi um milagre ter sido renovado. Houve escassez de comida nos Estados Unidos, o custo de vida subiu e o petróleo logo começou a ser racionado. K e os Rajagopal cultivavam os próprios vegetais e verduras e tinham abelhas, galinhas e uma vaca. K fazia longas caminhadas solitárias todos os dias em Ojai. Ele disse para Lady Emily que estava tendo 'uma extraordinária vivência interior, muito criativa e feliz'. Mas Lady Emily, que já havia passado por ataques-relâmpagos e perdido dois netos na guerra, escreveu-lhe, amargurada, acusando-o de estar fugindo de todo aquele horror. Ele respondeu em 14 de abril de 1942:

> Não creio que mal algum possa ser vencido com brutalidade, tortura ou escravidão; o mal só pode ser conquistado por alguma coisa que não seja resultado do mal. A guerra é o resultado de nossa chamada paz, uma série de brutalidades diárias, exploração, mesquinhez e assim por diante. Sem mudarmos nossas vidas diárias, não podemos ter paz, e a guerra é uma expressão impressionante de nossa conduta diária. Não penso que fugi de todo o horror; simplesmente não há resposta, nenhuma resposta final, na

violência, seja quem for que a exerça. Encontrei a resposta para isso, não no mundo, mas longe dele. No desapego, no verdadeiro desapego que vem de sermos, ou tentarmos ser mais [palavra apagada] para amar e compreender. Isso exige muita energia e não é fácil de ser cultivado. Aldous Huxley e a esposa vieram passar o fim de semana aqui. Tivemos longas conversas sobre tudo isso e também tenho meditado bastante ultimamente.

Aqueles anos de pouca atividade, durante a guerra, foram valiosos para K enquanto instrutor. Huxley também o ajudou, encorajando-o a escrever. K era muito melhor escritor do que orador. Apesar de anos de prática, ele nunca se tornou um bom orador, conquanto seu magnetismo pessoal emanasse de suas palavras e encantasse o público. K recordou o que Huxley disse-lhe um dia: "'Por que não escreve alguma coisa?" Escrevi e mostrei para ele. Ele disse: "Está ótimo. Continue escrevendo". Assim fiz'. Depois disso, K continuou escrevendo todos os dias em um diário. Creio que o que ele mostrou para Huxley foi o início de *Comentários sobre o Viver**, embora este livro só tenha sido publicado em 1956, depois que outros dois foram publicados por editores ingleses e norte-americanos conhecidos.

Comentários sobre o Viver é uma coletânea de textos curtos oriundos das entrevistas privadas de K, dadas em várias partes do mundo. Cada texto inicia com uma descrição da pessoa ou grupo de pessoas que vieram vê-lo ou de uma paisagem. Para tornar as entrevistas anônimas, ele as 'misturou'. Assim, temos saniasis na Suíça e ocidentais sentados de pernas cruzadas na Índia. Uma frase esplêndida dá início ao livro: 'Outro dia, três piedosos egoístas vieram visitar-me'. Em um dos textos ele escreve sobre o amor: 'O pensamento nega, invariavelmente, o amor. O pensamento fundamenta-se na memória, e o amor não é memória... O pensamento gera inevitavelmente o sentimento de posse, aquela ânsia de posse que, consciente ou inconscientemente, nutre o ciúme. Onde está o ciúme, naturalmente, não pode estar o amor; e, no entanto, o ciúme é considerado pela maioria das pessoas um sinal de amor... O pensamento é o maior obstáculo ao amor.'

---

* Ed. Cultrix, São Paulo. (N. ed. bras.)

Em outra parte do livro, ele tem mais a dizer sobre o papel do amor e do pensamento num relacionamento:

> Enchemos nossos corações com as coisas da mente e os mantemos, assim, sempre vazios e esperançosos. É a mente que se apega, que é invejosa, que prende e destrói... Não amamos nem deixamos o amor agir sozinho, em liberdade, mas ansiamos por ser amados; damos porque queremos receber, isso é generosidade da mente e não do coração. A mente está sempre buscando certeza, segurança. É possível o Amor tornar-se seguro e certo pela ação da mente? É possível à mente, cuja própria essência é temporal, captar o amor, que vive na eternidade?[44]

Não se sabe ao certo quando K escreveu seu primeiro livro, *A Educação e o Significado da Vida**, publicado em 1953. Na página 17 da edição em inglês, ele diz: 'O homem ignorante não é o homem sem instrução, mas aquele que não conhece a si mesmo; e o homem intelectualmente culto é estúpido quando crê que os livros, o saber e a autoridade podem dar-lhe compreensão. A compreensão só pode vir com o autoconhecimento, que é o conhecimento da totalidade do nosso processo psicológico. Assim, educação, no sentido genuíno, é a compreensão de si mesmo, porque é dentro de cada um de nós que se concentra a totalidade da existência'.

O segundo livro, *A Primeira e Última Liberdade***, publicado em 1954, com um longo prefácio de Aldous Huxley, provavelmente atraiu mais pessoas para os ensinamentos de K do que qualquer outra de suas obras. Ele abrange a totalidade de seus ensinamentos desde o começo até a data incerta em que foi escrito. Sua recusa intransigente de oferecer conforto é uma das coisas que tão singularmente o diferencia de outros instrutores religiosos. Ele se recusa a ser nosso guru; ele não nos diz o que fazer; ele meramente coloca um espelho diante de nós e aponta-nos as causas da violência, da solidão, dos ciúmes e de todas as misérias que afligem a humanidade, e diz: 'Pegue-o ou deixe-o. E a maioria deixará, pela óbvia razão de que não encontram gratificação nisso'. Nossos problemas podem ser resolvidos apenas por nós mesmos.

---

* Ed. Cultrix, São Paulo. (N. ed. bras.)

** Ed. Cultrix, São Paulo. (N. ed. bras.)

K começou a dar palestras outra vez em *Oak Grove*, Ojai, no verão de 1944 e o fez durante dez domingos consecutivos. Apesar do racionamento de petróleo, as pessoas vinham de todas as partes dos Estados Unidos para assistir a elas e solicitar entrevistas particulares com K. A uma pessoa que perguntou: 'O que se deve fazer com aqueles que perpetraram os horrores dos campos de concentração?' K respondeu: 'Quem irá puni-los? O juiz não é muitas vezes tão culpado quanto o acusado? Cada um de nós construiu esta civilização, cada um de nós contribuiu para sua miséria... Quando acusamos as crueldades de outro país, pensamos que podemos ignorar as nossas próprias'.

Podemos concordar com outro membro da audiência que disse: 'O senhor é muito depressivo. Eu busco inspiração para seguir em frente. O senhor não nos estimula com coragem e esperança. O que há de errado em buscar inspiração?' A resposta severa de K não podia servir-lhe de estímulo: 'Por que deseja ser inspirado? Não é porque dentro de si mesmo está vazio, inseguro, só? Você busca preencher esta solidão, este vazio doloroso; deve ter tentado diferentes formas de preenchimento e espera fugir disso novamente vindo para cá. Esse processo de encobrir a árida solidão é chamado de inspiração. A inspiração torna-se então um mero estímulo e como todo estímulo logo causa tédio e insensibilidade'.

Um relato autêntico dessas palestras de 1944, impresso na Índia, foi publicado no ano seguinte pela *Krishnamurti Writings Inc* — (KWINC), como passou a chamar-se a *Star Publishing Trust* — SPT. Depois disso, K parou de revisar suas palestras. A KWINC era uma fundação sem fins lucrativos, como fora a SPT, estabelecida com o propósito único de disseminar os ensinamentos de K por todo o mundo. K, Rajagopal e outras três pessoas, eram os curadores. Mais tarde, K, infelizmente, abdicou dessa função, pois não queria aborrecer-se com reuniões financeiras, e Rajagopal tornou-se Presidente da KWINC. Todas as doações para manutenção do trabalho de Krishnamurti eram enviadas para essa organização internacional.

Finalmente, passados vinte anos, em setembro de 1946, foi aberta uma escola nas terras situadas na extremidade superior do vale de Ojai, compradas para esse fim, pela Sra. Besant, em 1926-27. Uma pequena escola secundária, mista, chamada *Happy Valley School* (Escola do Vale Feliz), financiada pela *Happy Valley Association* — da qual K, Aldous Huxley e Rosalind Rajagopal foram os três curadores originais — e dirigida por Rosalind. K planejava deixar Ojai logo após a abertura da escola, para uma turnê pela Nova Zelândia, Austrália e Índia, mas alguns dias antes de partir, ficou gravemente doente, com uma infecção nos rins e permaneceu acamado por dois meses. No primeiro mês, sentiu muita dor e foram necessários mais de seis meses para recuperar-se. K reteve apenas uma memória tênue e indistinta desta doença. 'Fiquei doente durante um ano e meio', diria em 1979, 'terrivelmente doente. Havia um médico, mas ele não me ajudou em nada'. Como ele não quis ir para o hospital, Rosalind cuidava dele: é provável que tenha se recusado a tomar qualquer medicamento, temendo o que poderiam fazer com seu corpo sensível, ainda que achasse que não era necessário suportar esta dor, como fora necessário suportar a dor do 'processo'.

Os planos de K nessa ocasião dependiam da possibilidade de conseguir a renovação do visto de permanência. Depois da independência da Índia, em 15 de agosto de 1947, ele, como todos os hindus e muçulmanos, pôde optar pelo passaporte inglês ou indiano. Embora considerasse a nacionalidade um dos maiores males, ele precisava, é claro, de um passaporte para viajar e escolheu o indiano. Não poderia ter feito diferente, uma vez que muitos de seus amigos indianos tinham sofrido na luta pela libertação. A renovação do visto foi concedida, o que lhe permitiu ficar em Ojai recuperando-se até setembro de 1947. Partiu então para a Índia via Inglaterra, e abandonou o plano de ir para a Nova Zelândia e Austrália.

K ficou três semanas com Lady Emily em Londres (seu marido falecera de câncer nos pulmões, em 1944). Eles não se viam há nove anos e toda indignação dela evaporou-se ao vê-lo. Ele estava com cinqüenta e dois anos e ela com setenta e três. Apesar de escreverem cada vez menos um para o outro, ela continuou a amá-lo de todo o coração até morrer, em 1964. Ele a acompanhou para passarem um fim de semana comigo e meu segundo marido em nossa casa em Sussex. Eu convidei também Mar de Manziarly que viera à Inglaterra para vê-lo, uma vez que ele não iria a Paris. Ele parecia mais velho, é claro; tinha alguns fios de cabelo brancos, mas estava tão belo como antes e sua personalidade não mudara em nada. Era tão afetuoso como sempre e cheio de um entusiasmo apaixonado pela vida, com as mesmas maneiras elegantes e sua cortesia natural. Sentávamos com nossos chambres para o café da manhã, falando e rindo, e ele comentou que era como nos velhos tempos quando estava de férias com Nitya. Não se lembrava de Ehrwald ou Pergine nem do seu 'processo' lá, mas lembrava como nos havíamos sentido felizes e como nos divertíramos. Ele me perguntou como era Nitya e ficou surpreso quando lhe disse que ele tinha um leve estrabismo.

K ficou tanto tempo confinado em Ojai com os Rajagopal, os quais o tolhiam um pouco, que se sentiu aliviado por estar novamente livre e poder viajar. Tomou um avião sozinho para Bombaim em outubro — seu primeiro vôo para a Índia, onde ficaria dezoito meses. Essa visita foi decisiva uma vez que lá encontrou um novo grupo de seguidores que, pelo resto da vida, não apenas seriam seus companheiros por opção, mas inestimáveis para seu trabalho na Índia.

Havia nesse grupo, que o encontrava pela primeira vez, duas irmãs casadas, Pupul Jayakar e Nandini Mehta, pessoas proeminentes, filhas de V. N. Mehta (que não tinha parentesco com o marido de Nandini), um brâmane de Gujarat, destacado membro do Serviço Civil Indiano, versado em sânscrito e persa. Ele faleceu em 1940. Sua viúva, com uma larga experiência em serviço social, vivia em Bombaim onde moravam também as duas irmãs. A mais jovem, Nandini, tinha três filhos e não era feliz em seu casamento com Bhagwan Mehta, filho do Sr. Chuninal Mehta, devoto de K desde antes da guerra. O Sr. Chuninal levou Nandini para receber K quando este chegou a Bombaim. Ela ficou encantada com ele e mais tarde foi com o sogro ouvir suas palestras. Depois de alguns meses disse ao marido que queria levar uma vida celibatária. Após a partida de K, ela entrou com uma petição contra o marido na Alta Corte de Bombaim, pedindo a separação e a custódia dos filhos, de nove, sete e três anos, sob a acusação de crueldade. O marido defendeu-se da ação judicial, argumentando que ela tinha sido excessivamente influenciada pelos ensinamentos de K. Seu advogado leu na Corte passagens das palestras de K nas quais ele falava da posição inferior da mulher indiana e de sua escravidão ao marido. Mas nada de impróprio foi sugerido em todas as audiências. Nandini perdeu o caso e tiraram-lhe os filhos. Ela já havia abandonado o marido, buscando refúgio na casa da mãe. Foi enviado um telegrama a K informando-o do resultado, ao qual ele respondeu: 'Seja o que for que acontecer, tudo acabará bem'.[45] Circulou um falso rumor na Inglaterra de que K fora implicado em um caso de divórcio. Pelo resto da vida, K sentiu um carinho muito especial por Nandini. Em 1954, foi fundada uma pequena escola krishnamurtiana diurna para crianças sem pais, Bal Anand, em Bombaim, da qual Nandini tornou-se diretora.

K conheceu a irmã mais velha, Pupul Jayakar, somente no início de 1948. Ela tinha trabalhado com causas sociais desde o início dos anos 40 e era em grande parte responsável pelo desenvolvimento e exportação de tecidos e trabalhos indianos feitos a mão. Mais tarde tornou-se Presidente do Comitê do Festival da Índia. Antiga amiga de Indira Gandhi, alcançou muita influência na Índia depois que a Sra. Gandhi tornou-se Primeira Ministra em 1966. Possuía um caráter mais forte do que o de Nandini, embora esta tenha demonstrado uma grande força interior ao abandonar o marido.

Também pertenciam ao grupo que K reuniu em torno de si, Sunanda Patwardhan e o marido Pama, sócio da editora *Orient Longman* (nenhuma relação com Pat) e seu irmão mais velho, Achuyt, um amigo de K de longa data, um grande lutador pela liberdade e que permaneceria pelos próximos anos envolvido com a política. Sunanda tinha PhD pela Universidade de Madras e agora estava estudando Direito. Mais tarde, viria a ser secretária de K, na Índia, viajando com ele e estenografando as discussões de grupo que ele mantinha. Tempos depois, ela e o marido foram viver em Vasanta Vihar. O Dr. V. Balasundaram, jovem professor no Instituto de Ciência de Bangalore, que viria a ser o diretor da escola Rishi Valley, e R. Madhavachari, secretário da KWINC na Índia, que morava em Vasanta Vihar, eram os dois outros membros do grupo. Madhavachari tinha uma procuração de Rajagopal para fazer todos os arranjos necessários para as palestras e viagens de K na Índia, editar as suas palestras feitas na Índia e cuidar da impressão das mesmas.

K chegou em Bombaim somente dois meses depois da Divisão*. Hindus e muçulmanos massacravam-se no norte. Não obstante, ele foi a Karachi e Delhi, mas deixou Delhi antes do assassinato de Gandhi, no dia 30 de janeiro de 1948. (Escreveu-se que: 'Quando a luz apagou-se, com o assassinato de Gandhi, foi para Krishnamurti que Jawaharlal Nehru revelou, em segredo, sua solitária angústia'.[46] K confirmou que de certa forma foi isso que aconteceu; ele tinha grande afeição por Nehru).

K falou várias vezes no norte; a seguir proferiu doze palestras públicas em Bombaim, entre 1º de janeiro e 28 de março de 1948, assistidas por mais de 3.000 pessoas e seguidas de discussões privadas em Vasanta Vihar, Madras, durante a maior parte de abril. (Ele contou a Lady Emily que nunca trabalhara tão duro em toda sua vida). Em cada palestra, tentava abordar os vários problemas da existência a partir de diferentes pontos de vista, mas, como estava falando para um público novo, havia inevitavelmente uma grande dose de repetição. Fundamentalmente, não existia diferença alguma entre suas palestras na Índia e aquelas que dava em outros lugares. Aquilo que havia brotado de novo naqueles tranqüilos anos da guerra em Ojai floresceu em seus escritos, particularmente em *A Primeira e Última Liberdade* e *Comentários sobre o Viver*. Seu público indiano, contudo, era muito mais reverente; tratavam-no como um sublime guru.

Em maio, K foi para Ootacamund, uma localidade nas montanhas perto de Madras, para um completo descanso. Hospedou-se com alguns amigos numa casa chamada Sedgemoor e, a pedido seu, Pupul

* Que dividia o Paquistão da Índia. (N. ed. bras.)

Jayakar e Nandini Mehta foram para lá, ficando num hotel próximo. A Sra. Jayakar anotou algumas ocorrências em Sedgemoor, que mostram que 'o processo' iniciara outra vez, semelhante ao que ocorrera em Ojai, Ehrwald e Pergine. Deve ter sido uma experiência assustadora para as irmãs, que ainda não o conheciam bem e, presumivelmente, nada sabiam dos acontecimentos anteriores.

K passeava com as irmãs, quando, de repente, disse que se sentia mal e precisava voltar para casa. Pediu-lhes que ficassem com ele, que não se assustassem com o que quer que acontecesse e que não chamassem nenhum médico. Ele disse também que estava com dor de cabeça. Depois de algum tempo, disse-lhes que iria 'ausentar-se'. Seu rosto estava 'cansado e cheio de dor'. Ele perguntou a elas quem eram e se conheciam Nitya. Falou então sobre Nitya, disse-lhes que ele tinha morrido, que ele o amava e chorou por causa dele*. Perguntou-lhes se estavam nervosas, mas não parecia nem um pouco interessado na resposta. Ele próprio parou de pedir para Krishna voltar: 'Ele me pediu para não chamá-lo'. Falou a seguir da morte. Disse que ela estava muito próxima — 'Por um fio' — seria fácil para ele morrer, mas ele não gostaria disso porque tinha trabalho a fazer. No final disse: 'Ele está voltando. Vocês não vêem os que estão com ele — imaculados, intocados, puros — agora que eles estão aqui ele virá. Estou tão cansado, mas ele é como um pássaro — sempre disposto'. Então, subitamente, era Krishna outra vez.

O registro desse episódio não está datado. A próxima narrativa tem a data de 30 de maio de 1948:

> Krishna estava se aprontando para uma caminhada quando, subitamente, disse que estava se sentindo muito fraco e ausente. Ele disse: 'Que dor estou sentindo'; segurou a base da cabeça e deitou-se. Em poucos minutos o K que conhecíamos não estava mais ali. Durante duas horas nós o vimos passar

---

* Foi no início de 1925 em Ooty, para onde ele havia ido com a Sra. de Manziarly, que Nitya adoeceu novamente. K voltou lá depois da morte de Nitya, quando escreveu para Lady Emily: 'Estou hospedado no mesmo quarto de Nitya. Eu o sinto aqui, vejo-o e falo com ele, mas sinto muita falta dele'. O fato de estar lá de novo, ainda que em uma casa diferente, certamente trouxe a K algo do passado.

> por uma dor intensa. Ele sofria como nunca vi alguém sofrer. Disse que sentia dores na base da nuca. Os dentes estavam incomodando, o estômago inchado e duro; ele gemia e o apertava. Às vezes gritava. Desmaiou várias vezes. Quando voltou a si pela primeira vez disse: 'Feche minha boca quando eu desmaiar'. Continuou dizendo: 'Amma, oh, Deus, dê-me paz. Eu sei o que eles estão querendo. Chame-o de volta, sei que quando o limite da dor for alcançado — então eles retornarão. Eles sabem quanto o corpo pode suportar. Se eu ficar um lunático, cuidem de mim. Não é que eu vá ficar maluco. Eles são muito cuidadosos com este corpo — me sinto tão velho — só uma parte de mim está funcionando. Sou como um brinquedo de borracha, com o qual uma criança brinca. É a criança que lhe dá vida'. O rosto estava exausto e atormentado de dor. Continuou a cerrar os punhos, e lágrimas corriam dos olhos. 'Sinto-me como uma máquina subindo um morro íngreme'. Duas horas depois desmaiou de novo. Quando voltou a si disse: 'A dor sumiu. No fundo sei o que aconteceu. Fui abastecido de gasolina. O tanque está cheio'.

Ele então começou a falar e descrever coisas que tinha visto em suas viagens; falou de amor: 'Vocês sabem o que é amor? Não podemos prender uma nuvem numa gaiola dourada. Essa dor faz meu corpo ficar como aço — tão flexível, tão maleável, sem nenhum pensamento. É como um polimento, um exame'. Pupul Jayakar perguntou se ele podia parar de sentir dor, ao que ele respondeu: 'Você já teve um filho. Você pode interromper o parto depois que ele tem início?' Ele estava sentado de pernas cruzadas, com o corpo ereto. A dor tinha desaparecido do rosto, a Sra. Jayakar observou: 'Era atemporal. Os olhos fechados. Os lábios moviam-se. Parecia que ele tinha crescido. Sentimos que alguma coisa tremenda fluía através dele. Havia uma palpitação na atmosfera. Inundou a sala. Então abriu os olhos e disse: "Algo aconteceu — vocês viram alguma coisa?" Dissemos a ele o que tínhamos sentido. Ele comentou: 'Meu rosto estará diferente amanhã'". Deitou-se e sua mão fez um gesto que indicava plenitude. Continuou: "Serei como uma gota de chuva, imaculado". Depois de alguns minutos disse que se sentia bem e que podíamos voltar para casa'.

Dois outros acontecimentos da mesma natureza ocorreram em junho. No dia 17 de junho, K fez uma caminhada sozinho e pediu para Pupul e Nandini esperarem por ele em seu quarto. Quando voltou era um estranho. 'K ausentou-se. Começou a dizer que estava ferido por dentro; que se sentia queimando; que estava com dor de cabeça. Ele disse: "Vocês sabem, não o verão amanhã. Ele praticamente não voltou". Continuou a observar o corpo para certificar-se de que tudo estava ali. E disse: "Preciso voltar e descobrir o que aconteceu na caminhada. Alguma coisa aconteceu, e eles foram embora, mas não sei se eu voltei. Deve haver partes de mim pelo caminho"'.

Na noite seguinte, Pupul e Nandini o esperaram novamente, enquanto ele fazia uma caminhada solitária. Quando voltou, aproximadamente às dezenove horas, parecia 'um estranho' outra vez. Foi deitar-se. 'Disse que se sentia queimado, completamente queimado. Estava gritando. Ele disse: "Sabem, descobri o que aconteceu na caminhada. Ele veio com força total e deu-me uma carga completa. É por isso que eu não sabia se tinha voltado. Não sabia de nada. Eles me queimaram, para que haja mais vazio. Querem saber quanto dele pode vir"'. Outra vez Pupul e Nandini sentiram a mesma vibração preenchendo o quarto, como na noite de 30 de maio.[47]

O fato de que as irmãs nada sabiam a respeito do ocorrido no passado dá a esses relatos um valor especial, uma vez que há tantas semelhanças entre estes e os relatos de Ojai, Ehrwald e Pergine — os desmaios freqüentes com dor, o medo que o corpo tinha de Krishna e o temor de chamá-lo de volta, sua compreensão de que a dor pararia se Krishna voltasse, mas que 'o processo' também seria interrompido. Daí a alusão à proximidade da morte. (Em Ehrwald, quando os sinos da igreja tocaram de repente, enquanto Krishna estava 'ausente', causaram um choque tão grande ao corpo que Krishna teve de voltar. Ele disse mais tarde, segundo Lady Emily: 'Escapei por um triz. Os sinos quase dobraram para meu funeral'). As notas de Pupul Jayakar dizem-nos que, além de K, havia outras presenças, exatamente como nas outras ocasiões registradas — 'eles' que eram muito cuidadosos com o corpo, presumivelmente eram os mesmos 'eles' que voltaram com K na primeira ocasião mencionada por Pupul — 'imaculados, intocados, puros'. E havia 'ele' que chegou com 'toda' a força na caminhada do dia 17 de junho e 'me deu uma carga completa'. O ser deitado em agonia na cama tinha sido 'queimado' para criar mais vazio de modo que 'ele' pudesse entrar em K ou no corpo.

Portanto, parece que havia três entidades distintas além de um número indefinido citado como 'eles': — o ser que ficou para trás, para tomar conta da dor do corpo; K, que ia e vinha; e o misterioso 'ele'. Essas entidades eram diferentes aspectos da consciência de K ou seres separados? A única pessoa que poderia esclarecer-nos, o próprio K, nada lembrava dos acontecimentos em Ooty, assim como nada lembrava sobre 'o processo' em épocas anteriores. Isso não surpreende, uma vez que estava fora do corpo. Ele sempre teve consciência de ser 'protegido' por alguma coisa ou alguém fora dele e acreditava que quem quer que viajasse com ele compartilhava da mesma proteção. Mas de onde emanava essa proteção ele não sabia dizer. Mais importante que isso, o que se depreende desse relato é que o corpo de K ainda estava sendo preparado.

Depois dessa época em Ooty, K continuou as palestras em vários lugares da Índia e visitou suas escolas em Rajghat e Rishi Valley. Só retornou a Ojai em abril de 1949, tendo ficado afastado de lá dezenove meses.

12

'Entrar na casa da morte'

Rosalind e Rajagopal perceberam que K estava mais independente quando retornou da Índia, o que os preocupou. Ouviram os rumores sobre Nandini, e Rosalind, de modo muito humano, estava enciumada, uma vez que havia sido por tanto tempo a única mulher na vida de K. Ciúme leva à possessividade, e K não podia ser possuído, por muito que ele amasse. Ele voltou para a Índia em novembro. Ao falar em dezembro, em Rajamundy, cerca de 500 quilômetros ao norte de Madras, perguntaram-lhe: 'O senhor diz que o homem é a medida do mundo e que quando ele se transformar, o mundo viverá em paz. A sua própria transformação mostrou ser isso verdade?' K respondeu:

> Você e o mundo não são entidades diferentes. Você *é* o mundo, não como um ideal, mas factualmente... Assim como o mundo é você, sua transformação pode produzir uma transformação na sociedade. O questionador conclui que uma vez que a exploração não cessa, o que estou dizendo é fútil. É verdade isso? Viajo pelo mundo todo procurando chamar atenção para a verdade, não estou fazendo propaganda. A propaganda é uma mentira. Você pode propagar uma idéia, mas não pode propagar a verdade. Eu viajo pelo mundo chamando a atenção para a verdade; e é você que deve reconhecer isso ou não. Um homem não pode mudar o mundo, mas você e eu podemos mudar o mundo juntos. Você e eu precisamos descobrir o que é a verdade; pois é a verdade que dissolve o sofrimento e a miséria do mundo.

Em janeiro de 1950, falando em Colombo pela primeira vez, fizeram-lhe uma pergunta essencialmente análoga: 'Por que o senhor perde seu tempo pregando ao invés de ajudar o mundo de uma maneira prática?' K respondeu a essa pergunta assim:

> Você quer dizer fazer uma mudança no mundo; um melhor ajuste econômico, uma melhor distribuição da riqueza, um melhor relacionamento — ou, para dizer mais cruamente, ajudá-lo a encontrar um emprego melhor. Você quer ver uma mudança no mundo — todo homem inteligente deseja isso; você quer um método para ocasionar essa mudança; no entanto, pergunta-me por que perco meu tempo pregando ao invés de fazer algo em relação a isso. Muito bem, o que estou fazendo é realmente uma perda de tempo? Seria uma perda de tempo se eu apresentasse um novo conjunto de idéias para substituir a velha ideologia, o padrão antigo, não é mesmo? Ao invés de mostrar uma certa maneira prática de agir, de viver, de obter um emprego melhor, de criar um mundo melhor, não é importante descobrir o que realmente impede uma real revolução — não uma revolução da esquerda ou da direita, mas uma revolução fundamental, radical, não baseada em idéias? Pois, como já vimos, os ideais, as ideologias e os dogmas impedem a ação.

Em Ojai, em agosto de 1950, K decidiu ficar em retiro por um ano. Além de não dar palestras, não deu entrevistas e passava a maior parte do tempo fazendo passeios solitários, meditando e 'cuidando do jardim', como escreveu a Lady Emily. No inverno de 1951, estava de volta à Índia, dessa vez com Rajagopal que há quatorze anos não ia para lá. Mas ainda estava em semi-retiro, não deu palestras e ficou muito recolhido. Parecia estar olhando profundamente para dentro de si mesmo nessa época.

Visivelmente, a melhor coisa que aconteceu a K no princípio dos anos 50 foi o início de uma sólida amizade com Vanda Scaravelli (seu nome de solteira era Passigli), que ele havia conhecido em Roma em 1937. Depois de passar dois dias com ela e o marido em Roma, no outono de 1953, ela o levou para Il Leccio*, sua enorme casa no alto de Fiesole. Lá, entre oliveiras, ciprestes e montanhas, ele se sentia em paz. Il Leccio tornou-se um refúgio para ele no intervalo de suas constantes viagens de Ojai para a Índia. Embora parasse na Inglaterra e, às vezes, em Paris e em

* Havia um enorme azinheiro no jardim, que serviu de inspiração para o nome da casa.

outras partes da Europa, somente em Il Leccio ficava livre de palestras, discussões e entrevistas.

Em maio de 1954, K falou e travou debates em Nova Iorque, na *Washington Irving High School.* Essas palestras atraíram uma multidão enorme; muitas pessoas novas tinham se interessado por ele desde a recente publicação de *A Primeira e Última Liberdade.* Anne Morrow Lindbergh escreveu numa crítica da edição norte-americana do livro: '...a absoluta simplicidade do que ele tem a dizer é de tirar o fôlego. Oferece-se ao leitor em um parágrafo, até mesmo em uma frase, o suficiente para ele ficar explorando, questionando e pensando durante dias'. Quando o livro foi publicado na Inglaterra, um crítico do *Observer,* escreveu: '...para aqueles que desejam ouvir, ele terá um valor além das palavras', e outro, no *Times Literary Supplement*: 'É um artista tanto em visão quanto em análise'. Quando a edição norte-americana de *Comentários sobre o Viver,* impecavelmente editado por Rajagopal, surgiu dois anos mais tarde, Francis Hacket, o conhecido autor e jornalista norte-americano, escreveu no *New Republic*: 'Sinto que ele [K] guarda um segredo mágico... Ele é exatamente o que parece ser — um homem livre, de elevada estirpe, que envelhece como os diamantes, mas com o brilho de uma jóia atemporal, sempre viva'. E o crítico do *Times Literary Supplement* escreveu sobre a edição inglesa: 'A percepção interior — espiritual e poética — presente nos comentários é expressada de modo tão simples quanto exigente e desafiador'.

K jamais mencionou um livro seu em nenhuma carta a Lady Emily, embora, durante a década de 30, tenha dito que estava corrigindo as palestras, o que há muito tempo não fazia. K não tinha nenhum interesse nos livros publicados, exceto o de sugerir, às vezes, um título para um livro quando lhe pediam. Seria sua falta de memória resultado do fato de que ele nunca mais pensava em algo depois de acontecido?

Após outro inverno de palestras na Índia, de outubro de 1954 a abril de 1955, acompanhado por Rajagopal, outra visita a Il Leccio e palestras em Amsterdã, K veio para Londres em junho, onde falou seis vezes na *Friends' Meeting House.* (Agora, em Londres, hospedava-se com a Sra.

Jean Bindley, uma velha amiga dos tempos da Estrela, uma vez que Lady Emily mudara-se para um apartamento pequeno onde não havia mais espaço para ele. Não obstante, ele a via todos os dias). Na terceira dessas palestras, referiu-se, pela primeira vez, publicamente, à entrada na casa da morte enquanto ainda se está vivo — um tema sobre o qual falaria com freqüência no futuro. Surgiu como resposta a uma pergunta: 'Tenho medo da morte. O senhor pode tranqüilizar-me de alguma maneira?' K respondeu em parte:

> Você está com medo de deixar todas as coisas que conheceu... Está com medo de deixar tudo isso partir, totalmente, profundamente, desde o mais íntimo de seu ser e ficar com o desconhecido — que é, afinal, a morte... Você, que é o resultado do conhecido, pode entrar no desconhecido que é a morte? Se desejar isso, deve fazê-lo enquanto viver, é claro, não no último momento... Entrar na casa da morte enquanto se está vivo não é uma idéia mórbida, é a única solução. Podemos conhecer aquilo que não se pode medir, aquilo que o experienciador apenas vislumbra em raros momentos, enquanto vivemos uma vida plena e rica — seja o que for que isso signifique — ou enquanto vivemos uma vida miserável e empobrecida?... A mente pode morrer de momento a momento para *tudo* que experimenta e jamais acumular experiências?

K expressaria a mesma idéia de forma mais simplificada na segunda série de *Commentaries on Living** *[1959]*(Comentários sobre o Viver) 'É necessário morrer a cada dia, morrer a cada minuto para tudo, para os muitos ontens e para o momento que recém passou! Sem morte não há renovação, sem morte não há criação. O fardo do passado dá origem a sua própria continuidade e as preocupações de ontem dão nova vida às preocupações de hoje'.

K foi para muitos lugares, além de Ojai, Índia e Inglaterra, nos dois anos seguintes, nos quais deu palestras públicas e entrevistas particulares, participou de reuniões e discussões de grupo em Sydney, Alexandria, Atenas, Hamburgo, Holanda e Bruxelas. Passou todo o mês de junho de

---

* No Brasil recebeu o título de *Reflexões sobre a Vida*, Ed. Cultrix. (N. ed. bras.)

1956 com um amigo belga, Robert Linnsen, em sua casa perto de Bruxelas. *Monsieur* Linnsen organizou seis palestras para ele no Palácio de Belas Artes em Bruxelas e seis palestras privadas em sua casa. A Rainha Elisabeth da Bélgica assistiu a uma das palestras e também solicitou uma entrevista particular com K.

No inverno de 1956-7, K encontrava-se na Índia com Rajagopal e Rosalind, viajando para vários lugares com eles e o grupo de seguidores indianos. Em 1956, o Dalai Lama, Tenzin Gyatso, com vinte e um anos de idade, aceitou um convite para ir à Índia visitar os lugares sagrados ligados ao Buda. Era a primeira vez que um Dalai Lama saía do Tibete. Três anos mais tarde ele fugiu para a Índia, quando os chineses ameaçaram sua vida. Um representante oficial do Sikkim, Apa Sahib Pant, que viajava com o Dalai Lama e seu enorme séquito num trem especial, falou-lhe a respeito de Krishnamurti e sobre a natureza de seu ensinamento. Em dezembro, quando o Dalai Lama chegou a Madras e soube que Krishnamurti estava em Vasanta Vihar, fez questão de encontrá-lo, embora isso infringisse o protocolo. De acordo com Apa Sahib, como relatou Pupul Jayakar: '"Krishnaji o recebeu com simplicidade. Era impressionante perceber o forte carinho que imediatamente se estabeleceu entre eles". O Dalai Lama perguntou-lhe com delicadeza, mas diretamente: "Senhor, no que acredita?" E a conversa prosseguiu em frases quase monossilábicas, sem retórica. O jovem lama sentiu-se em terreno familiar quando Krishnaji o fez "co-experienciar"'. O Dalai Lama comentou mais tarde: '"Uma grande alma, uma grande experiência"', e expressou o desejo de encontrar Krishnamurti outra vez.[48] Outro encontro entre os dois foi agendado apenas para 31 de outubro de 1984, em Delhi, mas nunca aconteceu porque exatamente naquele dia a Sra. Gandhi foi assassinada.

Em janeiro de 1957, em Colombo, o Governo de Sri Lanka deu permissão para que as cinco palestras públicas de K fossem transmitidas pelo rádio, o que pareceu a K um fato extraordinário, uma vez que eram tão subversivas. Depois da última palestra em Bombaim, em março, ele não deu palestras até setembro de 1958. Isso foi ditado pelas circunstâncias, não por uma decisão tomada na época. Ele se aproximava de uma grande mudança em sua vida externa.

No dia 6 de março, K e Rajagopal tomaram um avião de Bombaim para Roma e de lá foram para Il Leccio. K planejara ficar lá até o final do mês, antes de ir para Helsinki com Rajagopal para um encontro. Ele estivera bastante adoentado na Índia e por isso cancelou subitamente não apenas Helsinki, mas toda a programação das palestras futuras em Londres, Biarritz, Ojai, Nova Zelândia e Austrália. Ficou em Il Leccio algumas semanas, não fazendo coisa alguma e raramente escrevia uma carta. (O marido de Vanda Scaravelli faleceu em Florença enquanto ele estava lá). Somente no final de maio encontrou-se com Rajagopal em Zurique e partiu com ele para Gstaad onde foram convidados a permanecer. Esta foi a primeira apresentação de K em um lugar que em breve ele conheceria intimamente. Foi provavelmente durante essa visita que ele concebeu a idéia de fazer um encontro internacional anual na Suíça, nos moldes dos acampamentos em Ommen. Isso evitaria suas constantes viagens. (Ele nunca mais quis retornar a Ommen depois de o lugar ter sido um campo de concentração).

Em 11 de junho K e Rajagopal mudaram-se para o Hotel Montesano, em Villars, onde K estivera pela primeira vez com Nitya, em 1921. Quinze dias depois Rajagopal retornou a Ojai, deixando K sozinho, com dinheiro suficiente apenas para pagar a conta do hotel. Evidentemente havia algum tipo de crise em seu relacionamento. A tensão vinha crescendo entre eles desde o retorno de K da Índia, em 1949. A fragilidade de um relacionamento já desgastado veio à tona quando Rajagopal, que não acreditava que K estivesse realmente doente em Il Leccio, tomou todas as providências para sua turnê e teve, subitamente, que cancelar tudo. Parece que ele disse a K em Villars que estava farto de ser seu agente de viagens e que no futuro todas as providências deviam ser tomadas pela Srta. Doris Pratt, secretária da KWINC em Londres, que trabalhava com K desde os primeiros tempos de Ommen. As despesas de K em Londres e viagens a partir de Londres foram pagas com os dividendos das doações para seu trabalho, administradas por Doris Pratt. As despesas de Rajagopal na Inglaterra também foram pagas com este fundo. Rajagopal instruiu Doris Pratt a manter um relatório de tudo que K gastava. Rajagopal enviou fundos de Ojai para a Índia para as despesas de K naquele país.

Seja o que for que tenha acontecido entre K e Rajagopal, deixou K relutante em voltar para Ojai. Ao deixá-lo em Villars, Rajagopal disse-lhe que ele aprenderia o que era ficar só. Mas K não se sentiu só. Permaneceu em Villars por conta própria durante um mês inteiro, completamente feliz. Escreveu para Lady Emily: 'Estou em retiro. Não vejo ninguém e converso apenas com o garçom. É ótimo ficar sem fazer nada, mas fazendo outras coisas. Há caminhos encantadores aqui e raramente encontro alguém. Por favor, não diga a ninguém onde estou'. Com 'fazendo outras coisas' ele se referia à meditação que prosseguia intensamente em seu interior, sempre que ele se encontrava quieto, penetrando cada vez mais profundamente dentro de si. Doris Pratt sabia onde ele estava. Ela lhe enviava as cartas que chegavam, e ele as devolvia depois de lê-las, dizendo-lhe que não responderia a elas, uma vez que desejava 'um longo e completo repouso, ainda que me sinta bem'. Deu-lhe instruções de como ela devia responder às cartas, sem que precisasse lê-las.

Em 20 de julho, Léon de Vidas e a esposa, que K conhecia há algum tempo (ele tinha uma empresa têxtil em Paris), encontraram-no em Villars sem dinheiro algum e o levaram para sua casa em Dordogne. (K poderia ter pedido para Rajagopal enviar-lhe dinheiro, mas evidentemente não queria comunicar-se com ele, e era impossível enviar dinheiro da Índia por causa do controle de câmbio). K ficou em Dordogne até novembro. Escreveu para Lady Emily no final de outubro: 'É muito silencioso aqui e não vejo ninguém a não ser meus dois anfitriões. Estamos distantes de qualquer cidade. Tem sido um completo retiro, caminhadas e solidão. Muito bom. Farei o mesmo na Índia'.

Rajagopal foi com K para a Índia naquele inverno pela última vez, mas ficou apenas até janeiro de 1958. K permaneceu em retiro até setembro, primeiro em Rishi Valley, depois em Rajghat e, a seguir, passou um mês sozinho numa estação montanhosa ao norte, em Ranikhet. Depois disso, retomou as palestras públicas. No dia 13 de novembro, em Vasanta Vihar, assinou um documento, registrado no cartório da Alta Corte de Jurisdição em Madras, concedendo os direitos autorais de seus livros, anteriores e posteriores àquela data, a KWINC, autorizando Rajagopal, o presidente da KWINC, a tomar todas as providências para a publicação dos livros. K não lembrava quando tinha saído do conselho da KWINC nem por que o havia feito. É um fato muito estranho ele ter assinado esse documento quando seu relacionamento com Rajagopal estava tão difícil, mas foi, provavelmente, por isso mesmo que Rajagopal quis ter sua posição legalizada. Uma razão adicional pode ter sido o surgimento, naquele ano, de um acordo internacional de direitos autorais.

O calor estava tão intenso em Delhi, onde K estava proferindo palestras no início de 1959 — hospedado como sempre com seu velho amigo Shiva Rao — que uma casa foi alugada para ele em março, em Srinagar, no Cachemira. Mas quando se percebeu que era suja e infestada de ratos, ele se mudou para Pahalgam, um vale de Cachemira, a 2.000 metros acima do nível do mar, onde ficou numa cabana do governo, 'não de todo luxuosa', como diria a Lady Emily, 'mas com um entorno maravilhoso, picos nevados e quilômetros de pinheirais'. Pupul Jayakar e Madhavachari tinham estado com ele em Srinagar, mas em Pahalgam ele ficou só com Parameshwaran, o chefe de cozinha de Rishi Valley. Em meados de agosto, teve outra infecção nos rins e foi levado para Srinagar com febre alta. De lá foi para a casa de Shiva Rao, em Delhi, onde, pela primeira vez, foram-lhe ministrados antibióticos. Estes agiram nele de forma tão intensa que suas pernas paralisaram-se temporariamente (ele achou que ficaria paralítico para sempre, como admitiu mais tarde, aceitando o fato com serenidade). Estava tão fraco que Parameshwaran tinha de alimentá-lo como a um bebê. Esteve acamado quase sete semanas e, depois disso, recuperou-se em Rishi Valley antes de dar outras palestras em várias partes da Índia. Somente em 11 de março de 1960 partiu para Roma, onde Vanda Scaravelli o esperava e o levou para Il Leccio.

Rajagopal nada sabia dos planos de K até receber uma carta dele dizendo que ficaria em Il Leccio algumas semanas e depois iria para a Clínica Bircher-Benner na Suíça. Rajagopal não sabia se K tencionava retornar a Ojai naquele verão ou não. Ele pediu para Doris Pratt enviar dinheiro a K para pagar a clínica com os fundos ingleses, mas o controle de câmbio ainda estava em vigor e impedia isso. K disse a ela para não se preocupar; amigos de Porto Rico ofereceram-se para pagar todas as despesas na clínica.

K entrou na clínica no dia 11 de abril e submeteu-se a uma dieta muito austera. Ficou até o dia 1º de maio, quando tomou um avião para Londres em rota para os Estados Unidos. Doris Pratt foi buscá-lo no aeroporto de Heathrow, e ficou espantada ao ver como estava abatido. Teve que encomendar novos sapatos porque os pés tinham afinado. Apesar da fragilidade, 'ele se recusou terminantemente a viajar de primeira classe', relatou Doris Pratt a Rajagopal; e novamente, no dia da partida, ela escreveu: 'Devo dizer-lhe, muito, muito em particular, que o achei muito doente e de forma alguma em condições de dar palestras em Ojai, mas ele parece determinado a isso... Dizem que ele quase morreu em Delhi, e acredito nisso por causa de seu estado atual. Creio que é de suma importância que ele seja tratado com o maior cuidado e atenção em Ojai'.[49]

K interrompeu sua viagem em Nova Iorque, onde esteve com um amigo que lhe disse que, se não tomasse providências, logo descobriria que não teria voz alguma nos assuntos da KWINC. Esse amigo insistiu que assumisse maiores responsabilidades, pois as grandes somas doadas para a KWINC destinavam-se ao seu trabalho. Depois de trinta e cinco anos administrando os assuntos de K com grande eficiência e sucesso, Rajagopal não via razão para a súbita interferência de K. Na verdade, Rajagopal tinha um vice-presidente e um conselho curador, mas exercia um domínio autocrático sobre eles. Infelizmente, ele se recusou a dar a K quaisquer informações, e quando K pediu para voltar a fazer parte do conselho, seu pedido foi negado. Se Rajagopal tivesse colocado K de volta no conselho, quase certamente K logo perderia o interesse. Mas a intransigência de Rajagopal alimentava suspeitas, dificultando ainda mais um relacionamento baseado em confiança mútua.

Podemos compreender Rajagopal uma vez que K, tendo insistido em dar palestras em Ojai, e se comprometido a dar oito palestras, anunciou na terceira que apenas poderia dar mais uma. (Essa terceira palestra foi excepcional. Abordava a maneira pela qual a mente podia 'tornar-se inocente através da morte do conhecido' e a necessidade urgente de uma transformação radical na psique humana). O cancelamento das últimas quatro palestras gerou tumulto e decepção nas pessoas que tinham vindo de longe para a série de palestras. Rajagopal estava ainda mais irritado porque, como disse a Doris Pratt, K não as havia cancelado porque estivesse doente, mas meramente porque não possuía 'energia suficiente' para prosseguir e, além disso, tinha dado 'três dias de entrevistas com várias horas de duração'. Será que ao esperar que K fizesse palestras públicas com tanta facilidade quanto entrevistas privadas Rajagopal tinha alguma compreensão da verdadeira vida interna de K? Parece óbvio que era preciso ter uma energia especial para falar para um grande público.

K tencionava voltar para a Clínica Bircher-Benner no final de junho, mas postergou sua partida, para grande contrariedade de Rajagopal. Não deu entrevistas e não respondeu às cartas, nem mesmo às de Lady Emily e Vanda Scaravelli, por isso sua correspondência avolumava-se. Acabou ficando até novembro, quando foi para a Índia. A atmosfera em Arya Vihara devia estar muito desagradável, pois não somente havia uma crescente tensão entre ele e Rajagopal, como também Rajagopal e Rosalind estavam brigando e logo se divorciariam.

K ainda não se sentia disposto para dar palestras na Índia; estava preparado, entretanto, para falar em pequenas reuniões. Escreveu para Rajagopal da Índia pedindo-lhe para organizar uma reunião na Inglaterra no ano seguinte, e recebeu a resposta por telegrama: 'Estou sem condições de organizar qualquer coisa agora. Conversei com Doris Pratt que o ajudará. Por favor, escreva para ela. Feliz Ano Novo'. Rajagopal lavou as mãos com relação a tudo que dissesse respeito a K na Europa. Ele estava em Londres quando enviou esse telegrama e teve muitas 'discussões ásperas' com Doris Pratt que o achou muito infeliz. Eu mesma o encontrei uma vez e fiquei profundamente constrangida quando ele começou a insultar K, pois eu não sabia que a relação entre eles havia mudado. Eu gostava particularmente de Rajagopal desde os tempos de Cambridge, onde eu costumava visitá-lo com freqüência. Minha mãe ficou igualmente aborrecida ao vê-lo insultar K. Ela também gostava de Rajagopal. Esperávamos que fosse apenas uma fase passageira.

K falou para pequenos grupos em Delhi, no final de 1960, e em Bombaim, no início de 1961. Estava muito interessado nessa época na urgência de uma mudança na psique humana e na criação de uma nova mente. Em meados de março, deixou a Índia e foi para Il Leccio novamente, onde passou várias semanas antes de ir para Londres em maio. Doris Pratt fez o melhor que pôde para organizar um encontro. Sabendo como ele apreciava caminhar em Wimbledon Common nos velhos tempos em que ficava com a Srta. Dodge na West Side House, ela alugou uma casa para ele em Wimbledon e arrendou o Town Hall (auditório da prefeitura) para doze pequenas reuniões. Enviou convites pessoais para cerca de cento e cinqüenta pessoas. Ela e uma amiga holandesa, que K conhecera há muitos anos, Anneke Korndorffer, cuidaram dele. Pela primeira vez, nessas reuniões, ele permitiu que as palestras fossem gravadas em fita cassete.

Doris e Anneke, que permaneceram com ele em Wimbledon oito semanas, ficavam preocupadas quando o ouviam gritar à noite e, muitas vezes, durante as refeições, quando ele deixava cair a faca e o garfo e parecia 'paralisado', prestes a desmaiar. Doris perguntou-lhe se podia fazer alguma coisa. Ele respondeu: 'nada, exceto ficar em silêncio, relaxada e *não* se preocupar, e também *não* tocá-lo'. Ele acrescentou que embora soubesse exatamente o que estava acontecendo, não podia explicar-lhe. No dia 18 de maio, ele escreveu para Nandini Mehta, na Índia: 'Estranhamente as coisas que aconteceram em Ooty estão ocorrendo aqui, mas ninguém sabe disso — é muito forte'.[50]

K partiu de Londres para Ojai, via Nova Iorque, em 14 de junho, levando com ele, a pedido de Rajagopal, as fitas cassetes das palestras em Wimbledon. No dia seguinte, Doris escreveu para a *Signora* Vanda, como K a chamava, que ele estava apreensivo com a visita a Ojai, pois lá havia, ela deduzia, algo a ser enfrentado. Ele disse que voltaria em breve.

No dia 18 de junho, um dia antes de tomar um avião de Nova Iorque para Los Angeles, K começou a escrever um relato extraordinário a respeito de seu estado interno de consciência. Escrito a lápis em cadernos comuns, sem nenhuma palavra rasurada, ele escreveu esse *Diário** durante sete meses. Nunca havia mantido um registro assim antes e não se recordava do que o estimulou a iniciá-lo. Esse relato aproxima-nos o mais possível da noção de como era *ser ele*. Mostra o quão pouco os acontecimentos da vida externa afetavam seu ser interno. Ao abrirmos aleatoriamente o livro, ficamos pasmos, com uma sensação de assombro e mistério. Inicia de forma inesperada: 'Anoitecia. De repente, sentimos uma grande manifestação de beleza, força e suavidade inundando o quarto. Outros também notaram [os amigos com os quais estava hospedado em Nova Iorque]'. 'A imensidão', o 'sagrado', a 'bênção', 'aquele outro ser' 'o outro', a 'vastidão' eram nomes empregados por K ao se referir, ao longo do *Diário*, àquele 'algo' misterioso, que não podia ser buscado, mas que vinha até ele todos os dias, de forma tão intensa que os demais às vezes percebiam. Ele escreveu também sobre 'o processo' e a dor intensa na cabeça e na coluna que sentia nessas ocasiões. A totalidade de seu ensinamento encontra-se neste *Diário*, assim como descrições muito belas da natureza. No dia 21, em Ojai, ele escreveu: 'Ao acordar, às duas horas aproximadamente, sentiu uma estranha pressão; era uma dor mais aguda, no centro da cabeça. Durou cerca de uma hora, e o sono foi interrompido várias vezes devido à intensidade da pressão. E a cada vez o êxtase aumentava; era uma alegria constante'. No dia seguinte: 'A beleza e a força da folha tenra de uma planta está em sua extrema vulnerabilidade à destruição. Como o capim que brota do calçamento, ela tem o poder de suportar o aniquilamento'. E no dia 23: 'Exatamente na hora em que deitou, havia a plenitude de Il Leccio. Era uma bênção que não invadia apenas o quarto, mas parecia espalhar-se por toda a Terra, de ponta a ponta'. No dia 27 ele escreveu: 'Aquela presença que esteve em Il Leccio, esteve aqui agora, aguardando benigna e pacientemen-

---

* Este *Diário*, com o título de *Krishnamurti's Notebook*, foi publicado por Gollancz and Harper & Row em 1976. No Brasil foi publicado com o título de *Diário de Krishnamurti*, Ed. Cultrix, São Paulo. (N. ed. bras.)

te, com grande ternura'. Essas duas últimas passagens mostram que seja o que for que estivesse acontecendo, já havia ocorrido anteriormente em Il Leccio. Ele muitas vezes acordava gritando à noite, mas como dormia só em Pine Cottage, nada se ouvia em Arya Vihara.

K permaneceu dezenove dias em Ojai, escrevendo todos os dias em seu *Diário*, mas nada mencionou do que fez lá, exceto uma visita ao dentista em que 'a coisa' estava com ele enquanto permanecia sentado na cadeira, e uma caminhada em que 'Subitamente, houve solidão, enquanto caminhava envolvido pelas montanhas rochosas, violáceas, sem vegetação. Absoluta solidão. Ela estava em toda parte e era enorme e insondavelmente magnífica; possuía aquela beleza que está além do pensamento e do sentimento... Como a gota de chuva que contém todas as águas do universo, aquela solidão era única, incomparável, bem diferente do isolamento'. Esse *Diário* deve ser lido. Nenhuma quantidade de citações seria suficiente para fazer-lhe justiça. É um documento infinitamente precioso, uma das grandes obras místicas de todos os tempos, que um dia certamente será reconhecida por seu valor.

K disse a Rosalind, quando ainda estava em Ojai, que ela podia morar em Arya Vihara pelo resto da vida. Ela continuava dirigindo a escola Happy Valley, mas essa já não era uma escola krishnamurtiana há muito tempo. Rajagopal mudara-se para uma casa que construiu para si, não distante de Oak Grove, no lado oeste do vale. Rosalind era agora independente, uma vez que Robert Logan, cuja esposa havia falecido, deixou dinheiro e propriedades para ela quando morreu. (O Sr. Logan presenteou K com dois relógios Pathek-Philippe — um de ouro, que ele nunca usou e um de aço, de bolso, com uma correntinha curta e uma moeda grega antiga na ponta. Este ele usou sempre, até sua última doença).

Depois de tomar um avião para Londres, na noite de 8 de julho, K registrou em seu *Diário* no dia seguinte:

> ...no meio de muito barulho, fumaça e vozerio, inesperadamente, aquela mesma imensidão, a extraordinária bênção sentida em Il L. voltou, trazendo

consigo a percepção do sagrado. Apesar do nervosismo e da tensão física provocados por aquele ambiente agitado, a 'coisa' manifestava-se. A pressão e a tensão eram fortes com dor aguda na base da cabeça. Aquele estado existia sem o observador. O corpo todo participava do processo e foi tão intensa a percepção do sagrado que um gemido se fez ouvir no meio dos passageiros. Aquilo durou várias horas, até tarde da noite. Era como olhar não apenas com os olhos mas com uma visão de milênios. Tratava-se de um acontecimento bem estranho. O cérebro estava completamente vazio, sem qualquer reação; não estava consciente do vazio até escrever estas linhas, o que é a mera descrição de um fato, não a coisa real. Estranho fenômeno é a capacidade do cérebro de esvaziar-se a si próprio. Ao fechar os olhos, o corpo e o cérebro parecem mergulhar em profundezas imensuráveis, em estados de sensibilidade e beleza incríveis'.

13

'O fim do sofrimento'

Após três noites em Londres, K encontrou-se com Vanda Scaravelli em Genebra e foi com ela para Gstaad, onde ela havia alugado Chalet Tannegg, uma casa para ele passar o verão. Organizou-se uma pequena reunião para ele no Town Hall (auditório da prefeitura) da cidade vizinha, Saanen. Doris Pratt, que o encontrara no aeroporto de Heathrow, notou que ele estava 'absolutamente exausto', como contou a Vanda. Ele dissera: 'Você não sabe o que é ter alguém como a Senhora Vanda nos acompanhando. Eu nunca fui tratado tão maravilhosamente antes'. Doris entendeu que ele estava passando por um período difícil em Ojai. Ele lhe pediu para não dar nenhuma informação a Rajagopal sobre o que havia sido gasto com ele na Inglaterra. (Suas despesas totais em maio e junho, incluindo a casa de Wimbledon e o aluguel do Hall, tinham sido de 477 libras, sendo que as doações totalizaram 650 libras). Não sabemos se ele falou com Rajagopal sobre as finanças da KWINC, mas escreveu-lhe depois disso pedindo para ser mantido informado a esse respeito, insistindo que a carta devia ser mostrada a todos os curadores e solicitando para participar novamente do conselho curador. Não recebeu resposta, porém, mais tarde, quando se encontrava na Índia, Rajagopal enviou-lhe um balanço, o qual, é claro, ele não entendeu.

Trezentos e cinqüenta pessoas de dezenove nacionalidades diferentes lotaram o Town Hall, nesta primeira reunião de Saanen. (As reuniões de Saanen iriam tornar-se um acontecimento internacional anual, que cresceria em número de pessoas a cada ano, durante os vinte e quatro anos seguintes). K passou uns quinze dias no Chalet Tannegg antes de a reunião começar. Em 14 de julho, um dia depois que chegou, ele escreveu no *Diário*: 'Ansiar pela repetição de uma experiência, por mais agradável, bela e frutífera que tenha sido, é criar o terreno em que nasce o sofrimento'. E dois dias mais tarde:

> O processo prolongou-se por quase toda a noite; foi bastante intenso. É espantosa a resistência do corpo! O corpo inteiro tremia e acordou com a cabeça latejando esta manhã.
>
> A singular energia sagrada permeava o quarto esta manhã. Cada recanto do ser foi invadido por aquela força poderosa que a tudo purifica com sua ação sagrada. Vanda também percebeu. Eis a coisa pela qual todos anseiam e, por desejarem tanto, lhes escapa. O monge, o sacerdote e o saniasi torturam seu corpo e sua natureza no anseio de encontrá-la, mas ela igualmente lhes escapa. É que isso não pode ser adquirido; nenhum sacrifício, virtude ou oração poderá suscitar este amor. Esta vida e este amor não podem existir se a morte for o meio de alcançá-los. Toda a súplica e toda a busca devem cessar.
>
> A verdade não pode ser exata. O que pode ser medido não é a verdade. Só se pode medir e dimensionar aquilo que não é vivo.

Foi nesse dia que Vanda teve sua primeira experiência do 'processo' de K, a qual registrou:

> Estávamos conversando depois do almoço. Não havia mais ninguém em casa. Subitamente K desmaiou. O que aconteceu depois é impossível de descrever, pois não há palavras que possam exprimir isso; mas foi também alguma coisa muito séria, muito extraordinária, muito importante para ser mantida oculta, silenciada ou não mencionada. Houve uma mudança no rosto de K. Os olhos ficaram maiores, mais amplos e profundos, e o olhar era extraordinário, transcendia qualquer distância. Era como se existisse uma presença poderosa pertencente a outra dimensão. Havia um inexplicável sentimento de vazio e plenitude ao mesmo tempo.

K evidentemente 'se ausentara', pois Vanda tomou nota das observações feitas pela entidade que foi deixada: 'Não me deixe só até ele voltar. Ele deve amá-la se deixou que me toque, pois ele é muito cuidadoso a esse respeito. Não deixe ninguém se aproximar até ele voltar'. Vanda então acrescentou: 'Não conseguia entender o que estava acontecendo, estava completamente atônita'.

No dia seguinte, na mesma hora, K 'ausentou-se' novamente e, outra vez, Vanda anotou o que 'o corpo' disse enquanto ele estava fora: 'Eu me sinto muito estranho. Onde estou? Não me deixe só. Pode ficar comigo, por favor, até ele voltar? Você está confortável? Pegue uma cadeira. Você o conhece bem? Vai cuidar dele?' Vanda continuou: 'Eu ainda não podia compreender o que estava acontecendo. Era tudo tão inesperado, tão incompreensível. Quando K recobrou a consciência, pediu-me para contar-lhe o que tinha acontecido e, por isso, escrevi estas notas na tentativa de transmitir alguma leve idéia do que vi e senti'.[51]

No final de julho, Aldous Huxley e a segunda esposa encontravam-se em Gstaad e foram várias vezes ouvir K falar no Town Hall, em Saanen. Era 'uma das coisas mais impressionantes que já ouvi', escreveu Huxley. 'Era como ouvir um discurso do Buda — tamanho o poder, tamanha a autoridade intrínseca, tamanha a recusa intransigente de permitir ao *homme moyen sensuel** qualquer fuga ou subterfúgio, qualquer guru, salvador, *fuhrers***, igrejas. "Eu lhe mostro o sofrimento e o fim do sofrimento" — e se você não optar por preencher as condições para pôr fim ao sofrimento, esteja preparado — qualquer que seja o guru, a igreja, etc., em que acreditar — para continuar sofrendo indefinidamente'.[52]

Huxley estava referindo-se, evidentemente, à sexta palestra de K, no dia 6 de agosto, quando falou do sofrimento. 'O tempo não remove o sofrimento. Podemos esquecer um determinado sofrimento, mas o sofrimento está sempre ali, no íntimo, e creio que é possível remover o sofrimento em sua totalidade. Não amanhã, não no decorrer do tempo, mas ao ver a realidade no presente e ir além'.

Depois da última palestra, no dia 15 de agosto, K escreveu no *Diário*: 'Ao despertar esta manhã, havia novamente aquela força impene-

* Tradução do francês: homem comum ligado aos prazeres dos sentidos. (N. ed. bras.)
** Tradução do alemão: comandantes, chefes. (N. ed. bras.)

trável cujo poder é uma bênção... Durante a palestra ela estava lá, intocável e pura'.

Impressa, esta palestra não parece mais convincente que as demais. Muitas vezes, as pessoas sentiam durante a palestra que ela era particularmente reveladora, mas, quando a liam depois de impressa, ficavam decepcionadas. É bem provável que K muitas vezes experimentasse, ao falar, aquela estranha bênção e que fosse isso que inspirava a audiência e não suas palavras.

Naquele verão foi formado o Comitê de Saanen, para tomar todas as providências necessárias para as palestras anuais de K. Rajagopal preocupou-se quando soube disso, temendo que K deixasse Ojai de fora de uma vez por todas. Embora não tenha sido essa a intenção, ele, de fato, não retornou a Ojai por cinco anos.

K passou uns tempos sossegado com Vanda no Chalet Tannegg após a reunião. Nessa época a própria Vanda constantemente tinha consciência da 'bênção', 'do outro' sobre o qual K escrevia todos os dias. Em setembro, ele tomou um avião para Paris, onde se hospedou com os antigos amigos Carlo e Nadine Suarès em seu apartamento no oitavo andar na *Avenue* Labourdonnais. Estar numa cidade, após um período de paz nas montanhas que ele amava, era uma mudança violenta e, no entanto, ele escreveu: 'Sentado em silêncio... olhando sobre as torres dos telhados, inesperadamente, aquela bênção chegou com suave clareza; inundou o quarto e ali permaneceu. Está aqui enquanto isso é escrito'.

Depois de ter proferido nove palestras em Paris e ter ido outra vez para Il Leccio, K tomou um avião para Bombaim, em outubro, e de lá rumou para Rishi Valley onde ficou um mês. Depois foi para Vasanta Vihar, Rajghat e Delhi. Por intermédio de suas descrições no *Diário* ficamos conhecendo Rishi Valley e Rajghat como se nós mesmos tivéssemos estado lá. Em Delhi, no dia 23 de janeiro de 1962, seu *Diário* foi interrompido tão subitamente quanto iniciou. Era tão frio na casa de Shiva Rao que ele não conseguia mais segurar o lápis. A última coisa que escreveu no *Diário* foi:

> ...de repente, aquela imensidão inexplicável lá estava com toda a sua força, não apenas no mundo exterior, mas também nos mais íntimos recessos daquilo que havia sido a mente... Aquela imensidão não deixava marcas, pois sua forte, nítida e insondável presença tinha a intensidade da chama sem cinzas. Nela havia a bem-aventurança... O passado e o desconhecido não se encontram em ponto algum; não podem ser reunidos por nenhuma ação; nenhuma ponte ou caminho podem levar a este encontro. Os dois nunca se encontraram e nunca se encontrarão. O passado deve cessar para que o incognoscível, aquela imensidão, possa existir.

A publicação, em 1976, desse documento extraordinário passou despercebida pela imprensa tanto na Inglaterra quanto nos Estados Unidos, a não ser por uma frase no *Publishers' Weekly* norte-americano, que concluía: 'Os ensinamentos de Krishnamurti são austeros, em certo sentido, aniquiladores'. Algumas pessoas que leram o manuscrito foram contra sua publicação. Temiam que viesse a desanimar os seguidores de K. Ele sustentava que os seres humanos podem transformar a si mesmos radicalmente, não com o tempo, não como resultado da evolução, mas por meio de uma percepção imediata, ao passo que o *Diário* mostra que Krishnamurti não era um homem comum, transformado, mas um ser singular que existia numa dimensão diferente. Era um ponto válido e quando este lhe foi apresentado, ele respondeu: 'Não temos que ser Edisons para ligar a luz elétrica'. Posteriormente, em Roma, um jornalista insinuou que K já nascera como era e que, por conseqüência, outros não teriam como atingir aquele estado de consciência; ele respondeu: 'Cristóvão Colombo partiu para a América num navio a vela; nós podemos ir num avião a jato'.

K deu vinte e três palestras na Índia naquele inverno, além de travar inúmeras discussões; portanto não é de se surpreender que estivesse exausto quando chegou a Roma em meados de março, onde se encontrou com Vanda. No dia seguinte, estava com febre alta. Nesse estado, 'ausentou-se' como costumava fazer durante 'o processo'. Vanda registrou o que o ser encarregado do corpo disse. Mas não era mais uma voz de criança que falava; a voz soava bastante natural:

Não me deixe. Ele foi para longe, muito longe. Disseram a você para cuidar dele. Ele não devia ter ido embora. Você devia ter-lhe dito. À mesa, ele não está presente de modo algum. Você devia ter dito isso a ele com os olhos para que os outros não percebessem, e ele entenderia. Que belo rosto para se admirar! Aqueles cílios são um desperdício em um homem. Por que não os pega? Aquele rosto foi cuidadosamente trabalhado. Eles trabalharam tanto tempo, tantos séculos, para produzir esse corpo. Você o conhecia? Não pode conhecê-lo. É possível conhecer a água que flui? Escute. Não faça perguntas. Ele deve amá-la se a deixou chegar tão perto dele. Ele é muito cuidadoso e não deixa que outras pessoas toquem seu corpo. Você sabe como ele a trata. Ele não quer que nada lhe aconteça. Não faça nada extravagante. Todas essas viagens foram muito cansativas para ele. E aquelas pessoas no avião, fumando, e toda aquela arrumação de malas o tempo todo, indo e vindo, foi demais para o corpo. Ele queria chegar logo a Roma para encontrar aquela senhora [Vanda]. Você a conhece? Ele queria vir o mais rápido possível. Fica abalado quando ela não está bem. Todas aquelas viagens — não, não estou me queixando. Ele é puro, dá para ver. Não quer nada para si mesmo. O corpo esteve o tempo todo à beira de um precipício. Foi mantido e vigiado como um louco todos esses meses e, se ele partisse, iria para bem longe. A morte está perto. Eu lhe disse que era demais. Nos aeroportos, ele fica sozinho. Ele não está completamente presente. Toda aquela pobreza na Índia e as pessoas morrendo. Terrível. Este corpo também teria morrido se não tivesse sido encontrado. E toda aquela sujeira por toda parte. Ele é tão limpo. Seu corpo é mantido tão limpo. Ele o lava com tanto cuidado. Hoje de manhã ele queria dizer alguma coisa a você. Não o interrompa. Ele deve amar você. Diga-lhe. Pegue um lápis, diga a ele: "A morte está o tempo todo aqui, muito próxima a você, para protegê-lo. E se você se abrigar, morrerá".

Quando K sentiu-se melhor, foram para Il Leccio, onde ficou muito doente. O problema nos rins voltou, agravado por um forte ataque de caxumba. Ele ficou tão doente que Vanda precisou dormir próximo à porta do quarto dele por várias noites. Somente em meados de maio veio para a Inglaterra, onde Doris Pratt alugou outra casa mobiliada para ele em Wimbledon. Lady Emily, agora com oitenta e sete anos, perdera praticamente a memória; contudo, ele ia vê-la com freqüência. Sentava-se segurando sua mão durante uma hora ou mais, cantando para ela, que o reconhecia e adorava a sua presença. Ela faleceu em 1964. Às vezes eu o buscava em Wimbledon e o levava para Sussex para caminhar por entre nossa plantação de jacintos. Nunca falávamos de coisas sérias e, durante a caminhada, nada dizíamos. Sabia que ele apreciava o silêncio, olhar e sentir o perfume dos jacintos, a paz entre os arbustos, o canto dos pássaros e as folhas tenras das faias. Ele parava várias vezes e olhava a névoa azulada. Ele era o que sempre tinha sido para mim, não um instrutor, mas um ser humano amado, mais próximo que qualquer um de meus irmãos. Agradava-me pensar que eu talvez fosse a pessoa que nunca lhe dera trabalho.

Quando soube que ele falaria na *Friends' Meeting House*, e também em Wimbledon, senti um súbito impulso de ir ouvi-lo. Não o ouvia falar desde 1928, em Ommen. O salão estava lotado, e havia pessoas em pé. Não o vi chegar à tribuna, e a única cadeira colocada no meio da tribuna estava vazia; logo depois, ele estava sentado nela. Não fez qualquer ruído ao entrar; era uma figura esguia, impecavelmente vestido com terno escuro, camisa branca, gravata escura, sapatos marrons reluzentes postados elegantemente um ao lado do outro. Estava só na tribuna. (Nunca foi apresentado e, como já disse, jamais trazia apontamentos consigo). Havia um silêncio total no salão e uma forte vibração de expectativa em toda a platéia. Ele sentou-se em perfeito silêncio, o corpo imóvel, avaliando o público com leves movimentos de cabeça, de um lado para outro. Um minuto; dois minutos; comecei a entrar em pânico por ele. Será que não vai conseguir? Olhei com atenção para todos os lados, angustiada, quando, de repente, ele começou a falar, sem pressa, a voz cadenciada, o forte sotaque indiano, quebrando o silêncio.

Descobri mais tarde que o longo silêncio no início de uma palestra era costumeiro. Impressionava, embora sua intenção não fosse essa. Ele raramente sabia o que iria dizer antes de começar a falar e olhava para o público como se estivesse em busca de orientação. Era esse o motivo por que hesitava, muitas vezes, no início de uma palestra: 'Eu me pergunto qual será o propósito de uma reunião como esta?' — ou dizia: 'O que esperam disso?' — ou começava uma série de palestras assim: 'Seria bom se fosse possível estabelecer um verdadeiro relacionamento entre o orador e a platéia'. Outras vezes, sabia exatamente o que queria dizer: 'Quero falar esta noite sobre o conhecimento, a experiência e o tempo', mas a palestra que se seguia não necessariamente se limitava a esses temas. Ele insistia sempre que não estava falando didaticamente, que ele e a audiência estavam fazendo, juntos, parte de uma investigação. Ele dizia isso ao público duas ou três vezes numa palestra.

Nessa noite na *Friends' Meeting House*, ele sabia exatamente o que queria dizer:

> Para compreender o que vamos considerar esta noite e em noites subseqüentes, faz-se necessária uma mente clara, capaz de percepção direta. A compreensão não é algo misterioso. Requer uma mente capaz de olhar diretamente para as coisas, sem preconceito, sem inclinações pessoais, sem opiniões. O que quero dizer, hoje, diz respeito à total revolução interior, à destruição das estruturas psicológicas da sociedade, que somos nós. Mas a destruição dessa estrutura psicológica da sociedade, que são vocês e eu, não é produzida por esforço. Penso que esta é uma das coisas mais difíceis de compreender para a maioria de nós.

O significado por trás das palavras de K era captado pela maioria das pessoas, creio, através da presença física do homem em si. Havia uma emanação que emitia um significado como um raio de luz diretamente à nossa compreensão, independentemente do cérebro, e as pessoas consideravam a palestra mais ou menos significativa, em função mais de seu próprio estado de receptividade do que das palavras que ele dizia. Embora ele se sentasse sobre as mãos logo que subia à tribuna, gesticulava com uma ou ambas de forma bastante expressiva no decorrer da palestra, abrindo várias vezes os dedos das mãos. Era um prazer olhar para suas mãos. Ao final de uma palestra, ele saía tão discretamente como havia entrado. Seu público na Índia sempre tinha sido muito mais expansivo do que no Ocidente e quando falava lá ao ar livre era mais difícil deixar a tribuna. Ele ficava muito embaraçado com as demonstrações de devoção que recebia na Índia, com as prostrações e esforços para tocar nele ou em suas roupas. Quando ele saía de carro de um encontro em Bombaim, as pessoas tentaram alcançá-lo com as mãos através das janelas. Certa vez ficou horrorizado quando um homem agarrou sua mão e a colocou inteira dentro da boca.

O segundo encontro de Saanen naquele verão aconteceu em uma tenda. (Somente em 1965 é que a faixa de terra alugada, onde ficava a tenda, próxima ao rio Saanen, foi comprada pela KWINC com fundos providos por Rajagopal). Vanda Scaravelli alugou novamente o Chalet Tannegg, como faria todos os verões até 1983, levando consigo Fosca, uma cozinheira aposentada, para tomar conta da casa. K não estava bem após os encontros no final de agosto. Decidiu cancelar a visita à Índia naquele ano e ficou em Tannegg até o Natal. Rajagopal foi visitá-lo em outubro, na esperança de uma reconciliação, mas queria que fosse a seu modo, e K ainda insistia em voltar a fazer parte do conselho da KWINC. Chegaram a um impasse. Rajagopal foi também para Londres e insultou K em minha presença, de forma ainda mais violenta que antes, acusando-o de hipocrisia — sem apresentar nenhuma prova —, e de se preocupar demasiadamente com sua aparência antes de subir na tribuna, certificando-se diante do espelho de que cada fio de cabelo estava no lugar. Rajagopal sabia, como eu, que K sempre cuidara da aparência exterior, tanto da sua quanto da dos demais. Todas as vezes que alguém o visitava, cuidava para se apresentar o melhor possível, pois ele notava tudo. Subir à tribuna, o mais elegante possível, era um sinal de cortesia para com o público. Insisti com Rajagopal para que parasse de trabalhar para K, uma vez que se sentia daquele modo em relação a ele (ele me deu a entender que dinheiro não era o problema), e que poderia estabelecer-se na Europa onde tinha muitos amigos. Mas seu verdadeiro problema parecia ser que ele estava preso a um relacionamento unilateral de amor e ódio e que a indiferença de K tornava isso tudo ainda mais difícil de superar.

Depois de sair de Tannegg, K foi com Vanda para Roma onde ela o apresentou a muitas pessoas proeminentes — diretores de cinema, escritores e músicos, entre elas Fellini, Pontecorvo, Alberto Moravia, Carlo Levi, Segovia e Casals, que tocou para ele. (De Il Leccio ela o havia levado várias vezes para ver Bernard Berenson em I Tatti).* Huxley estava em Roma, em março, e freqüentemente se encontrava com K. Foram seus últimos encontros, pois Huxley faleceu em Los Angeles, em novembro. Um mês após a morte de Huxley, K escreveu-me: 'Aldous Huxley contou-me há cerca de dois anos que estava com câncer na língua; disse-me que não havia contado para ninguém, nem mesmo para a esposa. Vi-o em Roma nesta primavera. Pareceu-me muito bem, por isso foi um choque quando soube que ele se foi. Espero que não tenha sofrido'.

No final de maio K retornou a Gstaad. Meu marido e eu paramos uma noite lá, a caminho de Veneza, de carro, e fomos vê-lo em Tannegg. Ele estava sozinho com Fosca. Ficou muito feliz e levou-nos para dar uma volta no Mercedes que pertencia ao Comitê de Saanen. É evidente que gostava do carro, usado raramente. Ele o lavava e polia cada vez que voltava até mesmo de um passeio curto. Ainda na Itália, paramos no Castle Hotel, em Pergine, onde estivemos em 1924. Enviei-lhe um cartão postal da torre redonda que ele havia ocupado. Ele respondeu: 'Não me lembro de nada disso; podia ser qualquer outro castelo. Tudo está completamente apagado de minha mente'.

Havia um recém-chegado no encontro de Saanen daquele ano, Alain Naudé, que viria a ocupar, por alguns anos, um lugar importante na vida pública de K. Tinha trinta e cinco anos e era um pianista profissional da África do Sul. Estudara em Paris e Siena e dera concertos na Europa. Era, na época, professor na Universidade de Pretória. Interessado desde menino pela vida religiosa, Alain ouvira falar de Krishnamurti e, em suas férias, foi ouvi-lo em Saanen. Encontrou-se pessoalmente com K e estava na Índia, naquele inverno, quando K lá se encontrava. Retornando a Pre-

* Nos apontamentos do *Diário* de Berenson, de 7 de maio de 1956, quando ele estava com 90 anos, consta o seguinte: 'Krishnamurti veio para o chá: amável, compreensivo, aceitou todas as minhas objeções; na verdade, nossa discussão não teve nenhuma controvérsia. Ele insistiu, contudo, em um Além, que era um estado de existência imóvel, sem acontecimentos, sem pensamentos, sem questionamentos, sem — que sei eu? Rejeitou minha alegação de que tal estado estava além do alcance de minha mente ocidental. Eu ainda perguntei se ele não estava em busca de algo meramente verbal. Negou isso firmemente, mas sem se exaltar'. (*Sunset and Twilight*, Nicky Mariano (ed.), Hamish Hamilton, 1964).

tória, no início de 1964, pediu demissão do emprego para seguir seu destino espiritual.

No verão de 1964, Alain Naudé estava novamente em Saanen. Também se encontrava lá Mary Zimbalist (seu nome de solteira era Taylor), viúva de Sam Zimbalist, o produtor de cinema. Era uma norte-americana europeizada, elegante, educada, de uma família de Nova Iorque muito bem sucedida no mundo dos negócios. Ouvira K falar pela primeira vez em Ojai, com o marido, em 1944. Após a morte súbita de seu marido de um ataque do coração, em 1958, ela foi, apesar de estar ainda muito pesarosa, ouvir K novamente, no encontro de Ojai de 1960. Depois disso, eles tiveram uma longa conversa particular em que ele falou da morte de um modo que ela pudesse entender: não era possível fugir da morte pelas vias de fuga costumeiras; a morte tinha que ser compreendida; era a fuga da solidão que trazia sofrimento, e não o *fato* da solidão, da morte; pesar era autopiedade, e não amor. Mary esperava ouvi-lo outra vez em Ojai, mas como parecia improvável que ele voltasse para lá, ela viajou para Saanen. Permaneceu com uma amiga de Alain Naudé, e ambos foram convidados para participar depois do encontro de algumas discussões privadas em Tannegg. Mary teve outra longa conversa particular com ele.

As ações da Inglaterra destinadas às despesas de K tinham cessado de render dividendos. Doris Pratt sugeriu a Rajagopal que, no futuro, todas as despesas de viagem para a Índia e Europa deveriam ser pagas pela KWINC diretamente ao Comitê de Saanen, que receberia também os fundos levantados pela KWINC na Europa, e que, por razões de saúde, K deveria viajar de primeira classe. Rajagopal concordou com a primeira proposta, mas não respondeu à sugestão a respeito das viagens de K em primeira classe. Considerando que cada centavo que entrava na KWINC, na forma de doações, legados ou *royalties* dos livros, era ganho pelo próprio K, era estranho ter de pedir permissão a Rajagopal quanto à forma como o dinheiro seria gasto para o conforto pessoal de K. Quando K encontrou novamente Alain no inverno de 1964-5, e o quis como secretário e companheiro de viagem, o consentimento de Rajagopal outra vez teve que ser obtido para pagar-lhe um modesto salário. Era óbvio que, aos setenta anos, viajar sozinho tinha se tornado um esforço demasiado grande para K, especialmente depois de tantas enfermidades.

Encontrei Alain Naudé com K, em Londres, na primavera de 1965, no alfaiate de K, Huntsman, em Savile Row. Alain estava com K e Doris Pratt em outra casa mobiliada em Wimbledon. Ele cuidava das gravações das palestras de Wimbledon. K foi comigo para o costumeiro passeio entre os jacintos. Há anos não o via tão bem humorado. Ele me falou na diferença que fazia em sua vida a presença de Alain, viajando com ele e cuidando da bagagem. Sentia uma afinidade natural com ele. Alain tinha um coração sensível e uma mente séria, enérgica e cosmopolita, com talento para línguas. Mary Zimbalist também estava em Londres, mas eu a encontrei somente no ano seguinte. Ela alugou um carro e levou K e Alain a belos lugares na Inglaterra e, quando os três partiram para Paris, Mary levou-os de carro a Versailles, Chartres, Rambouillet e outros lugares, o tipo de passeio agradável que fora negado a K durante anos em sua vida aparentemente tediosa.

14

'Ideais são coisas brutais'

Mary Zimbalist e Alain Naudé foram para a Índia com K naquele inverno e viajaram com ele e os amigos indianos por todos os lugares costumeiros onde ele dava palestras e promovia discussões. Em dezembro de 1965, ainda na Índia, K recebeu de Rajagopal um convite inesperado, que aceitou, para falar em Ojai em outubro de 1966. O Primeiro Ministro indiano, Lal Bahadur Shastri, faleceu no dia 11 de janeiro de 1966 e Indira Gandhi, grande amiga de Pupul Jayakar, o sucedeu.

Na primavera de 1966, na Inglaterra, conheci Mary Zimbalist. Certa tarde, inesperadamente, ela foi de carro com K e Alain até a casa de campo. Tinham feito um piquenique no almoço, e K trouxe-os até nós. Quando os três finalmente partiram, lembro-me de que pensei em como formavam um trio maravilhosamente feliz. Eram companheiros e a companhia deles era benéfica à saúde e humor de K. Minha amizade com estes novos amigos de K cresceu rapidamente. Daí para a frente, K queria estar com eles onde quer que fosse. Estavam em Gstaad naquele verão, embora ficassem em outro chalé. Em Nova Iorque, K hospedou-se com eles no apartamento do irmão de Mary e, mais tarde, na Califórnia, na bela casa de Mary, em um penhasco acima do mar em Malibu. Em 28 de outubro, os três foram para Ojai e, no dia seguinte, K deu a primeira de seis palestras em Oak Grove, onde não falava desde 1960. Antes de iniciar a terceira palestra chegou uma equipe de televisão e, pela primeira vez, uma palestra de K foi filmada. Essa palestra tratava do tema essencial de todas as suas outras palestras — a realização de uma transformação radical na mente humana. Sem tal transformação não poderia haver uma mudança verdadeira na sociedade, não poderia haver real alegria nem paz no mundo. Ele repetira isso várias vezes antes — suas palavras eram um espelho no qual as pessoas podiam ver o que estava de fato acontecendo dentro delas.

Infelizmente, a esperança de reconciliação entre K e Rajagopal não se concretizou, embora tenham se encontrado a sós várias vezes. K ainda insistia em voltar a fazer parte do conselho da KWINC; Rajagopal negava que K tivesse qualquer responsabilidade na organização. K também falou com o vice-presidente da KWINC e com um dos curadores, os quais conhecia há anos, mas eles eram incapazes de ajudar ou não estavam dispostos a fazê-lo. O ciúme que Rajagopal sentia dos dois novos amigos de K ainda piorava a situação.

K tomou um avião sozinho para Delhi em dezembro. (Alain Naudé voltou para Pretória para ver os parentes). As palestras de K na Índia, naquele ano, seriam as últimas que a KWINC publicaria. Mary e Alain encontraram-se com ele em Roma, em março de 1967, e foram todos para Paris, onde ficaram numa casa alugada por Mary. Ele nunca mais ficaria com os Suarès; eles se afastaram depois de um desentendimento dele com Léon de Vidas sobre a organização das suas palestras em Paris. Depois de Paris, K, Mary e Alain foram para a Holanda, onde K falou em Amsterdã, depois de onze anos. Ficaram em uma propriedade rural em Huizen, a cidade onde Wedgwood tivera sua comunidade, mas K não se lembrava disso. Casualmente, meu marido e eu estávamos na Holanda na época e fomos visitá-los. Na saída, K, inesperadamente, perguntou-me se eu não queria escrever um livro para ele. Fiquei pasma ao me ouvir dizendo: 'Sim, que tipo de livro?' Ele respondeu: 'Alguma coisa baseada nas palestras. Deixo isso com você'. Creio que foi Alain que havia feito essa sugestão. Jamais eu conversara com K sobre meu trabalho e não creio que ele soubesse que eu escrevia, até Alain ter-lhe contado que eu era uma escritora profissional. No entanto, nenhum deles sabia que eu não lia uma palavra de K desde 1928. O resto do verão foi dominado pela grandeza da tarefa que eu assumira, embora nunca tivesse considerado a hipótese de desistir dela.

Eu sabia que era um grande desafio. Retornando a Londres, pedi a Doris Pratt, que eu conhecia desde os tempos de Ommen, as melhores palestras de K, na sua opinião, dos dois últimos anos. Ela me recomendou também as de 1963-4 e enviou-me quatro volumes de papéis com as transcrições autênticas das palestras dadas na Índia e na Europa durante aqueles anos.

Li os volumes com muita emoção. Era como se eu estivesse vivendo em um quarto com muitas janelas, todas elas cobertas com pesadas cortinas escuras e, à medida que eu lia, cortina após cortina fosse levantada. Colocações como 'ideais são coisas brutais' e 'vou tentar é a afirmação mais terrível que se pode fazer' revolucionaram meu pensamento. K discorria sobre os mesmos temas básicos em cada palestra; portanto, havia bastante repetição, embora nunca exatamente com as mesmas palavras; assim fiz um índice dos temas, que foram classificados por títulos — cerca de cem: Percepção, Condicionamento, Consciência, Morte, Medo, Liberdade, Deus, Amor, Meditação, etc. Selecionei aquelas passagens em que ele se expressava mais clara e belamente, juntando-as em um livro de 124 páginas. Não alterei nem acrescentei palavra alguma de K; contudo esse livro não é uma antologia. Em vez disso é uma introdução ao ensinamento de K. Jamais tive uma tarefa tão árdua, tão envolvente e tão emocionante. Uma frase que aprendi de cor foi: 'Ser livre da autoridade, de você mesmo e do outro, é morrer para tudo que aconteceu ontem, para que sua mente esteja sempre nova, sempre jovem, inocente, cheia de vigor e paixão'. Esse livro, com o título escolhido por K, *Liberte-se do Passado**, foi publicado em 1969.

Para mim o capítulo mais tocante e bonito é o que trata do amor. Muitas pessoas acham os ensinamentos de Krishnamurti negativos porque, às vezes, ele só conseguia mostrar o que alguma coisa era, dizendo o que ela não era. O amor é o melhor exemplo disso. O amor não é ciúme, não é possessividade, não exige ser amado, não tem temor, não é prazer sexual; dependência do outro não é amor, o pensamento não pode cultivar o

* Editora Cultrix, São Paulo. (N. ed. bras.)

amor, o amor não é beleza, não é autopiedade. (Isso faz com que compreendamos um pronunciamento posterior de K: 'Não existe tal coisa como um amor infeliz'). 'Vocês sabem o que realmente significa amar?' — ele pergunta, 'amar sem ódio, sem ciúme, sem raiva, sem querer interferir no que o outro está pensando ou fazendo, sem condenar, sem comparar — sabem o que significa isso? Quando você ama alguém de todo coração, com toda sua mente, com todo seu corpo, com todo seu ser, há comparação?'

O conceito que achei mais difícil de compreender foi 'o observador é o observado'. Finalmente, cheguei a uma interpretação do mesmo: o eu olha para seus estados interiores de existência com a mente condicionada e, portanto, o que vê é uma réplica de si mesmo; somos o que vemos. A concepção de um eu superior que possa direcionar nossos demais eus é uma ilusão, pois existe apenas um eu. Quando K disse em outras palestras: 'A experiência é o experimentador' e 'O pensador é o pensamento', estava meramente usando palavras diferentes para expressar a mesma idéia.

Mary Zimbalist levou K e Alain Naudé de carro para Gstaad no início de junho de 1967, onde ficaram juntos em outra casa, antes de Vanda chegar e abrir Tannegg para K. Alguns dias antes de K mudar-se para Tannegg, ficou acamado e com febre. Mary anotou em seu diário que achava que ele estava delirando quando olhou para ela sem reconhecê-la e disse com voz infantil: 'Krishna foi embora'. Perguntou-lhe se ela tinha 'questionado Krishna' e observou: 'ele não gosta de ser questionado. Depois de todos esses anos ainda não estou acostumado com ele'. Mary não tinha ouvido falar ainda sobre 'o processo'. Embora daí para a frente ela, mais do que qualquer outra pessoa, ficasse com ele até sua morte, esta parece ter sido a única vez que 'o processo' manifestou-se em sua presença. Ele a advertira, entretanto, de que, às vezes, desmaiava mesmo viajando de carro; ela não deveria ligar, simplesmente dirigir mais devagar. Isso aconteceu várias vezes. Ele desmaiava e caía em seu colo ou ombro, mas logo se recuperava e não se sentia mal com isso.

Falou-se muito naquele verão em Gstaad sobre a escola que K queria iniciar na Europa. Um velho amigo ofereceu-lhe 50.000 libras para construir uma casa quando se aposentasse. Como não pretendia aposentar-se, perguntou se poderia investir o dinheiro em uma escola, o que foi imediatamente aceito. Ele havia encontrado recentemente a pessoa ideal para ser a diretora — Dorothy Simmons. Dorothy e seu marido Montague haviam se aposentado recentemente, depois de administrar uma escola governamental por dezoito anos. Logo foi decidido que a nova escola seria na Inglaterra uma vez que a Sra. Simmons não conseguiria administrá-la com eficiência numa língua estrangeira. Finalmente, Brokwood Park, uma ampla casa no estilo georgiano, em Hampshire, com cerca de quinze hectares de parque e jardins, foi comprada por 42.000 libras, e os Simmons, Doris Pratt e um aluno mudaram-se para lá no final de 1968.

K decidiu iniciar a escola apesar de seu conselheiro financeiro na época, Gérard Blitz, fundador do *Club Méditerranée*, ter-lhe advertido da impossibilidade de fazer isso até que mais fundos tivessem sido arrecadados para equipá-la. Entretanto, a política de K durante toda sua vida fora fazer o que achava ser certo e esperar que o dinheiro viesse de algum modo. E geralmente isso acontecia.

Mas, antes disso, houve um rompimento completo com Rajagopal, e K estabeleceu uma nova Curadoria para fazer a difusão de seu ensinamento. Essa curadoria tomou providências para que uma situação como a de Rajagopal nunca mais se repetisse. No encontro de Saanen, em 1968, foi anunciado:

> Krishnamurti deseja que todos saibam que se dissociou completamente da *Krishnamurti Writings Incorporated* de Ojai, Califórnia. Ele espera que, como resultado deste anúncio público, aqueles que desejarem associar-se ao seu trabalho e ensinamento dêem suporte à nova Fundação Internacional Krishnamurti de Londres, Inglaterra, cujas atividades incluem uma escola. O documento que cria a Fundação garante que os propósitos de Krishnamurti serão respeitados.

Doris Pratt deixou Brockwood Park após quarenta anos de um trabalho voluntário dedicado. Em seu lugar ficou Mary Cadogan, casada, com uma filha, que vinha ajudando Doris Pratt desde 1958 e tornou-se a Secretária da nova Fundação. Quando solteira, Mary Cadogan trabalhara para a BBC e suas qualificações eram as melhores. (Após assumir o cargo de Secretária da Fundação, ela publicou cinco livros de sucesso).

Seguiu-se um período difícil, até que as doações para a nova Fundação começassem a chegar. Os bens da KWINC estavam indisponíveis, mas, felizmente, Doris Pratt e Mary Cadogan haviam juntado um pequeno fundo que possibilitou levar adiante a nova Fundação. Nessa época, K formou um comitê para publicações, sob a direção de George Wingfield-Digby, na época, Conservador de Tecidos do Museu *Victoria and Albert*, um especialista em porcelana oriental e autor de uma biografia de William Blake. Esse comitê foi responsável no futuro pela edição das palestras de K e pela divulgação na imprensa, bem como da elaboração de um Boletim. Os registros das palestras foram impressos daí em diante na Holanda e não na Índia.

Foi criada uma Fundação Krishnamurti Americana em 1969 e uma Fundação Indiana em 1970. Seguiu-se uma inevitável ação judicial entre a KWINC e a Fundação Americana, que se arrastou até 1974, quando houve a decisão da Corte. Os termos principais do acordo eram que a KWINC deveria ser dissolvida e outra organização, a Fundação K & R, que Rajagopal controlaria, deveria manter os direitos autorais dos trabalhos de Krishnamurti anteriores a 1º de julho de 1969; 60 hectares de terra na extremidade ocidental do vale de Ojai, incluindo Oak Grove e 4,5 hectares na parte superior, onde se localizavam Pine Cottage e Arya Vihara, deviam ser repassados para a Fundação Krishnamurti Americana (KFA); os bens em dinheiro da KWINC deveriam ser transferidos para a KFA após a dedução de certas somas para a pensão e as despesas legais de Rajagopal que manteria a posse da própria casa pelo resto da vida.

Enquanto o caso desenrolava-se, K continuou fazendo seus roteiros de viagens. Mas agora ele ficava em Brockwood Park quando vinha para a Inglaterra e, na Califórnia, hospedava-se com Mary Zimbalist em Malibu, ao invés de Ojai, e falava em Santa Mônica e não mais em Oak Grove. No outono de 1969, Alain Naudé parou de trabalhar para K e mudou-se para San Francisco onde passou a ensinar música. Ia, às vezes, a Malibu, e K encontrava-se com ele sempre que ia a San Francisco. Ele havia feito muito por K, colocando-o em contato com jovens nos Estados Unidos e organizando palestras em várias universidades, entre elas Harvard e Berkeley. 'De maneira muito natural', escreveu Alain, 'apesar de um pouco surpreendente, Krishnamurti de repente se torna o herói e amigo destes estudantes, visto que, muito antes deles o conhecerem, as coisas que falava haviam-se tornado tão importantes para eles como comer e respirar. Eles adoram o que ele diz e sentem por ele uma afeição muito familiar, sem reverência ou temor'.[53]

Durante a sua permanência em Brockwood, na primavera de 1970, K pediu-me para escrever um relato do início de sua vida. Antes ele pedira isso a seu velho amigo Shiva Rao; entretanto, após reunir enorme material dos Arquivos da Sociedade Teosófica em Adyar, Shiva Rao adoeceu e percebeu que nunca se recuperaria para concluir o livro. (Ele faleceu no ano seguinte). Por isso, ele colocou toda a documentação a meu dispor. Eu o conhecia desde 1923, quando visitei a Índia pela primeira vez, e tornamo-nos amigos íntimos desde então. K disse que traria os papéis com ele quando voltasse da Índia, no início do ano seguinte. Naturalmente, fiquei muito feliz de ter sido escolhida para escrever este relato, mas combinei, antes de aceitar, que não precisaria mostrar o texto a ninguém. Depois de concordar com isso, K deu-me permissão por escrito para citar suas cartas e os relatos da experiência de Ojai em 1922, que nunca haviam sido publicados. Embora eu não tencionasse iniciar o livro até receber o material de Shiva Rao, fui para Brockwood em junho fazer minha primeira entrevista com K sobre o tema. Ele parecia bastante interessado no 'menino', como se referia a si mesmo e questionava-se por que Leadbeater o tinha escolhido. Quais eram as qualidades da mente do menino? O que o havia protegido todos aqueles anos? Por que o menino, sujeito a tanta adulação, não havia se corrompido e se condicionado? Ele podia ter-se tornado alguém 'abominável'. Essa curiosidade sobre o menino, apesar de intensa, era bastante impessoal. Era como se ele esperasse que o registro escrito da verdadeira história pudesse revelar algo que explicasse o fenômeno do homem, pelo qual tinha um interesse igualmente impessoal. Ele teve muito boa vontade para cooperar, mas, infelizmente, não se lembrava de nada do início de sua vida, exceto o que Shiva Rao e outros haviam-lhe contado.

Em 1970, foi publicado um livro intitulado *The Urgency of Change* (A Urgência da Transformação), contendo perguntas profundas e desafiadoras feitas por Alain Naudé em Malibu e as respostas de K. Alain anotava por extenso as perguntas e respostas, gravava-as e as lia para K à noite para fazer alguma correção. Esse livro, portanto, possui um valor que ultrapassa os livros das palestras editadas, que K nunca revisava e nem mesmo olhava. Há uma passagem nele sobre um dos temas mais freqüentes de K e um dos mais difíceis de compreender — a eliminação do pensamento:

> *Pergunta*: Gostaria de saber o que o senhor realmente quer dizer com a eliminação do pensamento. Falei com um amigo sobre isso e ele me disse que é uma tolice oriental. Para ele o pensamento é a mais elevada forma de inteligência e ação — e é indispensável. Foi o pensamento que criou a civilização, e todos os relacionamentos são baseados nele. Todos aceitamos isso... Quando não pensamos, nós dormimos, temos uma vida vegetativa ou sonhamos acordados; ficamos vazios, lerdos e improdutivos, ao passo que, quando acordados, estamos pensando, fazendo, vivendo, brigando: são esses os dois estados que conhecemos. O senhor diz: é preciso estar além de ambos — além do pensamento e da inatividade vazia. O que quer dizer com isso?
>
> *Krishnamurti*: É muito simples, o pensamento é a resposta da memória, do passado. Quando o pensamento age, é esse passado que está agindo como memória, como experiência, como conhecimento, como oportunidade. Quando o pensamento está funcionando, ele é o passado, portanto não há vida nova; é o passado vivendo no presente, modificando ele mesmo e o presente. Portanto, dessa maneira nada há de novo na vida, e para encontrar

> algo novo o passado deve estar ausente, a mente não deve estar abarrotada de pensamentos, medo, prazer e tudo o mais. Somente quando a mente está em ordem, o novo pode surgir e, por essa razão, é que o pensamento deve ficar imóvel, operando apenas quando houver necessidade — de forma objetiva, eficiente. Toda continuidade é pensamento; quando há continuidade, nada há de novo. Percebe como isso é importante? É de fato uma questão da própria vida. Ou você vive no passado, ou vive de uma forma totalmente diferente: esta é a questão.

K escreveu em seu *Diário*: 'Há algo sagrado que não pertence ao pensamento, nem é um sentimento suscitado pelo pensamento. Não é reconhecível pelo pensamento, nem pode ser utilizado pelo pensamento. O pensamento não pode formulá-lo. Mas existe algo sagrado, que nenhum símbolo ou palavra alcança'. Essa é a dificuldade de um conceito como o da eliminação do pensamento — ele não pode ser comunicado exceto através do pensamento.

Mais tarde K diria: 'O pensamento contamina' e 'O pensamento é corrupção'. Essas afirmações contundentes, sem qualquer explicação, são incompreensíveis. O pensamento é corrupto porque é 'partido', 'fragmentado'. Ele se referia, naturalmente, ao pensamento psicológico. O pensamento é necessário para todos os propósitos práticos, assim como a memória o é.

K também afirmou essa atitude com relação ao sexo em *The Urgency of Change*, em resposta à pergunta: 'É possível haver sexo sem esse desejo do pensamento?'

> Você precisa descobrir por si mesmo. O sexo desempenha um papel extraordinariamente importante em nossas vidas porque é talvez a única experiência profunda, de primeira mão que temos. Intelectual e emocionalmente podemos imitar, seguir, obedecer. Há sofrimento e discórdia em todos nossos relacionamentos, exceto no ato sexual. Por ser tão diferente e belo, ficamos apegados a esse ato que, por sua vez, torna-se uma escravidão. A escravidão é a busca de sua continuidade — novamente a ação do centro que divide. Somos tão tolhidos — intelectualmente, na família, na comunidade, pela moralidade social, pelas sanções religiosas — que nos resta apenas esse rela-

> cionamento no qual há liberdade e intensidade. Conseqüentemente, atribuímos a ele tanta importância. Mas se houvesse liberdade em todos os sentidos, não seria um desejo tão grande, nem um problema. Fizemos dele um problema porque não podemos extrair o suficiente dele ou porque sentimos culpa por tê-lo tido ou porque, ao obtê-lo, quebramos as regras que a sociedade estabeleceu. A velha sociedade chama a nova sociedade de permissiva porque para esta o sexo é parte da vida. Ao libertar a mente da escravidão da imitação, autoridade, conformidade e prescrições religiosas, o sexo ocupa seu lugar próprio; contudo ele não absorverá toda nossa energia. A partir disso, pode-se ver que a liberdade é essencial para o amor, não a liberdade da revolta, não a liberdade de fazer o que se quer, não a indulgência dos próprios desejos expressos ou secretos, mas a liberdade que surge da compreensão dessa estrutura total e da natureza do centro. Então liberdade é amor.[54]

K decidiu não ir à Índia no inverno de 1971, não por causa da ameaça de guerra entre a Índia e o Paquistão, mas porque, como disse a Mary Zimbalist, seu corpo estava 'completamente esgotado'. Precisava de uma oportunidade para entrar em contato com sua mente que estava 'queimando de energia'. Nas semanas seguintes, a partir do dia 20 de novembro, ele relaxou completamente na casa de Mary em Malibu, indo ao cinema, caminhando na praia, vendo televisão e lendo romances policiais. Mas, como sempre, ao tentar repousar, sua cabeça doía; passava horas acordado à noite devido à intensidade de sua meditação e várias vezes acordava com uma sensação de 'contentamento especial', sentindo que o quarto estava inundado de 'grandes seres santos'. Evidentemente 'o processo' continuava de uma forma amena, sem que ele 'se ausentasse'. Ele sentia que algo estava acontecendo para expandir seu cérebro, pois havia 'uma luz extraordinária iluminando sua mente'. Declarou, mesmo assim, que não se sentia tão descansado desde a guerra. Contudo seu corpo tornara-se tão sensível que, certa noite, enquanto a televisão estava ligada e ele 'longe', levou um choque tão grande ao ouvir Mary falar com ele que começou a tremer e sentiu os efeitos do choque a noite inteira.* Essas meditações, tão

* Citações do Diário de Mary.

intensas que o mantinham acordado durante horas, continuaram até ele ir para Nova Iorque, em maio de 1972, onde realizou palestras.

Neste ano foi publicado o primeiro livro de Krishnamurti na Índia, *Tradition and Revolution*, editado por Pupul Jayakar e Sunanda Patwardhan e publicado pela Orient Longman. São trinta diálogos mantidos durante os anos de 1970-1 em Nova Delhi, Madras, Rishi Valley e Bombaim, com um pequeno grupo de pessoas — artistas, políticos, saniasis e eruditos — que se encontraram com K desde seu retorno à Índia em 1947. Embora nada de novo tenha sido dito nessas discussões, a abordagem era nova e diferente por ser acompanhada de um glossário de palavras indianas. Há uma passagem particularmente memorável: 'Há apenas uma maneira de lidar com o sofrimento. As fugas com as quais se tem familiaridade são realmente formas de evitar a grandeza do sofrimento. A única maneira de evitar o sofrimento é não ter resistência alguma, não fazer qualquer movimento para afastar, interna ou externamente, o sofrimento; permanecer integralmente com o sofrimento sem querer superá-lo'.

Havia sempre uma tendência entre os seguidores indianos de K de considerá-lo indiano uma vez que nasceu em um corpo indiano, mas ele protestava, dizendo que não pertencia a qualquer raça, nacionalidade ou religião. Seu passaporte indiano tornou difícil a obtenção de vistos na Europa e Estados Unidos, portanto, ficou satisfeito quando conseguiu o *Green Card* (Cartão Verde) que permitia sua entrada nos Estados Unidos sem visto.

K ficou alguns dias em Brockwood, em fevereiro de 1973, em seu trajeto de Bombaim para Los Angeles. Eu estava completamente absorta escrevendo o relato do início de sua vida, que seria o primeiro volume de uma biografia de três volumes, mas estava receosa quanto à conveniência de publicá-lo, pois a história era ao mesmo tempo tão maluca e de certa forma tão sagrada, que resolvi ir a Brockwood falar com ele sobre isso. Quando estávamos a sós, após o almoço, em um amplo aposento da ala oeste, que se transformara em sua casa na Inglaterra (ele sentou-se em uma cadeira dura com sempre preferia fazer, próximo ao sofá onde me sentei), e eu expus minhas dúvidas. Ele respondeu instantaneamente: 'Você pode sentir esta coisa na sala? Bem, esta é a resposta para você'. Não sou nem um pouco psíquica, mas senti de fato naquele momento uma leve palpitação na sala que facilmente podia ter sido minha imaginação. Ele evidentemente sentia que isso vinha de fora dele e que era uma aprovação. 'O que é isso?' — perguntei. 'O que é esta força? O que está por trás de você? Eu sei que sempre se sentiu protegido, mas o que, ou quem é que o protege?' 'A coisa está ali, como se estivesse atrás da cortina' ele respondeu, esticando uma mão para trás de si como se para sentir uma cortina invisível. 'Eu poderia abri-la, mas não sinto que deva fazê-lo'.

Quando parti naquela tarde, K foi descansar no quarto, e minha filha, que me trouxera de Londres, esperava impacientemente no carro. Depois de me despedir das pessoas na escola, voltei à ala oeste para pegar meu casaco. Quando passei pela porta aberta e entrei na sala de estar, sem nenhum pensamento, mas apressada, um grande poder precipitou-se sobre mim, com uma força assustadora. Era essa coisa hostil para comigo? O que sei é que *não* era imaginação nem auto-sugestão. Cheguei à conclusão de que não me era pessoalmente hostil. Imagino que fosse algo semelhante a cair no vórtice de um propulsor. Era essa a fonte, a energia que passava por K com tanta freqüência? Eu não sabia na época que, no ano anterior, em Ojai, K fora questionado sobre esse mesmo tema da força por trás dele por um grupo de curadores da Fundação Americana, entre os quais os mais proeminentes eram Erna Lilliefelt e o marido, Theodor, que viviam em Ojai. De fato, a Fundação dificilmente poderia ter sido iniciada sem Erna. K, na ocasião, referindo-se a si mesmo na terceira pessoa, disse:

> Antes de mais nada estamos investigando algo que o próprio K nunca investigou. Ele jamais disse: 'Quem sou eu?' Sinto que estamos sondando algo que a mente consciente, em tempo algum, poderá compreender, o que não significa que estou fazendo mistério disso. Há alguma coisa. Muito vasta para ser expressa em palavras. Há um tremendo reservatório, por assim dizer, que, se pudesse ser tocado pela mente humana, poderia revelar algo que nenhuma mitologia intelectual, invenção, dogma, jamais revelou. Não

> estou fazendo um mistério a esse respeito — isso seria um truque infantil, estúpido, algo muito vulgar para ser feito, porque seria explorar as pessoas. Ou criamos um mistério quando não existe um, ou há realmente um mistério que precisamos abordar com extraordinária delicadeza e calma. E a mente consciente não pode fazer isso. A coisa está ali. Está ali, mas não podemos chegar até ela, não podemos convidá-la a vir. Não é uma conquista progressiva. Há alguma coisa, mas o cérebro não pode compreendê-la.

K ficou muito indignado quando lhe sugeriram nessa mesma reunião que ele podia ser um médium. 'É claro que não sou um médium; isso é óbvio. Essa explicação seria muito infantil, muito imatura'. Ele estava ciente, perguntaram, de que estava sendo usado? 'Não. Seria como uma estação de petróleo que está sendo usada por outros'. Ele então perguntou por sua vez: 'Será que alguma coisa está ocorrendo no cérebro independentemente da minha vontade — as várias experiências em Ojai e em outras ocasiões? Por exemplo, despertei às 3h30min da manhã e havia um tremenda sensação de energia, energia ardente, de grande beleza e todos os tipos de coisas aconteceram. Esse tipo de experiência está ocorrendo o tempo todo quando o corpo não está muito cansado'.[55]

Nessa época K descreveu de forma mais completa para Mary Zimbalist esse despertar durante a noite. Ela anotou e enviou-me em uma carta: 'Acordei às três com uma sensação de extraordinário poder, uma luz queimando na mente. Não havia observador. A experiência era de fora, mas não existia observador. Havia apenas aquilo e nada mais. O poder penetrava todo o ser. Sentei-me, e isso durou três horas'. Ele disse a Mary que muitas vezes acordava com uma sensação extraordinária de uma nova e vasta energia. Alguns anos mais tarde, ele pediu a ela para escrever outra experiência que tivera, que me foi enviada em uma carta:

> Antes de iniciar os *asanas**, ele [K] geralmente se senta muito silenciosamente, sem pensar em nada. Mas esta manhã uma coisa estranha aconteceu,

---

* Posturas de *yoga*. O primeiro a ensinar exercícios de *yoga* a K foi B.K.S. Iyengar, mas a partir de 1965, durante muitos anos, esses exercícios lhe seriam ministrados pelo sobrinho de Iyengar, T.K.B. Desikachar, em Vasanta Vihar e Chalet Tannegg. Ele praticava *yoga* apenas como uma forma de exercício físico.

muito inesperadamente e de modo algum invocada — não se pode invocar tais coisas. Subitamente, aquilo apareceu como se no centro do cérebro, dentro da cabeça, houvesse um vasto espaço no qual se encontrava energia indescritível . Estava ali, mas nada, seja lá o que for, está registrado, pois aquilo que é registrado é um desperdício de energia. Caso se possa chamá-la assim, era uma energia pura num estado ilimitado, um espaço que nada possuía a não ser este sentido de imensidão. Não se sabe quanto tempo durou, mas durante toda a manhã aquilo estava ali e enquanto isso está sendo escrito é como se estivesse enraizando-se e tornando-se firme. Estas palavras não são realmente a coisa em si.

As descrições de K a respeito da energia que entrava nele deveriam ser cuidadosamente anotadas, para a gravação de uma fita cassete que ele faria pouco antes de sua morte, a última que realizou.

15

'O futuro é agora'

Outros dois livros de K surgiram em 1973, época em que seus livros praticamente já não eram tão visados pelos críticos da imprensa, embora continuassem a vender muito bem. É compreensível a dificuldade de se fazer uma crítica literária a respeito dos livros, entretanto John Stewart Collins, que era desconhecido para K, aceitou o desafio ao comentar em um artigo o primeiro e pequeno livro, *Beyond Violence,* para o *Sunday Telegraph*, em março de 1973:

> Para nos renovarmos precisamos ser novos. Isso é raro no campo das artes. No campo do pensamento religioso-filosófico-ético dificilmente encontramos alguém assim. J. Krishnamurti é sempre novo, sempre surpreendente. Duvido que ele tenha pronunciado um clichê alguma vez.
>
> Ele também é muito difícil. Não porque use palavras rebuscadas, mas porque não acredita em 'crenças'. Isso pode parecer estarrecedor para aqueles que confiam em *ismos* e *logias*. Ele acredita em Religião, no significado fundamental da palavra, mas não em religiões ou em qualquer sistema organizado de pensamento, seja ele qual for
>
> O livro *Beyond Violence* consiste em 'Reproduções Autênticas de Palestras e Discussões em Santa Mônica, San Diego, Londres, Brockwood Park e Roma'. Krishnamurti inicia com uma palestra e a seguir responde perguntas. As perguntas são comuns, as respostas nunca. 'A crença na unidade de todas as coisas não é tão humana quanto a crença na divisão de todas as coisas?'
>
> 'Por que você quer acreditar na unidade de todos os seres humanos? — Não somos unidos, isso é um fato. Por que deseja acreditar em algo que não é

factual? Há todo esse problema das crenças; pense nisso; você tem suas crenças, o outro tem as dele; brigamos e matamos uns aos outros por uma crença'.

'Quando deveríamos ter experiências psíquicas?'

'Nunca! Você sabe o que significa ter experiências psíquicas? Para termos experiências extra-sensoriais, temos que ser extraordinariamente maduros, sensíveis e inteligentes; e quem é extraordinariamente inteligente não deseja ter experiências psíquicas'.

Este volume diz respeito principalmente à mudança de *nós mesmos*, a fim de ficarmos fora da violência, tão disseminada por toda parte:

'Estar livre da violência implica liberdade de tudo que o homem impôs a outro homem: crenças, dogmas, rituais, meu país, seu país, seu deus, meu deus, minha opinião, sua opinião'.

Como alcançar essa liberdade? Sinto muito, mas não posso transmitir a mensagem de Krishnamurti numa simples frase. Ele precisa ser lido. O simples ato da leitura já opera uma mudança no leitor. Uma sugestão: substitua o pensamento pela *atenção*, pelo poder de *olhar*.

O segundo livro, *The Awakening of Intelligence* (O Despertar da Inteligência) foi editado por George e Cornélia Wingfield-Digby, com dezessete fotografias de K tiradas por Mark Edwards. Desde o início dos anos 30, por mais de trinta anos, K recusou-se a ser fotografado. Finalmente concordou, em 1968, quando um jovem fotógrafo Mark Edwards, recém-formado, pediu-lhe para fotografá-lo. Desde então, Mark tornou-se famoso fotografando o Terceiro Mundo e tirou muitas fotos para a Fundação Krishnamurti. (K mais tarde foi fotografado por Cecil Beaton e Karsh, de Ottawa).

The Awakening of Intelligence contém entrevistas com várias pessoas diferentes, entre elas: 'Conversas entre Krishnamurti e Jacob Needleman', professor de filosofia do *San Francisco State College*; 'Conversas entre Krishnamurti e Swami Ventakesananda', 'Conversas entre Krishnamurti e Alain Naudé' e uma conversa com o professor David Bohm, que era, na época, professor de Física Teórica no *Birkbeck College*, na Universidade de Londres. David Bohm foi amigo de Einstein em Princeton nos anos 40. Ele se interessou por K quando, por acaso, deparou-se com o livro *A Primeira e Última Liberdade* numa biblioteca. Assistiu a palestras de K em Wimbledon em 1961 e, desde então, foi várias vezes para Saanen e Brockwood, onde travou discussões com K. É autor de vários livros sobre teoria quântica e, em 1980, publicou *A Totalidade e a Ordem Implicada**, onde propõe uma teoria revolucionária da Física, análoga ao ensinamento de K sobre a totalidade da vida.

Na primeira conversa com o professor Needleman, K enfatizou a importância de libertar-se de todo condicionamento religioso: 'Temos de descartar todas as promessas, todas as experiências, todas as asserções místicas. Creio que se deve começar como se não se soubesse absolutamente nada'. Needleman interpôs: 'Isso é muito difícil'. 'Não, senhor, não penso que seja difícil. Acredito que é difícil tão somente para aqueles que estão saturados com o conhecimento de outras pessoas'. E, adiante na discussão, K disse: 'Não leio nenhum livro religioso, filosófico, psicológico: pode-se ir para dentro de si mesmo até profundezas tremendas e descobrir tudo'. Isso é fundamental no ensinamento de K — que a compreensão total da vida pode ser descoberta dentro de nós mesmos, pois, como disse em uma das conversas com Alain Naudé: 'O mundo sou eu e eu sou o mundo; minha consciência é a consciência do mundo e a consciência do mundo sou eu. Portanto, quando há ordem no ser humano há ordem no mundo'.

Na conversa com o Swami, K definiu sua atitude com relação aos gurus. Em resposta à pergunta do Swami: 'Qual é, na sua opinião, o papel do guru, um instrutor ou um conscientizador?' K respondeu: 'Senhor, se está usando a palavra guru no sentido clássico que é o de dissipador da escuridão, da ignorância, pode outra pessoa, seja ela quem for, iluminada ou estúpida, realmente ajudar a dispersar a escuridão em nós?' O Swami então perguntou: 'Mas você Krishnaji aceitaria que dar indicações é necessário?' K respondeu: 'Sim, é claro. Eu dou indicações. Eu faço isso. Todos

* Editora Cultrix, São Paulo. (N. ed. bras.)

fazemos isso. Pergunto a um homem na estrada: “Pode me informar o caminho para Saanen?” — e ele me informa, mas eu não perco tempo nem espero devoção; tampouco diria: “Meu Deus, você é o maior dos homens”. Isso é muito infantil’.

Como resultado das conversas com David Bohm, que continuaram de tempos em tempos, durante vários anos, ele falou cada vez mais sobre a eliminação do tempo e sobre a eliminação do pensamento. Essas discussões o animavam e o estimulavam, ele sentia que uma ponte havia sido construída entre mentes religiosas e científicas. Essa ponte podia ser chamada de uma abordagem intelectual em vez de intuitiva de seu ensinamento. David Bohm gostava de iniciar uma discussão dando o significado da raiz de uma palavra como um auxílio para a compreensão, e K adotaria, algumas vezes, essa prática nas últimas palestras, o que não foi mais elucidativo e, pelo menos uma vez, criou certa confusão. Bohm chamou a atenção de K para a palavra ‘realidade’ que era derivada de ‘res’, uma coisa, um fato, e, daí para a frente, K usaria, às vezes, a palavra significando o último ou a verdade, como fizera durante anos, ou, depois de conversar com Bohm, significando um fato, como sentar-se em uma cadeira, segurar uma caneta, vestir uma roupa, sentir dor de dente. Saber que a palavra ‘comunicar’ é derivada do latim e significa ‘tornar comum’, não ajudou K a comunicar o incomunicável, como sempre tentava fazer. Contudo, muitas pessoas iriam mostrar-se mais sensíveis à nova abordagem intelectual de K do que a seu misticismo poético ou a suas descrições da natureza tais como: ‘O sol da tarde batia na grama nova e havia esplendor em cada folha. As folhas da primavera recém haviam brotado, e eram tão delicadas que, quando você as tocava, mal podia senti-las’.

David Bohm, a pedido de K, organizou várias conferências em Brockwood e Ojai. K participava, também, de seminários de psicólogos em Nova Iorque, organizados pelo Dr. David Shainberg. Esses encontros eram, em geral, frustrantes. K não tinha real interesse pelas idéias e conclusões a que chegavam os cientistas e filósofos da psicologia; o que ele gostava era do estímulo de outras mentes, a fim de mergulhar mais profundamente em si mesmo, enquanto que os conferencistas, naturalmente, estavam mais interessados em apresentar seus próprios artigos. K captou avidamente todas as informações factuais sobre as novas descobertas científicas que estavam ocorrendo no mundo. Assim, ele aprendeu tanto quanto pôde sobre engenharia genética com o professor Maurice Wilkins, ganhador de um prêmio Nobel em medicina e que fez duas conferências em Brockwood. Mais tarde, ficou fascinado ao aprender sobre computadores com Asit Chandmal, sobrinho de Pupul Jayakar, que trabalhara com computadores no grande grupo Indian Tata. Da mesma forma, no passado, K aprendera sobre motores de combustão interna e outros dispositivos mecânicos como relógios e câmaras. Certo dia, em Brockwood, alguém fez uma pergunta técnica sobre fotografia a Mark Edwards, na presença de K, que respondeu de forma clara e concisa, deixando Mark surpreso.

Uma das coisas notáveis em K era que ele tinha a mesma naturalidade ao falar seriamente com um *swami**, com um monge budista, com um cientista ocidental, com um industrial milionário, com um primeiro-ministro ou uma rainha. Conquanto tímido e sem pretensões intelectuais, tendo lido muito pouco, não temia discutir em público os mais abstrusos problemas psicológicos com os maiores filósofos, cientistas e instrutores religiosos do mundo. A explicação para isso, penso, é que enquanto os outros discursavam e argumentavam sobre as teorias *x*, K via *x* claramente como se fosse uma parte de si mesmo.

Em junho de 1973, houve pela primeira vez um encontro internacional de representantes das três Fundações em Brockwood. K estava preocupado com os problemas que surgiriam após sua morte e a morte dos atuais curadores. Ele não conseguia ver como o trabalho das Fundações poderia ser levado adiante. Sua atitude para com o futuro mudara completamente em relação à que tivera em agosto de 1968. Nesse ano, durante uma caminhada em Epping Forest, meu marido perguntou-lhe o que aconteceria com a nova Fundação Inglesa e todo seu trabalho depois que ele morresse, ao que ele respondeu com um gesto impetuoso: 'Tudo

* *Swami:* título honorífico dado a instrutores religiosos hindus. (N. ed. bras.)

vai desaparecer'. Seus ensinamentos permaneceriam na forma de livros e cassetes, tudo o mais podia desaparecer.

Nesse encontro internacional, foi-lhe aconselhado escolher algum jovem para dar continuidade ao seu trabalho. Ele respondeu: 'A maioria dos jovens cria um escudo entre eles e eu. É responsabilidade das Fundações encontrar jovens. Vocês terão mais facilidade para fazer isso do que eu, porque as pessoas caem de amores por mim, pelo meu rosto, sentem-se atraídas por mim pessoalmente ou querem obter progressos espirituais... mas as escolas devem definitivamente prosseguir para criar um tipo diferente de ser humano'.[56]

O propósito do ensinamento de K era criar uma espécie diferente de ser humano. Seu tema principal, nos encontros de Saanen, naquele ano, foi como causar 'uma mudança fundamental, revolucionária, psicológica na mente'. Além disso, ele agora dizia que a mudança deveria ser instantânea. Era inútil afirmar: 'Vou tentar mudar', ou 'Amanhã serei diferente', pois o que você é hoje será amanhã. 'O futuro é agora' é uma frase que ele usava.

Depois de Saanen, K voltou para Brockwood para uma reunião que ocorria anualmente nos últimos quatro anos e permaneceu lá até ir para a Índia em outubro. Sempre que se encontrava em Brockwood, ia a Londres cerca de uma vez por semana, com Mary Zimbalist, às vezes para ir ao dentista ou ao barbeiro — mas sempre visitava o seu alfaiate, Huntsman, em geral para reformar algumas calças ou para a interminável reforma de um terno que nunca alcançava o seu padrão de perfeição. Raramente encomendava um terno novo. Ele parecia adorar a atmosfera da loja, demorando-se no exame das peças de tecido expostas nos mostradores. Todas as vezes que vinham a Londres, eu almoçava com eles, no restaurante do quarto andar em Fortnum & Mason, comodamente situado a poucos passos de Savile Row, através da Burlington Arcade e ao lado da livraria Hatchards onde K reabastecia seu estoque de romances policiais. O cardápio desse restaurante era restrito a vegetarianos; a sala era silenciosa e espaçosa, as mesas suficientemente separadas para se conversar sem ser ouvido. K observava atentamente as pessoas a sua volta, o que vestiam, o que comiam, como comiam e como se comportavam. Certa vez, havia uma modelo andando pelas mesas. K cutucou-nos e disse: 'Olhem para ela, olhem. Ela quer ser admirada'; porém ele estava muito mais interessado no que ela vestia do que nós. Ele sempre teve grande interesse por roupas, não só pelas dele. De vez em quando, durante o almoço, eu lhe pedia para colocar meu anel de turquesa com diamantes de minha mãe, que ele conhecia bem. Ele o colocava no dedo mínimo. Quando me devolvia, ao sairmos do restaurante, os diamantes brilhavam como se tivessem sido recém-polidos por um joalheiro. Isso não era imaginação minha. Um dia, quando encontrei uma de minhas netas depois do almoço, ela me disse: 'Que lindo que está seu anel. Você o limpou agora?'

Nos anos 70 um amigo de K descreveu-o assim:

> Quando o encontramos o que vemos? Verdadeiramente, há nobreza, poder, graça e elegância em alto grau. Há uma educação apurada, um elevado senso estético, uma enorme sensibilidade e um penetrante *insight* em todos os problemas que eventualmente levamos para ele. Em Krishnamurti não há o mais leve vestígio de algo vulgar, mediano ou corriqueiro. Podemos entender seus ensinamentos ou não entendê-los, podemos talvez criticar isto ou aquilo em seu sotaque ou suas palavras, mas não é concebível que alguém negue a enorme nobreza e graça que flui dele. Poderíamos talvez dizer que ele possui um estilo ou uma classe muito acima e muito além do homem comum.
>
> Sem dúvida essas palavras o deixariam embaraçado. Contudo é assim mesmo. Suas vestes, seu porte, suas maneiras, seu modo de se movimentar e falar são, no mais elevado sentido da palavra, principescos. Quando ele entra numa sala há lá uma presença extraordinária.

O interesse de K por boas roupas e carros e seu gosto por livros e filmes escapistas, parecem algo anormal para alguns: no entanto, nunca lhe ocorreu mudar suas inclinações por esses assuntos triviais ou pretender que fossem diferentes do que eram.

Certo dia, quando K estava em Londres, naquele outono, sugeri que ele deveria começar a escrever um diário, como fizera em 1961. Ele adorou a idéia, comprou cadernos e uma caneta-tinteiro nova com uma enorme pena naquela mesma tarde e começou a escrever na manhã seguinte, 14 de setembro. Continuou a escrever todos os dias pelas próximas seis semanas, principalmente em Brockwood, e continuou em Roma, em outubro. Esses escritos diários, publicados no início de 1982, sob o título de *Krishnamurti's Journal*, revelam mais sobre ele pessoalmente do que qualquer outra coisa que tenha escrito. Referindo-se a si próprio na terceira pessoa, ele escreveu no dia 15 de setembro: 'Só recentemente ele descobriu que não havia um único pensamento durante aquelas longas caminhadas... Era assim desde menino, nenhum pensamento entrava em sua mente. Ele olhava e ouvia, nada mais. O pensamento, com suas associações, nunca surgia. Não havia formação de imagens. Certo dia ele percebeu, de repente, o quão extraordinário era isso; tentou várias vezes pensar, mas não surgia nenhum pensamento. Nessas caminhadas, acompanhado ou não, qualquer movimento do pensamento estava ausente. Isto é estar só'. E no dia 17: 'Ele sempre sentiu essa estranha proximidade com as árvores, os rios e as montanhas. Não era algo cultivado: não se cultiva uma coisa destas. Nunca houve uma barreira entre ele e os demais. O que lhe faziam ou diziam nunca o feria nem lisonjeava. De algum modo, ele era de todo imune. Não estava alheio nem distante, mas era como as águas de um rio. Tinha tão poucos pensamentos; e nenhum pensamento quando estava só'. E no dia 21: 'Ele nunca ficou magoado, embora tenham-lhe acontecido muitas coisas, lisonjas e insultos, ameaças e defesas. Não é que ele fosse insensível, inconsciente; não tinha imagem de si mesmo, nenhuma conclusão, nem ideologia. Imagem é resistência e quando ela não existe, há vulnerabilidade, mas não mágoa'. Dois dias mais tarde ele escreveu:

> Ele estava parado na ribanceira do rio... parado lá sem ninguém por perto, só, desligado e distante. Tinha aproximadamente quatorze anos. Recentemente haviam encontrado seu irmão e ele, e o cercavam com alvoroço e súbita importância. Era centro de respeito e devoção e nos anos seguintes se-

ria o chefe de organizações e grandes propriedades. Tudo isso e a dissolução das mesmas ainda estavam por acontecer. Parado lá, sozinho, perdido e estranhamente distante, foi a primeira e última lembrança daqueles dias e acontecimentos. Não se lembrava da infância, da escola e da vara. O próprio professor contou-lhe mais tarde que ele o surrava com vara quase todos os dias; ele chorava e ficava de castigo na varanda até o encerramento das aulas e, se não lhe dissessem para ele ir para casa, ele ficava lá na varanda. Batia-se nele, disse o professor, porque ele não conseguia aprender ou lembrar nada do que lia ou que lhe diziam. Mais tarde o professor ficou assombrado ao ver que aquele menino era o homem que dava as palestras a que ele assistia. Ficou muito surpreso — e excessivamente respeitoso. Todos aqueles anos passaram sem deixar cicatrizes nem memórias em sua mente; os amigos, os afetos, até mesmo aqueles que o haviam maltratado — de algum modo nenhum acontecimento, amigável ou brutal deixou marcas nele. Recentemente um escritor perguntou-lhe se ele se recordava de todos aqueles acontecimentos tão estranhos e, ao responder que de nada se lembrava e que apenas repetia o que os outros lhe contavam, o homem lhe disse abertamente, com desdém, que ele estava encenando e fingindo. Ele, em momento algum, impediu conscientemente, que qualquer acontecimento, agradável ou não, entrasse em sua mente. Eles vinham, não deixavam nenhuma marca, e passavam.

16

'Um diálogo com a morte'

Nos últimos anos K não podia ficar em Vasanta Vihar, quando se encontrava em Madras, porque Rajagopal reivindicava a propriedade como parte dos bens da KWINC; por isso, ele se hospedava com uma senhora indiana que morava nas proximidades, na Greenways Road. (Somente em 1975 Vasanta Vihar foi transferida para a Fundação Indiana). K viu-se obrigado a afastar-se de Madhavachari, braço-direito de Rajagopal, pois ele continuava fiel a Rajagopal. Naquele inverno de 1973/74, um médico indiano do hospital da escola Rajghat em Varanasi, antigo nome de Benares, o Dr. T.K Parchure, começou a viajar com K aonde quer que ele fosse na Índia, do mesmo modo que fazia Parameshwaran, o cozinheiro-chefe de Rishi Valley, que havia cuidado dele quando ele quase morrera em Cachemira em 1959. Além de um hospital gratuito no terreno de Rajghat, que atendia vinte vilas dos arredores, havia um colégio e um pensionato feminino, uma fazenda e uma escola de agricultura. A escola possuía cerca de 300 meninos e meninas, com idade entre sete e dezoito anos.

Em Rishi Valley, também, havia mais do que uma escola; um centro rural gratuito onde setenta crianças das aldeias vizinhas eram educadas e recebiam cuidados médicos. Ao falar com os professores em Rishi Valley naquele ano, K disse algo em resposta à pergunta 'O sofrimento não embota a mente?' — que me deixou muito impressionada, quando a li algum tempo depois: 'É a continuidade do sofrimento que embota a mente, não o impacto do sofrimento... A menos que resolvamos o sofrimento imediatamente, ele inevitavelmente embotará a mente'. Uma Escola Krishnamurti, mista e diurna, foi iniciada em Madras. Chamada simplesmente A Escola, acomodava 112 crianças entre três e doze anos.

K estava agora ansioso para iniciar uma escola em Ojai, sem esperar pelo acordo com a KWINC. Consultou um arquiteto e escolheu um diretor, para consternação dos curadores da Fundação Americana, que não tinha fundos ou área de terra para tal ousadia, mas K nunca deixou que considerações dessa natureza se interpusessem no caminho daquilo que realmente queria fazer. Felizmente, a questão financeira foi resolvida em setembro, antes mesmo de encontrarem uma área adequada. Em maio, K foi com Mary Zimbalist para San Diego onde uma série de dezoito diálogos sobre temas diferentes entre ele e o Dr. Allan Anderson, professor de Educação Religiosa no *San Diego State College*, foi gravada em vídeo e a cores.[57] As últimas duas discussões foram sobre meditação. No decorrer das mesmas, K enfatizou três vezes que a meditação abrangia 'todo o campo da existência' e que todo esforço para meditar constituía-se em uma negação da meditação. Uma das passagens mais belas sobre meditação encontra-se numa palestra que ele deu alguns anos antes:

> A meditação é uma das grandes artes da vida, talvez *a maior*, e não se pode aprendê-la de ninguém. Sua beleza consiste nisso. Não tem técnica e, portanto, não tem autoridade. Quando você aprende a respeito de si mesmo, olha para si mesmo, observa o modo como caminha, de que maneira come, o que diz, o mexerico, o ódio, o ciúme; se você se torna ciente disso tudo, sem escolha, isso é parte da meditação. Portanto, a meditação pode ocorrer enquanto você está sentado num ônibus ou caminhando na floresta cheia de luz e sombras, ouvindo o canto dos pássaros ou olhando para o rosto da sua esposa ou do seu filho.[58]

Logo após San Diego, K falou em Santa Mônica pela última vez. Em uma dessas palestras perguntaram-lhe: 'Ouço o senhor há algum tempo, mas nenhuma mudança ocorreu. O que há de errado?' K respondeu:

> 'Será porque o senhor não é sério? Será porque o senhor não liga para nada? Será porque o senhor tem tantos problemas que ficou enredado neles e não

> tem tempo nem para parar, de modo que nunca olha para uma flor?... O senhor não dedicou sua vida a isso. Estamos falando de vida, não de idéias, não de teorias, práticas, tecnologias, mas olhando para a totalidade da vida que é sua vida.

K disse a Mary nessa época que precisava viver mais dez ou quinze anos, porque ainda havia muito por fazer. Seu corpo, disse, estava deteriorando-se (estava com setenta e nove anos), mas seu 'cérebro estava excelente'. Alguns dias depois de chegar ao Chalet Tannegg naquele verão, ele acordou dizendo que 'algo extraordinário havia acontecido, algo que se expandia para abarcar o universo'. Naquela mesma manhã, ditou uma carta para Mary sobre a nova escola em Ojai: 'Ela deve formar pessoas tão religiosamente embasadas que carreguem essa qualidade para onde forem, seja qual for a carreira que seguirem'. Estava muito quente em Gstaad e, no encontro de Saanen, K várias vezes ficava 'muito distante' e sua cabeça doía. Tornara-se ainda mais sensível e não suportava que o tocassem, mas tinha 'meditações maravilhosas'. 'Minha mente', disse a Mary, 'sente-se limpa e saudável como se tivesse sido lavada — mais do que isso — sente tremenda alegria e êxtase'.

Viajando sozinho em novembro, encontrou no avião Maharishi (Mahesh Yogi) que se aproximou sorridente para falar com ele, carregando uma flor. A aversão que K sentia por gurus e métodos de meditação logo pôs fim à conversa. (K disse-nos mais tarde que gostaria de ter visto sua conta bancária).

Em Rajghat, em novembro, pediram a K para definir seu ensinamento. Ele respondeu surpreso: 'Está me perguntando? Está me perguntando qual é o ensinamento? Nem eu mesmo sei. Não consigo colocar em poucas palavras. A idéia de instrutor e ensinamento é basicamente errada, pelo menos para mim. Penso que é uma questão de compartilhar em vez de ser ensinado'.[59]

Como eu mesma queria fazer essa pergunta para K ao escrever o segundo volume de sua biografia, escrevi uma descrição curta que começava assim: 'A essência revolucionária do ensinamento de Krishnamurti...' e enviei-a para ele solicitando aprovação. Como eu esperava, ele a reescreveu inteiramente, deixando uma única palavra 'essência'. Ele escreveu:

> A essência do ensinamento de Krishnamurti está contida na afirmação que ele fez em 1929 quando disse: 'A Verdade é uma Terra sem caminhos'. O homem não pode chegar a ela por meio de qualquer organização, por qualquer credo, por qualquer dogma, sacerdote ou ritual, nem por qualquer conhecimento filosófico ou técnica psicológica. Ele deve encontrá-la através do espelho dos relacionamentos, pela compreensão do conteúdo de sua própria mente, pela observação e não pela análise intelectual ou análise introspectiva. O homem construiu para si mesmo imagens — religiosas, políticas, pessoais — para lhe dar uma sensação de segurança. Essas se manifestam por meio de símbolos, idéias, crenças. O peso disso domina o pensamento, os relacionamentos e a vida diária do homem. Elas são as causas de nossos problemas, pois separam os homens em todos os relacionamentos. Sua percepção da vida é modelada pelos conceitos já estabelecidos em sua mente. O conteúdo de sua consciência *é* esta consciência. Este conteúdo é comum a toda humanidade. A individualidade é o nome, a forma e a cultura superficial que ele adquire de seu ambiente. A singularidade do indivíduo não se encontra na superfície, mas na liberdade total do conteúdo da consciência.
>
> Liberdade não é reação; liberdade não é escolha. É uma pretensão do homem achar que porque tem escolha é livre. A liberdade é observação pura, sem direção, sem medo de punição e recompensa. A liberdade não tem motivo; a liberdade não está no fim da evolução do homem, ela se encontra no primeiro passo de sua existência. Se observarmos, começaremos a descobrir a falta de liberdade. A liberdade encontra-se na percepção sem escolha de nossa experiência diária.
>
> Pensamento é tempo. O pensamento nasce da experiência, do conhecimento, que são inseparáveis do tempo. O tempo é o inimigo psicológico do homem. Nossa ação é baseada no conhecimento e, portanto, no tempo, por isso o homem é sempre um escravo do passado.
>
> Quando o homem tornar-se ciente do movimento de sua própria consciência verá a divisão entre o pensador e o pensamento, o observador e o observado, o experienciador e a experiência. Descobrirá que essa divisão é uma ilusão.

> Só então haverá observação pura que é *insight* sem qualquer sombra do passado. Esse *insight* atemporal ocasiona uma mudança profunda na mente.
>
> A total negação é a essência do positivo. Quando há negação de todas aquelas coisas que não são amor — desejo, prazer — então o amor existe com sua compaixão e inteligência.

Isso é mais do que uma curta afirmação; no entanto, poderia ser escrita de forma mais concisa ou dita de forma mais clara? Talvez ele não tenha enfatizado suficientemente nesse resumo o conceito da criação de imagens. Todos criamos imagens sobre nós mesmos e sobre os demais, e são essas imagens que se encontram, reagem e ferem. São essas imagens que interferem nos verdadeiros relacionamentos entre os seres humanos — até mesmo nos relacionamentos mais íntimos.

Retornando a Malibu, vindo da Índia, em fevereiro de 1975, K foi com Mary Zimbalist passar um dia em Arya Vihara e Pine Cottage que, desde a questão judicial, tornara-se propriedade da Fundação Americana; caminharam também com os Lilliefelt no terreno próximo a Oak Grove, onde a escola deveria ser construída. Quando K retornou, quinze dias depois, sentiu que a atmosfera do chalé, que desagradara a ele na primeira visita, já havia mudado. No dia 1º de abril, retomou o diário que ele havia começado em Brockwood em 1973 e continuou escrevendo por três semanas. No dia 12 de abril, um belo dia sem nuvens, deu a primeira de quatro palestras em Oak Grove, onde não falava desde outubro de 1966.

Em maio, quando K veio novamente com Mary para Brockwood, fui até lá mostrar a ele uma cópia quase acabada do primeiro volume de sua biografia, um relato de sua vida até a dissolução da Ordem da Estrela. Naturalmente, olhou primeiro as ilustrações, demorando-se nas fotografias de Nitya. Em seguida, perguntou-me se o livro impressionaria uma pessoa completamente leiga; o que 'um corretor da bolsa pensaria dele?' Respondi apenas que provavelmente 'um corretor da bolsa' não o leria. A julgar pelas críticas, entretanto, a curiosa história parece ter fascinado muitas pessoas que, a princípio, não se interessariam por ela, e as muitas cartas que recebi mostraram que o livro ajudou dezenas de pessoas a compreenderem melhor K, embora tenha sido um grande choque para alguns que não tinham a mínima idéia de que ele havia sido educado na Sociedade Teosófica. Quando, ao ler o livro, Mary Zimbalist perguntou-lhe por que os Mestres, se existiam, haviam falado naquela época e não agora, K sugeriu 'Não há necessidade deles agora, pois o Senhor está aqui'. Sem ouvir o tom de sua voz, seria impossível saber se esta resposta era séria ou era uma brincadeira.

O octogésimo aniversário de K foi no dia 11 ou 12 de maio. No dia 11 o Dr. Parchure chegou a Brockwood, vindo da Índia para passar várias semanas na Europa controlando a saúde de K. Em meados do mês, David Bohm foi para lá e manteve quatro do que seriam doze discussões com K. Bohm lera recentemente a biografia de K e perguntou-lhe se houvera um momento particular de mudança para ele. K disse que não; a dor física durante 'o processo' tornara-o mais sensível e, por isso, sofrera com a morte do irmão, mas 'o encontro total com o fato não deixou marca alguma'.

K dedicou uma das palestras em Saanen, naquele ano, ao que chamou de um assunto muito importante — pode haver total liberdade do medo psicológico? 'Se alguém quiser estar livre do medo', assinalou, 'tem que estar livre do tempo. Se não houvesse tempo, não haveria medo. Gostaria de saber se percebem isso. Se não houvesse amanhã, somente o agora, o medo, enquanto movimento do pensamento, terminaria'. O medo surge do desejo de segurança. 'Se houver completa segurança psicológica não haverá medo', mas nunca poderá haver segurança psicológica 'se alguém estiver querendo, desejando, perseguindo, tornando-se'. Ele prosseguiu:

> ...o pensamento está sempre tentando encontrar um lugar onde possa habitar, habitar no sentido de ocupar. Por ser fragmentário, o que o pensamento cria é insegurança total. Portanto, há completa segurança em não ser *absolutamente nada* — o que não significa algo criado pelo pensamento. Não ser absolutamente nada é uma contradição total de tudo que aprendemos... Os senhores sabem o que significa não ser nada? Nenhuma ambição — o que não quer dizer ter vida vegetativa — nenhuma agressão, nenhuma resistên-

> cia, nenhuma barreira erigida pela mágoa? ...A segurança que o pensamento criou não é segurança. Esta é uma verdade absoluta.

K foi persuadido a não ir à Índia naquele inverno por causa do estado de emergência declarado pela senhora Gandhi em junho. Nesse período nada podia ser publicado ou falado em público sem ser submetido ao Comitê de Censura. K não desejava suavizar suas críticas a respeito de autoridade e tirania; não tinha motivo para ir se não pudesse falar e havia um perigo real de ser preso se o fizesse. Após o encontro de Brockwood, portanto, retornou a Malibu, passando todos os fins de semana em Pine Cottage, falando com os pais e professores da futura escola de Oak Grove.

Embora o estado de emergência declarado pela senhora Gandhi ainda vigorasse no inverno seguinte, K decidiu ir à Índia depois de uma garantia de Pupul Jayakar, amiga íntima da Sra. Gandhi, de que lhe seria permitido dizer o que quisesse nas palestras. Em Nova Delhi, ficou com Pupul, que agora morava na mesma rua da Sra. Gandhi. Logo após sua chegada, teve uma longa conversa particular com a Sra. Gandhi. Não podemos deixar de perguntar-nos se essa conversa teve alguma conexão com a sua surpreendente decisão de convocar eleições gerais em 1977. O próprio K pensava que deveria haver.

A pedido de K, os representantes da Fundação Krishnamurti encontraram-se em Ojai, em março de 1977. Agora ele queria que o maior número possível de representantes estivesse com ele o tempo todo. Queria especialmente que norte-americanos e europeus que não haviam estado na Índia fossem para lá com ele nos anos seguintes. Estava convencido de que quanto mais as pessoas vissem umas as outras tanto mais próximas e afetivas elas se tornariam. Ciúmes e competição eram sentimentos tão estranhos a ele que realmente nunca compreendeu isso nos outros. Em um desses encontros de curadores em Ojai, ele disse: 'Se as pessoas vierem aqui e perguntarem: "Como era viver com esse homem?" — os senhores serão capazes de transmitir-lhes isso? Se alguns dos discípulos de Buda estivessem vivos, as pessoas não viajariam até o fim do mundo para vê-los, para perguntar-lhes como era viver em sua presença?' A menção do Buda e seus discípulos foi o máximo a que K chegou no sentido de associar a si mesmo com o Buda; entretanto, é difícil transmitir às pessoas que não o conheceram a total falta de auto-importância com que essa comparação era feita. Quando o eu está ausente não pode haver vaidade. 'Este homem' sobre o qual ele falava não era sua própria personalidade. De qualquer modo, como reconciliar isso com sua constante reiteração de que ninguém tinha qualquer autoridade para representá-lo depois de sua morte e de que o relacionamento guru-discípulo era abominável? E não é muito simples? Ao pedir que os curadores ficassem com ele tanto quanto possível, certamente ele esperava que pelo menos um ou dois deles pudessem alcançar alguma profundidade de percepção de modo a gerar uma transformação psicológica total neles próprios que os libertasse dele, bem como de qualquer outra muleta. Isso é muito diferente da veneração do guru pelos discípulos. Se alguém alegar ter autoridade para falar em nome de K, saberemos que esta pessoa não foi transformada.

Foi decidido nesse época que Mary venderia sua casa em Malibu e construiria um puxado em Pine Cottage que reverteria para a Fundação Americana após sua morte. Em Pine Cottage, K ficaria próximo da escola, enquanto que em Malibu ele ficaria a cerca de 100 quilômetros de Ojai.

No dia 9 de maio, K fez uma cirurgia de próstata no Centro Médico Cedars-Sinai em Los Angeles. Ele disse a Mary de antemão que ela deveria ficar alerta para não deixá-lo 'escapulir' e, também, de lembrar-lhe de ficar atento com ele mesmo, de outro modo, depois de 'cinqüenta e dois anos [de palestras públicas], ele bem poderia sentir que estava na hora'. Ele disse a ela que sempre 'tinha vivido com uma linha muito fina separando-o da morte'. Achava mais fácil morrer do que viver. Quinze dias antes da cirurgia, ele foi ao hospital para tirar uma amostra de sangue para o caso de precisar de uma transfusão. Recusou-se a fazer anestesia geral, convencido de que 'o corpo não agüentaria'. Até mesmo uma anestesia local, que causava uma paralisia na coluna, podia ser demasiado para 'o corpo'. K sempre teve esse senso de completa separação entre ele e seu corpo.

Quando chegou o dia, Mary acompanhou-o ao hospital e ficou num quarto ao lado do dele. Ele examinou os dois quartos, tocando as paredes, como sempre fazia em todos os quartos novos em que ficava, e o fez evidentemente por Mary também. Por que fazia isso nunca se soube. Parece que era um meio de purificação, de expulsar alguma influência, mesmo que não fosse necessariamente má, e, também, de inundar o quarto com sua própria influência. Mary pediu ao anestesista que conversasse com ele durante a cirurgia para mantê-lo alerta a fim de que não pudesse 'escapulir'. Foi levado para o quarto depois de duas horas parecendo bem disposto e pedindo um romance policial, mas à noite sentiu muita dor. Ministraram-lhe uma dose infantil de um forte analgésico que teve de ser suspenso pois lhe provocou tonteira e enjôo. Ele 'se ausentou' por cerca de uma hora e falou a respeito de Nitya. Mais tarde teve o que chamou de 'um diálogo com a morte'. No dia seguinte ditou uma descrição para Mary dessa experiência:

> Foi uma cirurgia curta e que não merece comentários, embora houvesse considerável dor. Enquanto a dor continuava, vi, ou descobri, que o corpo estava praticamente flutuando no ar. Pode ter sido uma ilusão, uma espécie de alucinação, mas alguns minutos mais tarde, ali estava a personificação — não uma pessoa — mas a personificação da morte. Observando esse fenômeno peculiar entre o corpo e a morte, parecia haver uma espécie de diálogo entre ambos. A morte parecia estar falando com o corpo com grande insistência, e o corpo, relutante, não se rendia ao que a morte queria. Embora houvesse pessoas no quarto, esse fenômeno prosseguiu, a morte convidando e o corpo recusando.
>
> Não era medo da morte que fazia o corpo negar o pedido da morte, mas o corpo compreendeu que não era responsável por si mesmo, havia uma outra entidade que era dominante, muito mais forte, mais vital do que a própria morte. A morte estava ficando cada vez mais exigente e insistente e, então, o outro interferiu. Houve uma conversa ou um diálogo entre o corpo, esse outro e a morte. Portanto havia três entidades na conversa.
>
> Ele tinha advertido, antes de ir para o hospital, que poderia haver uma dissociação com o corpo e que, nesse caso, a morte poderia intervir. Embora a pessoa [Mary] estivesse sentada lá e uma enfermeira entrasse e saísse, não

era uma auto-ilusão ou uma espécie de alucinação. Deitado na cama ele viu as nuvens pesadas de chuva e a janela iluminada, a cidade abaixo se estendia por quilômetros. Havia respingos de chuva na vidraça, e ele viu claramente a solução salina pingar, gota a gota, dentro do organismo. Sentimos muito forte e claramente que se o outro não interferisse a morte teria vencido.

Esse diálogo começou com palavras, com o pensamento operando muito claramente. Havia trovões e relâmpagos, e a conversa prosseguiu. Uma vez que não existia medo algum, nem da parte do corpo, nem do outro — absolutamente nenhum medo — podia-se conversar livre e profundamente. Sempre é difícil traduzir uma conversa desse tipo em palavras. Estranhamente, como não havia medo, a morte não agrilhoava a mente com as coisas do passado. O que surgia na conversa era muito claro. O corpo estava sentindo considerável dor e não estava apreensivo ou ansioso, e o outro estava claramente além de ambos. Era como se o outro estivesse agindo como um árbitro num jogo perigoso do qual o corpo não estava totalmente ciente.

A morte parecia estar o tempo todo presente, mas ela não podia ser convidada. Isso seria suicídio e uma tolice total.

Durante essa conversa não havia sensação de tempo. Todo o diálogo, provavelmente, durou cerca de uma hora, mas o tempo do relógio não existia. As palavras cessaram de existir, havia um *insight* imediato do que o outro estava dizendo. É claro que se estivermos apegados a tudo — idéias, crenças, propriedades ou pessoas, a morte não vem conversar conosco. A morte no sentido de finalização é liberdade absoluta.

Era uma conversa cortês. Quando a morte é parte de sua vida diária não há sentimento algum, extravagância emocional, nenhuma distorção do fato absoluto do tempo chegando ao fim e da vastidão sem fronteira. Havia um sentimento de que o corpo continuaria por muitos anos, mas a morte e o outro estariam sempre ali até que o organismo não conseguisse mais ficar ativo. Havia um grande senso de humor entre os três e podia-se quase ouvir risadas. E a beleza disso estava nas nuvens e na chuva.

O som dessa conversa estava expandindo-se interminavelmente. O som era o mesmo do começo e não tinha fim. Era um som sem começo ou fim. A morte e a vida estão muito próximas uma da outra, como o amor e a morte. Assim como o amor não é uma lembrança, a morte não tem passado. O medo nunca entrou nesta conversa, pois o medo é escuridão e a morte é luz.

> Esse diálogo não era ilusório ou imaginário. Era como um sussurro no vento, mas o sussurro era muito claro e se prestassem atenção poderiam escutá-lo, poderiam ser parte dele. Então compartilharíamos isso juntos. Mas vocês não o escutarão, pois estão muito identificados com seus corpos, com seus pensamentos e suas próprias orientações. Temos que abandonar tudo isso para entrarmos na luz e no amor da morte.

Foi feita uma pequena alteração no programa costumeiro de K naquele verão, antes que fosse à Índia em novembro: juntamente com Mary foi à Clínica Janker em Bonn, onde ficou três dias, para consultar o Dr. Scheef. Vários exames mostraram, de acordo com o médico, que ele estava 'fantástico' para sua idade.

Alguns curadores das Fundações Inglesa e Americana encontraram-se com ele em Madras, no início de 1978, de onde foram para Rishi Valley, onde algumas mudanças haviam sido feitas na escola. G. Narayan, o primeiro filho do irmão mais velho de K, tornara-se o diretor depois do pedido de demissão do Dr. Balasundaram. Narayan dava aulas há vinte e cinco anos, primeiro na Rishi Valley e, depois, na escola Rudolph Steiner, na Inglaterra. Sua esposa havia sido professora em Brockwood praticamente desde o início e a única filha deles, Natasha, estudava em Brockwood. K não levou em conta o parentesco com Narayan e não parecia gostar mais de Natasha do que de qualquer outra jovem inteligente. Ele amava todas as crianças, principalmente os jovens. Os alunos de Rishi Valley eram encorajados a passar uns tempos em Brockwood; mas K, nessa época, questionava se isso era bom. Era muito fácil ser corrompido no Ocidente. O jovem na Índia ainda demonstrava respeito pelos mais velhos e desejava muito aprender, uma vez que considerava a educação um privilégio.

Quando K retornou a Ojai o puxado em Pine Cottage estava pronto e ele e Mary mudaram-se para lá. Deve ter sido difícil para Mary deixar sua bela casa em Malibu, da qual K também sentia falta, mas ela transformara Pine Cottage em uma casa igualmente adorável, deixando intacto o chalé onde K dormia e ligando-o ao puxado por uma passagem. K e Mary adoravam a casa nova. K sentia prazer em polir a chaleira elétrica e o balcão da cozinha, como fazia em Brockwood, e em ajudar a fazer um pequeno jardim. Ele sempre gostou de regar plantas e tentava ajudar na casa, levando a sua bandeja do café da manhã para a cozinha, enchendo e esvaziando a máquina de lavar pratos. Ele temia que Mary se fatigasse tanto em Ojai quanto em Brockwood. Ela desempenhava o papel de secretária e motorista, fazia todas as compras de supermercado e lavava e passava suas roupas. Quando ela voltava com caixas de guloseimas, ele ficava ansioso para ver o que ela havia comprado. Entretanto, ele nunca deixou ninguém fazer sua mala e orgulhava-se disso. Naqueles anos, quando Mary não o acompanhava à Índia, passava três meses de férias na Califórnia.

Em junho, a caminho de Gstaad, K foi com Mary novamente à Clínica Janker e todos os exames foram satisfatórios. Em setembro, de volta a Brockwood, após o encontro de Saanen, ele começou a ditar para Mary cartas quinzenais para suas escolas, até março de 1980 — ao todo trinta e sete cartas com aproximadamente três páginas cada uma. Quase sempre ditava mais de uma por vez, mas enviava-as quinzenalmente com a data do dia do envio e não com a do dia em que eram ditadas.[60] Era uma maneira de manter-se em contato com suas escolas. Na primeira carta, ele afirma claramente o que pretendia com as mesmas: 'Elas devem preocupar-se com o desenvolvimento integral do ser humano. Esses centros de educação devem auxiliar os estudantes e educadores a florescerem naturalmente'. Numa carta posterior: 'Essas escolas devem preocupar-se em criar uma nova geração de seres humanos livres da ação autocentrada. Nenhum outro centro educacional está preocupado com isso, e é nossa responsabilidade, como educadores, criar uma mente sem conflitos internos'.

Tanto os professores quanto os alunos recebiam uma cópia de cada carta. Parecia impossível o que K esperava que os professores fizessem — conseguir que nenhum tipo de medo surgisse nos estudantes (para isso era necessário que os professores descobrissem a raiz de seus próprios temores) e auxiliar o estudante a 'nunca se sentir ferido psicologicamente, não apenas na escola, mas em toda a vida'. A competição era um dos grandes males da educação: 'Quando, nas escolas, compara-se B com A, está-se destruindo a ambos'.

Nessas cartas, K reiterava que ensinar era o que havia de mais elevado e que 'as escolas existem, em primeiro lugar, para motivar uma profunda transformação nos seres humanos'. Ele também se aprofundou na diferença entre aprender e acumular conhecimento; o último meramente embota a mente: 'conhecer é não conhecer, e a compreensão do fato de que o conhecimento nunca poderá resolver os problemas humanos é inteligência'.

Em um livro publicado no ano seguinte, K explicou o que queria dizer com a frase 'nunca ser ferido psicologicamente'. Ele estava discorrendo sobre 'viver com sofrimento' e continuou:

> Estamos vendo o fato, 'o que é', o que está sofrendo... Eu sofro, e a mente está fazendo tudo o que pode para fugir disso... Portanto, não fujam do sofrimento, o que não significa que devem tornar-se mórbidos. Vivam com ele... O que está acontecendo? Observem. A mente é muito clara, afiada. Ela encara o fato. O sofrimento transformado em paixão é enorme. Disso surge uma mente que nunca pode ser ferida. Ponto final. Este é o segredo.[61]

Em uma de suas cartas para as escolas datada de primeiro de maio de 1979, K iniciou um parágrafo assim: 'Deus é desordem'. Se continuarmos a ler, o significado que ele quer dar a essa afirmação fica perfeitamente claro: 'Considerem os inumeráveis deuses que o homem inventou... E observem a confusão que isso criou no mundo, as guerras que acarretou'. Os pais de uma aluna de Brockwood receberam essa carta nas férias e, ao lerem a afirmação nua e crua 'Deus é desordem', ficaram tão chocados que pensaram em tirar a menina da escola. Várias afirmações diretas de K confundiam as pessoas: 'Os ideais são coisas brutais'. (Essa afirmação significa o mesmo que 'Deus é desordem'); 'Não existe uma coisa tal como amor infeliz'; 'Se vocês realmente amassem seus filhos não haveria guerras'; 'Todo pensamento corrompe' ou 'é corrupção'. Essa última é a mais difícil de compreender. Ele, muitas vezes, explicava-a detalhadamente nas palestras. Disse, por exemplo, numa delas: 'Estamos usando a palavra mente para indicar os sentidos, a capacidade de pensar, e o cérebro, que armazena todas as memórias como experiência, como conhecimento... O conhecimento corrompe a mente. O conhecimento é o movimento do passado e, quando o passado encobre o presente, há corrupção... Estamos usando a palavra corrupção no sentido daquilo que está partido, aquilo que não é tomado como um todo'.[62]

Mary Zimbalist foi para a Índia com K em outubro de 1978 e, mais tarde, naquele ano, vários membros das Fundações Inglesa e Americana, novamente se encontraram com K e com os curadores da Fundação Indiana em Madras. No dia 8 de janeiro de 1979, a Sra. Gandhi foi a Vasanta Vihar visitar K. Em dezembro ela fora presa por quatro dias, o que gerou tumulto em várias partes da Índia. Era claro que falar com K significava muito para ela. Ele ficou com a impressão de que ela estava muito infeliz e de que nunca 'conseguia escapar do tigre'*, como disse.

Outra Escola de Krishnamurti, a última das escolas indianas, fora aberta naquele verão, em um vale a uns quinze quilômetros do centro de Bangalore. O edifício e os 40 hectares de terra foram adquiridos com a doação de um único homem. Chamada *Valley School* (Escola do Vale), era uma escola mista e diurna, com regime de internato, para mais de cem crianças entre as idades de seis e treze anos. K visitou-a antes de deixar a Índia.

---

* Expressão coloquial que significa 'conseguir escapar do adversário'. (N. ed. bras.)

17

'A mente vaga'

Em 1974, K pediu-me para escrever um segundo volume de sua biografia. Eu desejava fazê-lo, mas hesitei antes de iniciar, pois sabia que seria bem mais difícil escrever este do que o primeiro volume, que tinha uma história fascinante, se bem que, às vezes, um tanto maluca. Exteriormente quase nada acontecera a K nos últimos quarenta anos, embora tivesse uma vida interna vibrante. Só depois de cinco anos me senti preparada para começar o livro, e um dos primeiros passos foi tentar novamente descobrir o mistério de quem e o que ele era. Ler o *Diário* não me ajudou a elucidar minha perplexidade.

Portanto, quando K veio para Brockwood, em junho de 1979, fui para lá e tivemos duas longas conversas. Mary Zimbalist, que estava presente, tomou notas. Eu mesma nada anotei na ocasião e não gostava da idéia de usar um gravador, pois podia inibir a espontaneidade. Tivemos nossa primeira conversa numa manhã, no amplo quarto de K, voltado para o sul, de onde se avistava um gramado e campos distantes. Ele ficou sentado na cama, com a coluna ereta e as pernas cruzadas, vestido com um roupão de banho azul claro. Havia um suave perfume de sândalo no ar que eu sempre associava com ele. Até seus papéis de carta tinham esse perfume. Ele estava muito alerta nesta manhã e ansioso para fazer alguma nova descoberta.

Comecei perguntando-lhe se podia explicar o que o fizera ser o que era. Ele me devolveu a pergunta indagando qual, na minha opinião, seria a explicação. A mais plausível, respondi, era, naturalmente, a teoria

Besant-Leadbeater de que o Senhor Maitreya teria tomado um corpo especialmente preparado para sua ocupação; o ego evoluíra por uma série de encarnações até nascer num corpo brâmane, que era mais puro do que qualquer outro, sem ter tocado em carne e álcool por inúmeras gerações. A explicação esclarecia também 'o processo' — o corpo estava sendo 'sintonizado' por assim dizer, tornado cada vez mais sensível para acomodar o ocupante divino, fundindo finalmente a consciência do Senhor Maitreya com a de Krishnamurti. Em outras palavras, tudo que a Sra. Besant e Leadbeater haviam previsto acontecera. K concordou que essa teoria era a mais provável, mas não pensava que fosse isso. Sugeri que outra explicação possível seria a de haver um enorme reservatório de bondade no mundo, que pode e que tem sido canalizado por muitos grandes artistas, gênios e santos. K refutou essa alternativa. A única outra teoria que eu poderia sugerir era a de que o próprio Krishnamurti evoluíra por muitas vidas para se tornar o que era, embora isso fosse difícil de aceitar porque o jovem Krishna que eu conhecera era completamente distraído, infantil, quase débil mental, não se interessava realmente por nada a não ser golfe e bicicletas a motor. Eu não conseguia perceber como esse ser poderia ter desenvolvido o cérebro a ponto de expor o ensinamento sutil de Krishnamurti.

Cito, a seguir, trechos das anotações de Mary Zimbalist:

ML: Os ensinamentos não são simples. Como é que eles surgiram desse menino distraído?

K: Você admite que há um mistério. O menino era afetuoso, distraído, não-intelectual, gostava de jogos atléticos. O importante nisso tudo é a mente vaga. Como é que essa mente vaga chegou a isso? Essa condição foi necessária para isso se manifestar? Será que essa coisa que se manifesta surge do reservatório universal, assim como os gênios em outros campos também vêm dele? O espírito religioso nada tem a ver com os gênios. Como é que a mente vaga não foi preenchida com a Teosofia etc.? A mente vaga foi algo proposital para a manifestação. O menino deve ter sido estranho desde o início. O que o tornou assim? O corpo foi preparado por muitas vidas ou essa força escolheu o corpo vazio? Por que ele não se tornou desagradável com toda aquela adulação? Por que não se tornou cínico, amargurado? O que o protegeu disso? Essa vacuidade estava guardada. Pelo quê?

ML: É isso que estamos tentando descobrir.

K: Por toda a vida essa coisa tem sido guardada, protegida. Quando entro num avião, sei que nada vai acontecer. Mas eu não faço nada que seja perigoso. Eu adoraria voar num planador [ofereceram-lhe isso em Gstaad], mas pensei: 'Não, não devo'. Sempre me senti protegido. Ou a impressão de que estou protegido vem porque Amma [Sra. Besant] sempre quis que eu fosse protegido — sempre cuidou para que dois iniciados me protegessem. Não creio que seja isso.

ML: Não, porque outra coisa — 'o processo' — aconteceu pela primeira vez quando você estava separado de todos eles — completamente sozinho em Ojai, com Nitya.

K: Sim, a vacuidade nunca desapareceu. Nas quatro horas que passei no dentista nenhum único pensamento veio à minha cabeça. Somente quando falo ou escrevo, '*isso*' começa a acontecer. Fico atônito. A vacuidade ainda está ali. Desde aquela idade até agora — cerca de oitenta anos — mantendo uma mente que é vaga. O que faz isso? Você pode sentir isso no quarto agora. Está acontecendo nesse quarto agora porque estamos tocando em algo muito, muito sério e a coisa começa a verter. A mente deste homem desde a infância até agora está constantemente vaga. Não quero fazer disso um mistério: por que isso não acontece a todos?

ML: Quando você dá palestras sua mente está vaga?

K: Oh, sim, completamente. Porém não estou interessado nisso, mas na razão pela qual ela fica vaga. Por que ela é vaga não é problema.

ML: Ela é única?

K: Não. Se uma coisa é única, os outros não a podem ter. Quero evitar qualquer mistério. Vejo que a mente do menino é a mesma de agora.

A outra coisa está aqui nesse momento. Você não a sente? É como uma pulsação.

ML: O essencial nos seus ensinamentos é que todos podem ter acesso a eles. [Senti a pulsação, mas não estava certa de que não era minha imaginação].

K: Sim, se uma coisa é exclusiva não possui valor algum. Mas ela não é assim. Ela é mantida vazia para que diga 'Embora eu seja vazia, você — X — também pode tê-la'.

ML: Você quer dizer que é vazia a fim de mostrar que isso pode acontecer a qualquer um?

K: É isso mesmo. É isso. Mas foi esta coisa que manteve a mente vazia? Como ela permaneceu vazia todos estes anos? É extraordinário. Nunca pensei nisso antes. A coisa não seria assim se não fosse livre. Por que ele não era apegado? Aquela coisa deve ter dito 'Deve haver vazio ou eu — a coisa — não posso funcionar'. Isso significa admitir todo tipo de abstração. Então o que é aquilo que se mantém vazio para dizer tudo isso? A coisa encontrou um menino que muito provavelmente permaneceria vazio? Este menino aparentemente não tinha medo algum de enfrentar Leadbeater, de ir contra a Teosofia, contra a autoridade: Amma, Leadbeater — eles tinham grande autoridade. Aquela coisa devia estar agindo. Isto deve ser possível para toda a humanidade. Se não, qual a finalidade disso?

A conversa foi interrompida aqui, para que K pudesse almoçar a tempo, no refeitório da escola. Depois prosseguimos a conversa na cozinha da Ala Oeste.

K: Não descobrimos por que este menino foi mantido vazio desde aquela época até agora. A vacuidade é a ausência de egoísmo, de apego, — o eu — *minha* casa, o apego? Mas como é que a vacuidade, com esse não-eu, surgiu? Estaríamos simplificando se disséssemos que o Senhor Maitreya preparou este corpo e o manteve vago. Essa seria a explicação mais simples, porém o mais simples é suspeito. Outra explicação é que o ego de K deve ter estado em contato com o Senhor Maitreya e o Buda e disse: 'Eu me recolho; *aquilo* é mais importante do que meu eu animal'. Ele não parece puro. O Senhor Maitreya viu este corpo com uma parte muito pequena de ego, quis manifestar-se por meio dele e, assim, ele foi mantido sem contaminação. Amma disse que o rosto de K era muito importante porque representava *aquilo*. Ele foi preparado por *aquilo*. O que significa que nem todos podem ter isso. K é uma anormalidade biológica. Uma saída fácil. Portanto, qual é a verdade? Não sei. Eu realmente não sei. Qual é a verdade nisso tudo? Não é auto-ilusão, fraude, um estado induzido, um desejo produzido — eu não sei o que pensar. Outra coisa peculiar nisso tudo é que K sempre se sentiu atraído por Buda. Isso foi uma influência? Não acredito. Este reservatório é o Buda? Maitreya? Qual é a verdade? É algo que nunca vamos descobrir?

Mary Zimbalist: Você se sente usado? Sente alguma coisa entrando em você?

K: Não diria isso. A coisa entra na sala quando estamos falando seriamente.

ML: Como ela está relacionada com a dor?

K: A dor vem quando estou quieto, sem falar. Vem devagar até que o corpo diz: 'Chega'. Depois de chegar a um ponto crítico, o corpo desmaia; a dor some aos poucos ou há uma interrupção e então se vai.

ML: Podemos desconsiderar que seja alguma coisa de fora?

K: Eu não posso. Mas qual é a verdade? Há um elemento em tudo isso que não é criado pelo homem, pelo pensamento, não é induzido. Eu não sou assim. Isso é algo que não podemos descobrir, não devemos tocar? Não é penetrável? Estou investigando. Senti sempre que isso não é da minha conta, que nunca descobriremos. Quando dizemos que a coisa vem à existência porque a mente é vaga, não creio que seja isso tampouco. Chegamos a um impasse. Eu falei a você, a ela

[Mary], a Subba Rao [que conheceu K nos primeiros tempos]. Ele disse: 'Você é do jeito que é desde o início'. Eu me perguntei: 'Será verdade?' Se for, não há esperança para os demais. É alguma coisa que não podemos tocar? Estamos tentando com nossas mentes tocar *aquilo*. Tente descobrir o que é *aquilo* quando sua mente estiver completamente quieta. Para descobrir a verdade a esse respeito precisamos ter a mente vazia. Não a *minha* mente que *é* vazia. Mas há um fator que estamos deixando escapar. Chegamos a um ponto onde nossos cérebros, nossos instrumentos de investigação não têm significado.

ML: Alguém mais é capaz de descobrir? E seria correto investigar?

K: *Você* pode, pois está escrevendo sobre isso. Eu não posso. Se você e Maria* sentassem e dissessem: 'Vamos investigar', tenho certeza que descobririam. Ou façam isso sozinhas. Eu vejo algo; e o que eu disse é verdade — eu nunca vou descobrir. A água nunca pode descobrir o que é a água. Isso é certo. Se vocês descobrirem eu confirmo.

ML: Você saberia se estivesse correto?

K: Você pode sentir a coisa no quarto? Está ficando cada vez mais forte. Minha cabeça está se abrindo. Se você fizesse a pergunta e dissesse: 'Eu não sei', poderia descobrir. Se eu estivesse escrevendo sobre esse assunto, relataria isso. Começaria com o menino completamente vazio.

ML: Você se importa se eu disser que você deseja que alguém explique isso?

K: Eu não me importo. Diga o que quiser. Tenho certeza de que se outros colocarem suas mentes nisso também conseguirão. Tenho certeza absoluta disso. Além disso, estou certo de que *eu* não posso descobrir isso.

ML: E se alguém pudesse compreender isso, mas não pudesse traduzir em palavras?

---

* K sempre chamava 'Maria', pronunciando 'Mareea', para diferenciar o nome dela do meu.

K: Você poderia. Encontraria uma maneira. No momento em que você descobrir alguma coisa, terá palavras para isso. Como um poema. Se você está aberto para investigar, colocar seu cérebro em condições, poderá descobrir. Mas no momento em que descobrir isso, estará tudo certo. Sem mistério.

ML: A mente misteriosa será descoberta?

K: Não, o mistério terá desaparecido.

Mary Zimbalist: Mas o mistério é algo sagrado.

K: O sagrado permanecerá.

Nesse ponto a conversa foi interrompida porque K sentia tanta dor de cabeça que precisou deitar-se. Não era só quando ele estava quieto que a dor aparecia, mas também quando falava sobre assuntos tais como esses que discutíamos. Voltei para Londres assustada com a responsabilidade que ele nos dera: 'ele tinha certeza absoluta' de que nós poderíamos descobrir a verdade sobre ele se tentássemos, mas eu ainda relutava em acreditar que ele não podia ajudar mais no sentido de descobrir a verdade; por isso, três semanas mais tarde, conversei com ele novamente em Brockwood, antes que ele partisse para Gstaad. Conversamos depois do almoço, outra vez na cozinha da ala oeste; novamente Mary estava presente e tomou notas das quais eu cito:

ML: Seu ensinamento é muito complexo.

K: Muito complexo.

ML: Se você o lesse, compreenderia?

K: Oh, sim, sim.

ML: Quem criou esses ensinamentos? Você? O mistério?

K: Boa pergunta. Quem criou os ensinamentos?

ML: Conhecendo você como K, o homem, tenho dificuldade em pensar que você criou os ensinamentos.

K: Você quer dizer que, considerando que eu não tenho estudo, alguma outra pessoa os criou?

ML: Algo que se manifesta em você parece não ser parte de seu cérebro.

K: Os ensinamentos são extraordinários?

ML: Sim. Diferentes. Originais.

K: Sejamos claros. Se eu deliberadamente me sentasse para escrevê-los, duvido que conseguisse. Vou lhe dizer algo que acontece: eu falei ontem: 'Pensar sobre alguma coisa é diferente de pensar'. Eu disse: 'Não compreendo bem isso, deixe-me olhar para isso', e quando fiz isso, vi algo claramente. Há uma sensação de vazio e, então, algo vem. Mas se eu me sentar para descrever isso, talvez não consiga. Schopenhauer, Lenin, Bertrand Russel, etc., todos eles leram muito. Aqui temos um fenômeno deste camarada que não foi treinado, que não teve disciplina alguma. Como é que ele obteve tudo isso? O que é isso? Se fosse somente K — ele não é culto nem nobre— portanto de onde vem isso? Esta pessoa não concebeu o ensinamento.

ML: Ele não chegou a ele através do pensamento?

K: É como uma — como diria — qual é o termo bíblico? — revelação. Acontece o tempo todo quando estou falando.

ML: O público cria algo sobre a revelação?

K: Não. Vamos começar outra vez. A questão mais profunda seria: o menino foi encontrado, não aconteceu condicionamento — nem pela Teosofia nem pela adulação. O Instrutor do Mundo, as propriedades, as enormes somas de dinheiro — nada disso o afetou. Por quê? Quem o protegeu?

ML: É difícil para mim não personificar um poder — proteção por alguém. Um *poder* para proteger é uma concepção muito vasta para nossos cérebros limitados, mas talvez seja como um condutor de luz. A luz, a eletricidade encontra um condutor — o caminho mais direto para a terra. Este poder, que penso realmente ser o amor, encontrou um condutor na mente vaga.

K: Deve ser um corpo especial. Como é que este corpo surgiu e permaneceu incorruptível? Teria sido tão fácil corrompê-lo. Isso significa que o poder estava guardando-o.

ML: E treinando-o — abrindo-o com 'o processo?'

K: Isso veio mais tarde.

ML: Começou assim que o corpo ficou suficientemente forte.

K: Sim, mas admitir tudo isso é uma anomalia, no bom sentido. A anomalia foi mantida para o ensinamento, não tem importância alguma a anomalia. Qualquer um pode aceitar o ensinamento, perceber a verdade dele. Se você tornar a anomalia algo importante, ela anulará tudo o mais.

Mary Zimbalist: A anomalia é necessária para apresentar o ensinamento, mas pessoas comuns podem recebê-lo?

K: Sim, sim. Assim, estamos perguntando: de que forma isso foi mantido como uma anomalia? Uma palavra horrível.

ML: Como se um poder estivesse esperando.

K: Amma e Leadbeater afirmavam que um Bodhisattva iria manifestar-se e que eles precisavam encontrar um corpo — a tradição da manifestação do Avatar. O Buda passou por tudo isso, o sofrimento, etc., então largou tudo e chegou à iluminação. O que ele ensinou foi original, mas ele passou por tudo isso. Mas aqui há uma anomalia que não passou por nada disso. Jesus deve ter sido uma anomalia também. O poder deve ter observado seu corpo desde o momento em que nasceu. Por quê? Como é que isso aconteceu? Um menino de uma família que nada tinha de especial. Como aconteceu de aquele menino estar lá? Será que o poder, por querer manifestar-se, criou o menino ou será que o poder viu uma família brâmane, um oitavo filho e disse: 'Aquele é o menino?' Essa coisa está no quarto. Se você lhe perguntasse o que ela é, ela não responderia. Ela diria: 'Vocês são tão pequenos'. Acho que dissemos outro dia que há um reservatório de bem que precisa manifestar-se. Mas então voltamos para o ponto onde começamos. Como você descreveria isso sem falar de uma anomalia biológica? Mas tudo isso é sagrado, e eu não sei como é que você transmitirá não apenas o sagrado, mas tudo aquilo sobre o que estivemos falando. É realmente bastante extraordinário que este menino não tenha sido corrompido. Eles fizeram de tudo para me dominar. Por que ele teve que passar pela experiência de Ojai? Será porque o corpo não estava suficientemente sintonizado?

Mary Zimbalist: Você nunca tentou fugir da dor?

K: É claro que não. Ela — a dor — começou há mais ou menos meia hora. Suponha que você coloque tudo isso num papel; o que um homem saudável, como o Joe, seu marido, diria sobre isso? Ele diria que não é nada? Que acontece a todos os gênios? Se você disser: 'Julgue isso", qual seria a reação dele? Ele diria que é tudo invenção? Ou que é um mistério? Estamos tentando tocar um mistério? No momento em que você compreender isso, não é mais um mistério. Mas o sagrado não é um mistério. Portanto, estamos tentando remover o mistério que leva à fonte. O que eles diriam? Que você está fazendo um mistério onde não existe nada? Que ele nasceu assim? O sagrado está ali e porque é sagrado é vasto. O que acontecerá quando eu morrer? O que acontece aqui? Tudo depende de um homem? Ou existem outras pessoas que prosseguirão?

ML: Houve uma mudança no que você disse há dez anos em *Epping Forest:* que tudo podia desaparecer depois de sua morte.

K: Não tenho certeza de que há uma mudança. Existem os livros, mas eles não são suficientes. Se elas [as pessoas ao redor dele] realmente tivessem isso seriam anormais como K. A anomalia está perguntando: 'Há pessoas que beberam as águas e prosseguirão?' Eu iria até essas pessoas que o conheceram e por meio delas tentaria entender como ele era. Eu caminharia quilômetros para falar com alguém que tivesse estado com ele: 'Você bebeu das águas, como elas são?'

Esse foi o final da conversa, pois novamente K precisou sair e deitar-se por causa da dor na cabeça e na nuca. Fiquei com o sentimento de que K adoraria ver os fatos do lado de fora pelo menos uma vez, o que nunca aconteceu. Recordei o que ele tinha dito no dia 28 de dezembro de 1925, depois da primeira manifestação, como acreditávamos, do Senhor Maitreya falando por intermédio dele em Adyar. Minha mãe disse-lhe que seu rosto e suas palavras haviam se alterado e ele brilhava de modo gloriosamente radiante quando de repente mudou da terceira para a primeira pessoa do singular. 'Eu queria ter visto', ele respondeu tristonho. E respondeu o mesmo à Sra. Kirby quando ela lhe contou no acampamento de Ommen, em 1927, como seu rosto tinha mudado.

Voltei para Londres com um sentimento de enorme compaixão por ele. 'A água nunca pode descobrir o que é a água', ele dissera em nossa conversa anterior. Ele nunca ficaria de fora; nunca saberia o que ele era; nunca veria como seu rosto transfigurava-se em momentos de especial inspiração ou revelação. *Poderia* eu descobrir isso para ele? Ele nos disse que era possível, disse-nos para tentarmos descobrir, embora ele tenha dito, em 1972 para o grupo de curadores americanos em Ojai, que ninguém nunca compreenderia — que isso era algo 'muito vasto para ser posto em palavras'. Agora ele estava dizendo: 'No momento em que você descobrir alguma coisa, encontrará as palavras para isso'. Poderia eu encontrar? A sensação de proteção que ele sempre sentiu e sua repetida insistência na mente vaga eram dicas para serem seguidas. Poderia eu descobrir? O desafio era vibrante, excitante.

Consegui falar novamente com K no outono, em Brockwood, depois dos encontros de Saanen e Brockwood, após um seminário de cientistas que se realizara ali. Queria tentar descobrir se a 'revelação' sobre a qual ele falara vinha de dentro ou de fora dele. Ele disse que nos primeiros tempos, quando começou a falar, utilizava a linguagem da Teosofia, mas que, a partir de 1922 (o ano da experiência em Ojai), ele encontrou sua própria linguagem. Então falou novamente da sua mente vaga e disse: 'Quando a mente está vazia, ela sabe disso só depois'. Eu agora cito uma vez mais as notas de Mary Zimbalist:

ML: Quando ela cessa de estar vazia?

K: Quando é necessário usar o pensamento para me comunicar. De outro modo está vazia. Durante o seminário, enquanto estou conversando, a coisa aparece.

ML: Você *vê* alguma coisa?

K: Não, simplesmente surge. Eu não vejo algo e traduzo. A coisa surge sem eu pensar nela. Tão logo surge, torna-se lógica, racional. Se eu tento pensar cuidadosamente sobre isso, escrever e repetir, nada acontece.

ML: Vem de algum lugar fora de você?

K: Com os artistas e poetas é diferente porque eles crescem até chegar a esse ponto. A percepção de seu [de K] ensinamento revolucionário deve ter vindo lentamente, gradualmente. Não foi mudando paralelamente com a linguagem. [Ele agora repetiu que fora convidado a voar em um planador em Gstaad]. Eu teria aceitado imediatamente — seria engraçado. Mas compreendi que não devia fazer aquilo. Não deveria fazer nada que fosse impróprio para o corpo. Senti isso por causa do que K tem a fazer no mundo. Eu não podia ficar doente, pois assim não poderia falar, por isso tomo o máximo cuidado. O corpo está aqui para falar; ele foi criado dessa maneira e seu propósito é falar. Tudo o mais é irrelevante, portanto o corpo tem que ser protegido. Outro aspecto disso é que eu sinto que há outro tipo de proteção, que não é minha. Há uma forma separada de proteção como se o futuro já estivesse mais ou menos traçado. Um tipo diferente de proteção, não apenas do corpo. O menino nasceu com esta peculiaridade — ele precisou de proteção para sobreviver a tudo que fez. De certa forma o corpo está protegido para sobreviver. Algum elemento está cuidando dele. Algo o está protegendo. Dizer o que é seria especular. Dizer que Maitreya o está protegendo é demasiado concreto; a resposta não é simples assim. Não posso olhar por trás da cortina. Não posso fazer isso. Tentei com Pupul [Jayakar] e vários indianos eruditos que me pressionaram. Eu disse que não era o

Maitreya, o Bodhisattva. Essa proteção é muito concreta, muito elaborada. Mas eu sempre senti proteção.

Eu estava inclinada a acreditar que K estava sendo usado e havia sido usado desde 1922 por algo externo. O que não significava que ele era um médium. Um médium é separado do que se 'manifesta' por meio dele, enquanto K e o que quer que fosse que se manifestava por intermédio dele eram em grande medida unos. Sua consciência estava tão permeada dessa outra coisa como uma esponja com água. Certas vezes, contudo, a água parecia escoar, deixava-o como o vi pela primeira vez — vago, gentil, falível, tímido, simples, queixoso, afetuoso, que se deliciava em rir das mais bobas brincadeiras, e, ainda assim, único em sua completa ausência de vaidade e auto-afirmação. Contudo, eu me voltei para o *Diário* e encontrei nele um estado de consciência que parecia ser totalmente o do próprio K com o manancial de seu ensinamento, e era difícil aceitar a teoria de que ele estava sendo usado.

Antes do fim do ano, K passou por outra experiência psíquica na Índia. No dia 21 de fevereiro de 1980, em Ojai, ele ditou um relato disso a Mary, que não o acompanhara à Índia naquele inverno, referindo-se a si mesmo na terceira pessoa:

> K foi de Brockwood para a Índia no dia 1º de novembro de 1979. Depois de alguns dias em Madras, foi diretamente para Rishi Valley. Durante um longo período, ele acordava no meio da noite com aquela meditação peculiar que o perseguia há muitos anos. Era uma coisa normal na sua vida. Não é uma meditação consciente, deliberada ou um desejo inconsciente de alcançar algo. Está claro que não é provocado nem buscado. Ele tem estado atento à idéia de fazer um registro dessas meditações. De fato, cada meditação tem uma qualidade de algo novo e inédito em si. Há uma sensação de energia acumulada, não buscada nem provocada. Às vezes é tão intensa que há dor na cabeça, às vezes uma sensação de imenso vazio com insondável energia. Às vezes ele acorda rindo, sentindo desmedida alegria. Essas meditações peculiares, naturalmente não premeditadas, cresceram em intensidade. Só

cessavam quando ele viajava ou chegava tarde da noite ou quando tinha que acordar cedo e viajar.

Com a chegada a Rishi Valley, em meados de novembro de 1979, a intensidade aumentou e, certa noite, na singular quietude daquele lugar, com o silêncio não perturbado pelo pio das corujas, ele despertou e conheceu algo totalmente diferente e novo. O movimento tinha alcançado a fonte de toda energia.

Não se deve pensar ou confundir isso, de forma alguma, com deus ou o princípio superior, Brahman, que são projeções da mente humana que surgem do medo e da ânsia, do inflexível desejo de total segurança. Não é nada disso. O desejo não pode alcançar isso, as palavras não podem penetrar nisso, nem o fio do pensamento envolver isso. Alguém pode perguntar com que certeza afirmamos que é a fonte de toda energia? Podemos responder apenas, com toda a humildade, que é assim.

Enquanto K esteve na Índia, até o final de janeiro de 1980, todas as noites ele acordava com essa sensação do absoluto. Não é um estado, uma coisa estática, fixa, imóvel. Todo o universo está nele, imensurável para o homem. Quando ele retornou a Ojai, em fevereiro de 1980, depois que o corpo descansou um pouco, houve a percepção de que nada havia além disso. Era a última coisa, o início e o fim, o absoluto. Há apenas uma sensação de incrível vastidão e imensa beleza.

18

'O fim do conhecido'

Quando K retornou a Ojai, em fevereiro, com sua tremenda energia renovada, sentiu que 'não estava sendo suficientemente usado'. 'O que farei dois meses aqui?' — perguntou a Mary. 'Estou sendo desperdiçado'. Ocorre que ele tinha muito a fazer na nova escola de Oak Grove, conversando com a equipe de professores e os pais. Muitos destes haviam se mudado para o Vale de Ojai para que seus filhos pudessem ir à escola e tiveram um papel muito maior nos trabalhos da escola do que se fosse um internato. Mark Lee, um norte-americano que dera aulas na Rishi Valley e era casado com uma indiana, foi o primeiro diretor da escola.

K certamente não estava perdendo tempo quando David Bohm veio passar uns dias em março e manteve oito longas discussões com ele. Estas, juntamente com outras cinco, que ocorreram mais tarde em Brockwood, foram publicadas em 1985 sob o título de *A Eliminação do Tempo Psicológico**, um dos livros mais importantes de K, uma vez que despertou o interesse de um novo público. As conversas, com perguntas e respostas rápidas, não se prestam a citações. O desenvolvimento das idéias expressas nelas é muito lento. Referem-se à eliminação do pensamento e do tempo — isto é, o pensamento e o tempo psicológico que são o passado. Tudo que aprendemos, tudo que somos, todo o conteúdo de nossa consciência, é o passado, armazenado em nossa memória como pensamento, e a sobrecarga desordenada do cérebro com coisas do passado significa que

* Ed. Cultrix, São Paulo (N. ed. bras.)

não há verdadeiro *insight*, porque tudo é visto através de uma nuvem de pensamento que está efetivamente limitado pelo eu. 'É possível', perguntou K, 'o tempo terminar — toda a idéia de tempo como passado — de modo que não haja amanhã?' Se o cérebro permanece autocentrado na escuridão, reveste-se do conflito daí resultante. A deterioração das células do cérebro e a senilidade podem ser impedidas? K sugeriu que era possível mudar fisicamente as células do cérebro pelo *insight* e agir de uma maneira ordenada que levasse à cura do dano causado por todos os anos de mau funcionamento.

No prefácio de um livreto contendo dois diálogos entre K e Bohm ocorridos em data posterior, Bohm esclarece:

> ...é digno de nota que as pesquisas modernas sobre o cérebro e o sistema nervoso oferecem considerável suporte às afirmações de Krishnamurti de que o *insight* pode mudar as células do cérebro. Assim, por exemplo, atualmente já é algo bem conhecido o fato de existirem substâncias importantes no corpo, os hormônios e os neurotransmissores, que afetam de modo fundamental o funcionamento do cérebro e do sistema nervoso. Essas substâncias respondem a todo momento àquilo que uma pessoa conhece, ao que ela pensa e ao que tudo isso significa para ela. É um fato comprovado nos dias de hoje que as células do cérebro e seu funcionamento são profundamente afetados pelo conhecimento e pelas paixões. É, portanto, bastante plausível que o *insight*, que surge em um estado de energia e paixão mental, possa afetar as células do cérebro de uma maneira ainda mais profunda.[63]

A caminho de Gstaad naquele verão, K foi para a Clínica Janker pelo terceiro ano seguido. Um raio-X mostrou que um nódulo que ele sentia sob o diafragma tinha como causa uma hérnia sem maiores conseqüências. No encontro de Brockwood, após Saanen, perguntaram a K por que ele continuava a falar com aquela idade. Ele respondeu: 'Sempre fazem essa pergunta: "por que você continua gastando sua energia após cinqüenta anos se ninguém parece mudar?" Entendo que quando alguém vê uma coisa verdadeira, bela, quer falar às pessoas sobre isso, por afeto, compaixão, amor. E se há aqueles que não estão interessados, tudo bem. É possível perguntar à flor por que ela cresce, por que exala perfume? É pela mesma razão que o orador fala'.

Nos últimos seis anos de sua vida, K continuaria suas turnês de viagens, palestras e discussões, embora tivesse praticamente abolido as entrevistas privadas. Em julho de 1980, a Sra. Radha Burnier, que K conhecia bem há muitos anos e de quem gostava muito, foi eleita Presidente da Sociedade Teosófica. Ela era filha de N. Sri Ram, ex-presidente Internacional da Sociedade Teosófica, e sobrinha de Rukmini Arundale, que também disputou a eleição. Em atenção a ela, K concordou em visitar a Sociedade Teosófica, enquanto se encontrava em Madras naquele inverno. No dia 3 de novembro, portanto, Radha Burnier foi a Vasanta Vihar buscá-lo e, pela primeira vez, após quarenta e sete anos, ele entrou em terras teosóficas, onde uma multidão estava reunida para dar-lhe boas-vindas, e foi caminhando até a casa de Radha, na praia. Não se lembrava de quase nada do lugar. Daí em diante, pelo resto da vida, sempre que estava em Vasanta Vihar, ia todas as tardes à casa de Radha e caminhava na praia onde havia sido 'descoberto'.

No dia seguinte, K tomou um avião para Sri Lanka, convidado que fora a dar palestras e para onde não ia desde 1957. Foi uma visita triunfal; encontrou-se com o Primeiro-ministro, foi entrevistado na televisão por um Ministro de Estado e falou em particular durante uma hora com o Presidente. As palestras foram assistidas por grandes multidões.

Mais tarde, em Rishi Valley, K reuniu-se com os curadores das três Fundações, e, no dia 20 de dezembro, a Sra. Gandhi, acompanhada de Rajiv e a esposa, veio passar um dia, chegando em Madanapalle de helicóptero. Pupul Jayakar também estava lá para recebê-los. K e a Sra. Gandhi deram uma longa caminhada a sós, observados por guardas armados ocultos entre as moitas.

Quando K interrompeu sua viagem em Brockwood no início de 1981, a caminho de Ojai, procedente da Índia, contou-nos entusiasmado sobre a visita da Sra. Gandhi e do tratamento VIP que recebera em Sri

Lanka. Ele parecia realmente impressionado que o Presidente do Sri Lanka quisesse vê-lo. Esta era uma das estranhas peculiaridades de K: seu respeito pelo sucesso mundano e honrarias acadêmicas nos outros. Entretanto, tinha aversão a pessoas que se gabavam de sua fama ou mostravam sinais de auto-importância. Ele parece nunca ter considerado que as doações dadas ao seu trabalho podiam originar-se de algum negócio impiedosamente competitivo que teria deplorado se soubesse. Se, contudo, não houvesse essas contradições em sua natureza, ele teria sido muito menos interessante e certamente menos atraente pessoalmente.

No encontro de Saanen de 1981, K sofreu muito de dor de estômago, mas os exames feitos no hospital da cidade não indicaram nada que a explicasse. Ao mesmo tempo, foi programada a operação da hérnia para quando retornasse a Ojai no ano seguinte, antes de ir à Índia novamente. A caminho de Gstaad ele pediu subitamente a Mary Zimbalist, que estava com ele, para escrever um livro sobre como era viver com ele. Nos anos que se seguiram ele reiterou duas vezes o pedido, mesmo que fossem apenas cem páginas, que escrevesse um pouquinho todos os dias. É de se esperar que ela faça isso algum dia, pois desde 1966 ela ficou com ele mais do que ninguém. Ela sempre estava com ele em Gstaad, Brockwood e agora em Ojai. Vanda Scaravelli ainda abria Tannegg para ele, com Fosca, mas retornava a Florença durante o encontro e só voltava para fechar o chalé.

Em setembro, K modificou um pouco seu programa anual, proferindo duas palestras em Amsterdã, onde não falava há dez anos. A grande sala RAI ficou lotada, assim como uma sala adjacente com circuito interno de televisão para que o público pudesse acompanhá-lo. Alguns amigos da Inglaterra estavam com ele. A caminho da primeira palestra, ele nos perguntou, no carro, sobre o que falaria. Eu lhe perguntei: 'Você não tem nenhuma idéia?' Ele respondeu: 'Não, nenhuma'. Quando sua pequena figura apareceu e sentou-se sozinha diante da enorme tribuna em uma cadeira dura, sem nem mesmo uma mesa à sua frente, foi intensamente comovente. Como sempre ele permaneceu em silêncio por alguns minutos, olhando o público de um lado para outro. O silêncio era mortal e havia uma tensa expectativa no ar. Por fim começou: 'Infelizmente serão apenas duas palestras e, por isso, é necessário condensar o que temos a dizer sobre a totalidade da existência'. Cada vez mais ele enfatizava que a diferença entre os seres humanos era apenas superficial. Explicou isso na primeira palestra:

> O conteúdo de nossa consciência é o espaço comum a toda a humanidade... um ser humano, que vive em qualquer parte do mundo, sofre, não apenas física mas também interiormente. Ele é inseguro, temeroso, confuso, ansioso, sem qualquer sentimento de profunda segurança. Desse modo, nossa consciência é comum a toda a humanidade... E por isso não somos indivíduos. Por favor, pensem sobre isso. Temos sido treinados, educados religiosa e escolasticamente, a pensar que somos indivíduos, almas separadas, lutando por nós mesmos, mas isso é uma ilusão... Nós não somos entidades separadas com conteúdo psicológico separado, lutando por resultados; nós somos, cada um de nós, realmente, o restante da humanidade.

Na mesma palestra, ele tratou de outro tema do qual já havia falado anteriormente e sobre o que falaria novamente nos últimos anos — a convivência com a morte:

> A morte significa o fim do conhecido. Significa o fim do organismo físico, o fim de toda memória de quem eu sou, pois eu não sou nada a não ser memória. E tenho medo de deixar isso tudo ir embora, porque isso significaria a morte. A morte significa o fim dos apegos, isto é, morrer enquanto estamos vivos e não daqui a cinqüenta anos, quando alguma doença acabar conosco. É viver com toda vitalidade, energia, capacidade intelectual e um grande sentimento, e, ao mesmo tempo, acabar, morrer para certas conclusões, idiossincrasias, experiências, apegos, mágoas. Quer dizer, enquanto estamos vivos, vivemos também com a morte. A morte, então, não é algo distante, não é algo que se encontra no final de nossas vidas, trazida por algum acidente, doença ou idade avançada, mas, em vez disso, é o fim de todas as coisas da memória — isto é morte, uma morte que não está separada da vida.[64]

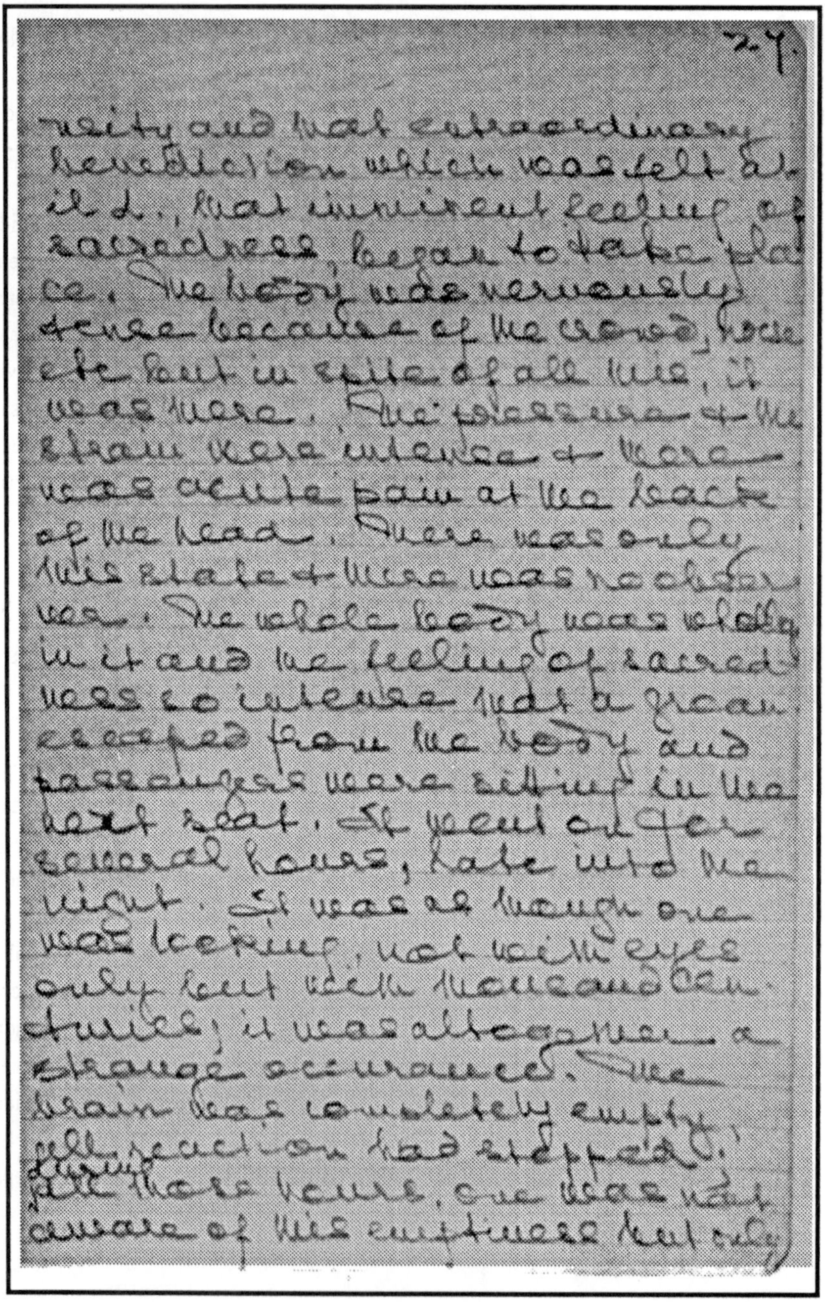

9-7.

nity and that extraordinary
benediction which was felt at
O., that imminent feeling of
sacredness, began to take pla-
ce. The body was nervously
tense because of the crowd, noise
etc. but in spite of all this, it
was there. The pressure & the
strain were intense & there
was acute pain at the back
of the head. There was only
this state & there was no other-
ness. The whole body was wholly
in it and the feeling of sacred-
ness so intense that a groan
escaped from the body and
passengers were sitting in the
next seat. It went on for
several hours, late into the
night. It was as though one
was looking, not with eyes
only but with thousand cen-
turies; it was altogether a
strange occurrence. The
brain was completely empty,
all reaction had stopped;
during
all these hours, one was not
aware of this emptiness but only

Uma página do *Diário* de K. (Tamanho exato), 9 de julho de 1961.

K em um concerto na *Rajghat School*, 1969.

Nandini Mehta e Pupul Jayakar em Rajghat, 1969.

K e Friedrich Grohe em Rishi Valley, 1983.

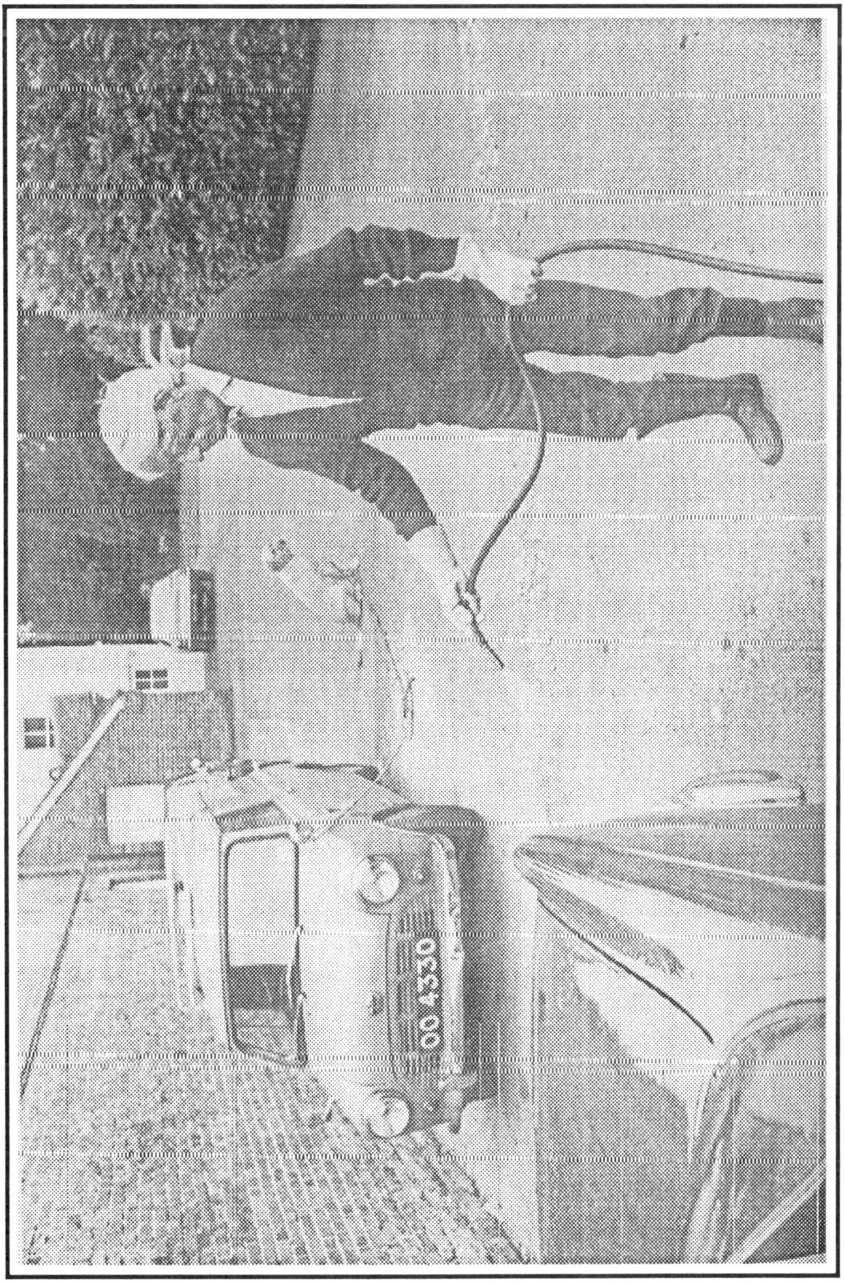

K na *Brockwood School*, 1972.

K falando aos estudantes na *Brockwood School*, 1975.

K em Oak Grove, Ojai, 1972.

K na casa dos Lilliefelt, Ojai, 1972.

K e Scott Forbes em Rougemont, 1985.

K falando em Amsterdam, 1981.

Última palestra de K, em Vasanta Vihar, 4 de janeiro de 1986.

O que ele realmente estava pedindo aos seus ouvintes era que abandonassem todos os apegos humanos. Quantos gostariam de fazer isso mesmo que pudessem? Contudo, mais e mais pessoas em todo o mundo continuaram a assistir suas palestras.

K estava muito feliz na Holanda, onde estivera por muito tempo quando jovem. Certa tarde ele foi rever o Castelo Eerde que era, agora, uma escola. Não ia lá desde 1929. Ao passar entre a alameda de faias, perguntou a si mesmo por que devolvera a propriedade. Quando chegou ao castelo, entretanto, não quis sair do carro temendo ser reconhecido.

Ao retornar a Ojai, no início de 1982, após os usuais e infatigáveis meses na Índia, K fez, em fevereiro, a cirurgia de hérnia, no Centro Médico da Universidade da Califórnia, em Los Angeles. Não era uma cirurgia urgente, mas se ele piorasse de repente, enquanto estivesse viajando, poderia ser perigoso. Mary Zimbalist permaneceu com ele no quarto, dormindo num sofá, as quatro noites que ele ficou hospitalizado. Essa cirurgia também foi feita com anestesia raquidiana. Era uma experiência penosa para ele; quando o efeito da anestesia passou, a dor ficou intensa, e ele falou da 'porta aberta'. Mary pediu-lhe para que a fechasse. Naquela noite, ele disse a ela: 'Estava muito perto. Eu não sabia se teria forças para fechar a porta', mas, àquela altura, ele estava sentado na cama, lendo um romance policial.

Um exame posterior, no Centro Médico da UCLA, indicou que a taxa de glicose de K estava muito elevada, e ele teve que se submeter a uma dieta para diabéticos; uma visita ao oculista logo em seguida diagnosticou o início de catarata nos dois olhos e uma ameaça de glaucoma no olho esquerdo, para o que lhe foi receitado um remédio. No geral, contudo, os médicos declararam que ele estava muito bem para sua idade.

No final de março, K proferiu duas palestras em Nova Iorque, onde havia falado pela última vez em 1974, dessa vez no Carnegie Hall, que comportava cerca de 3.000 pessoas. Todos os assentos foram tomados. Entrevistado por Paul L. Montgomery para o *New York Times*, no dia 26 de março, no Hotel Parker-Meridien onde estava hospedado, K disse: 'Veja, nunca aceitei autoridade e nunca exerci autoridade sobre os demais. Vou contar-lhe uma história engraçada. Na época de Mussolini, um de seus principais assessores pediu-me para falar em Stresa, perto do Lago Maggiore [no verão de 1933]. Ao entrar no salão, deparei-me com cardeais, bispos, generais. Eles, provavelmente, pensavam que eu era um convidado de Mussolini. Falei sobre autoridade, como era perniciosa, como era destrutiva. No dia seguinte, havia apenas uma senhora idosa para ouvir-me'. Montgomery perguntou-lhe se achava que o trabalho de toda sua vida fizera alguma diferença no modo de vida das pessoas. Ele respondeu: 'Um pouco, senhor, mas não muito'.

Quando K teve de resumir o que falaria em duas palestras foi mais eficaz do que na série de palestras em Ojai, Saanen e Brockwood e nos lugares em que falava regularmente na Índia. Na primeira das palestras em Nova Iorque, ele falou sobre psicanálise, uma parte tão importante da vida norte-americana: 'Se temos algum problema e o submetemos ao analista — ele é o sacerdote moderno — pensamos que ele vai resolver todos os nossos pequenos problemas estúpidos. Análise implica um analista e um analisado. Quem é o analista? Ele é separado do analisado? Ou ele é o analisado?' K falava sobre o analista e o analisado o mesmo que falara há anos sobre o observador e o observado, o pensador e o seu pensamento. Não há diferença entre eles. Isso é verdade, ele afirmava, em relação a toda fragmentação interna. 'Quando você está zangado', ele disse 'a ira é você. Você não é diferente da ira. Quando vocês são ambiciosos, invejosos, vocês são isso'.

Ele pediu ao público em Nova Iorque para não bater palmas antes ou depois de uma palestra: 'Se vocês batem palmas, estão batendo palmas para sua compreensão... O orador não está interessado de modo algum em ser um líder, em ser um guru — em todas essas bobagens. Estamos compreendendo algo juntos na vida, vida que se tornou tão extraordinariamente complexa'.

No final da segunda palestra, perguntou se podia levantar e sair; estava evidentemente quase desmaiando quando lhe fizeram perguntas. Pediu que não passassem de duas. A última foi: 'Senhor, poderia descrever Deus? Deus existe?' K respondeu:

> Nós inventamos Deus. O pensamento inventou Deus, isto é, por causa da miséria, do desespero, da solidão, da ansiedade, nós inventamos esta coisa chamada Deus. Deus não nos fez a sua imagem — quisera que tivesse feito. Pessoalmente não acredito em nada. O orador apenas olha o que é, quais são os fatos, a percepção da natureza de cada fato, cada pensamento, todas as reações — ele é totalmente ciente de tudo isso. Se vocês forem livres do medo, da tristeza, não há necessidade de um deus.[65]

Aplaudiram quando ele se levantou apesar de seu apelo para que não o fizessem.

Em Ojai, em abril, ocorreram discussões de quatro horas de duração sobre 'A Natureza da Mente' entre K, David Bohm, o Dr. John Hidley, um psiquiatra de Ojai, e Rupert Sheldrake, que era na época consultor do *International Crops Institute* em Hyderabad. Essas discussões, gravadas em vídeo, foram patrocinadas pela Fundação Robert E. Simon, uma organização privada que fez várias doações para promover o desenvolvimento da saúde mental. Várias universidades e centros de treinamento do país solicitaram, imediatamente, esses vídeos que estavam disponíveis tanto para compra quanto empréstimo. Foram também apresentados em vários canais de televisão a cabo, inclusive em Nova Iorque.[66]

K parecia estar particularmente bem e ativo em seu octogésimo sétimo aniversário em maio. Ele disse a Mary: 'todas as noites agora a meditação me acorda'. Durante a meditação, 'o outro' estava sempre presente. Ele descreveu no *Diário* o que sentia quando era despertado no meio da noite por essa meditação:

> Meditação a esta hora era liberdade, era como entrar num mundo desconhecido de beleza e quietude; um mundo sem imagem, símbolo ou palavra, sem ondas de memória. O amor estava na morte de cada minuto, e cada morte

> significava o retorno do amor. Não era apego, não tinha raízes; florescia sem pausa e era uma chama que queimava os limites, as barreiras, cuidadosamente erigidas, da consciência. A meditação era alegria e com ela vinha a bênção.

Em junho K deu duas palestras no *Barbican Hall* em Londres — a primeira vez que falava na Inglaterra em uma sala maior do que a *Friends' Meeting House* — mas, embora a sala estivesse lotada, as palestras não foram um sucesso. Na primeira, o microfone não funcionou; na segunda, K sentiu-se desconfortável com a atmosfera do local e não estava de modo algum nos seus melhores dias. Não havia entrada separada para artistas, que precisavam passar pela entrada principal para chegar à sala de palestras. Incapaz de enfrentar isso, K teve que ser levado pelo elevador de serviço.

Nessa época, o Dr. Parchure, de Rajghat, viajava habitualmente com K para todos os lugares que ia, e nesse ano a Dra. Dagmar Liechti, aposentada da Clínica Bircher Benner de Zurique, fundada por seu tio e na qual K internara-se em 1960, estava no encontro de Saanen e foi até Tannegg para discutir a saúde de K com o Dr. Parchure. A taxa de glicose ainda estava muito elevada. Sugeriram que K cancelasse o seminário de cientistas que ocorreria em Brockwood depois do encontro e tirasse umas férias em algum lugar onde não fosse conhecido. Ele concordou. Estava começando a compreender que precisava espaçar mais suas atividades. Apesar de sentir-se cansado após o encontro de Saanen, ele ditou outra série de cartas às Escolas, uma por dia, entre 1 e 12 de agosto. Então, em setembro, foi com Mary para a França onde ficaram num hotel, perto de Blois, uns quinze dias. Doroty Simmons passou com eles uma semana. Foram realmente as últimas férias de K — sem palestras, sem discussões, sem entrevistas e, pela primeira vez, a cabeça não o incomodou enquanto descansava.

Antes de ir para a Índia no final de outubro, insisti para que continuasse o seu *Diário*. Achei que ele estava falando muito e escrevendo pouco ou nada. Era muito mais fácil falar do que escrever; em suas palestras não tínhamos as suas belas descrições da natureza. Ele disse que escrever era muito difícil agora porque suas mãos começavam a tremer. Perguntei por que não ditava para um gravador quando estava sozinho? Ele gostou da idéia, mas disse que não teria tempo enquanto estivesse na Índia.

Na Índia foram realizadas todas as palestras nos lugares costumeiros e ainda quatro palestras bem sucedidas em Calcutá, onde nunca havia falado. Também se realizaram discussões infindáveis com o grupo de pessoas que ele reuniu em torno de si com o passar dos anos, entre elas Pupul Jayakar, Sunanda e Pama Patwardhan e o irmão mais velho de Pama, Achyut, e um eminente *Pandit*, Jagannath Upadhyaya.[67] Na Europa e nos Estados Unidos, K tomava o café da manhã na cama e não levantava antes do meio-dia a menos que tivesse um compromisso, mas na Índia ele descia para tomar o café com os amigos e então as conversas começavam. Discutir com várias pessoas, participando e fazendo perguntas, era a maneira favorita na Índia de mergulhar no ensinamento religioso e filosófico. Essa era, sem dúvida, a melhor maneira para a compreensão intelectual; contudo parecia impedir aqueles saltos intuitivos pelos quais algumas pessoas mais prontamente percebiam o que K estava falando. O próprio K era estimulado por essas discussões na Índia. Ele gostava de penetrar lentamente, logicamente, passo a passo, em sua filosofia. Era também a maneira indiana de questionar tudo que era dito. K aprovava totalmente isso, uma vez que a fé, a aceitação sem questionamento das palavras de outro, era, para ele, uma barreira intransponível para a descoberta da verdade pela autocompreensão.

A filha de Pupul Jayakar, Rahdika, PhD em sânscrito e estudos budistas numa universidade norte-americana e casada com um professor canadense, Hans Herzberger, era agora a diretora de estudos da escola Rishi Valley, trabalhando em estreita cooperação com Narayan que continuava como diretor. K estava muito satisfeito com a maneira como a escola era conduzida. Havia 340 estudantes pagantes, provenientes de diferentes partes da Índia, um terço dos quais meninas. Dez por cento deles recebiam bolsas de estudo. Rishi Valley tinha a reputação de ser uma das melhores escolas da Índia.

Ao retornar para Ojai, em fevereiro de 1983, K começou a ditar a continuação do seu *Diário*. Ditou a primeira parte num gravador novo, a sós em seu quarto, na cama, após o café da manhã, e continuou a fazer isso, embora não diariamente, até o início de abril. A maioria dos fragmentos tem início com uma descrição da natureza, demonstrando que cada dia era de fato um novo dia para ele, um dia como nunca tinha havido antes. Para muitos, essas descrições estimulam o ser como um todo, tornando-o intuitivamente receptivo aos ensinamentos que se seguem. Em março do ano seguinte, novamente em Ojai, ele ditou mais três partes a sós em seu quarto. Surgindo dois anos antes de sua morte, essas foram suas últimas reflexões privadas, sendo que a última de todas se refere à morte. Ele descreve ter visto uma folha morta 'amarela e vermelha brilhante', caída no caminho quando caminhava numa bela manhã ensolarada na primavera. 'Que bela era aquela folha', ele disse, 'tão simples em sua morte, tão vívida, cheia de beleza e impregnada da vitalidade da árvore e do verão. É estranho que não tenha murchado'. Ele continuou:

> Por que os seres humanos morrem tão miseravelmente, tão infelizes, com doenças, velhice, senilidade, o corpo encolhido, feio? Por que não podem morrer naturalmente e de forma tão bela quanto uma folha? O que há de errado conosco? Apesar de todos os médicos, remédios e hospitais, operações e toda a agonia da vida, e prazeres também, não parecemos capazes de morrer com dignidade, simplicidade e com um sorriso... Assim como se ensina matemática, a escrever, a ler e toda a parafernália da aquisição de conhecimento às crianças, também se deveria ensinar-lhes a grande dignidade da morte, não como uma coisa infeliz e mórbida que temos de encarar finalmente, mas como algo da vida diária — a vida diária de olhar para o céu azul e para o gafanhoto em uma folha. Os desconfortos que sentimos quando nascem nossos dentes ou com as doenças infantis fazem parte do nosso aprendizado. As crianças têm uma extraordinária curiosidade. Se vocês perceberem a natureza da morte, não explicarão que tudo morre, que o pó volta ao pó e assim por diante, mas, sem qualquer temor, irão explicar-lhes delicadamente que viver e morrer são uma única coisa...

Não há ressurreição; isto é superstição, uma crença dogmática. Tudo na terra, nesta bonita terra, vive, morre, vem à existência e fenece. Captar este movimento total da vida requer inteligência, não a inteligência do pensamento, ou dos livros, ou do conhecimento, mas a inteligência do amor e da compaixão com sua sensibilidade... Se olhássemos para a folha morta com toda sua beleza e colorido, talvez compreendêssemos profundamente, talvez nos conscientizássemos do que deve ser nossa própria morte, não no final, mas no início. A morte não é uma coisa aterradora, algo a ser evitado, algo a ser postergado; em vez disso, é algo com que se estar todos os dias. E daí surge uma extraordinária sensação de imensidão.[68]

19

'Você precisa apressar-se para compreender'

Em abril de 1983, K foi novamente para Nova Iorque onde proferiu palestras no *Felt Forum* em *Madison Square Garden*, que atraíram um público ainda maior do que o do *Carnegie Hall*. Dois repórteres que o entrevistaram para o *East West Journal* comentaram: 'Encontramos um homem educado e tímido que parecia ter infinita paciência, mas ao mesmo tempo mostrava grande vigor e um sentido de missão... Seus comentários claros e perceptivos colocaram-nos em dificuldades muitas vezes, deixando-nos com uma sensação de que diante de nós estava um homem verdadeiramente livre que, sem tentar, havia alcançado uma espécie de anarquia espiritual — uma visão profundamente moral e sagrada, completamente independente das ideologias ou religiões ortodoxas'.

No encontro de Ojai, que se seguiu às palestras de Nova Iorque, foi exibido um filme colorido da vida de K, que Evelyne Blau, uma das curadoras da Fundação Americana, levou cinco anos para fazer. Chamado *The Challenge of Change* (O Desafio da Mudança), foi dirigido por Michael Mendizza, com narração do ator Richard Chamberlain. K assistiu à apresentação do filme, o que era raro, pois ele jamais quis ver-se na televisão ou ouvir-se nas entrevistas de rádio, assim como não lia seus livros. Ele, evidentemente, gostou do filme, com belas tomadas na Suíça e na Índia. O filme obteve sucesso de público em várias apresentações realizadas em cidades norte-americanas.

Logo após a chegada de K e Mary em Brockwood em junho, Dorothy Simmons sofreu um ataque cardíaco. Embora se recuperasse bem, não mais carregaria todo o peso da escola como vinha fazendo de forma tão magnífica por quatorze anos. Ela se aposentou, mas continuou a viver em Brockwood com o marido, que também se aposentara alguns anos antes.* Posteriormente, um jovem norte-americano, Scott Forbes, casado com uma sul-africana, Kathy, que ensinava dança na escola, foi nomeado o novo diretor. Era um jovem dinâmico, que já trabalhava em Brockwood há dez anos, encarregado principalmente do vídeo (que agora contava com equipamento colorido). Scott viajara muito, vivera em Paris algum tempo e tivera um antiquário em Genebra antes de conhecer K, em Saanen, por acaso, em um verão. Ouvindo uma palestra, sentiu-se cativado. Quando foi trabalhar com K mudou totalmente o estilo de vida, embora mantivesse toda sua vitalidade. Sua esposa assumiu a responsabilidade pelos vídeos depois que ele se tornou diretor.

Ainda em Gstaad, após o encontro de Saanen em 1983, K conheceu um homem que tornou possível a realização de um de seus mais acalentados desejos — a construção de um centro para adultos em Brockwood, completamente independente da escola, onde as pessoas pudessem ir com o propósito único de estudar seu ensinamento. Esse homem era Friedrich Grohe, um alemão de meia idade que morava na Suíça. Há quatro anos tinha se retirado dos negócios da família, conhecidos internacionalmente pela manufatura de torneiras para banheiro e cozinha. A leitura de um livro de K em 1980 (*The Impossible Question*) determinou o curso de sua vida daí para a frente, para usar suas próprias palavras. Ele foi ver K em Tanneeg pois estava ansioso para iniciar uma Escola Krishnamurti na Suíça. K o dissuadiu disso, dizendo que era muito difícil encontrar professores. (Quando K perguntou-lhe se era casado e ele respondeu que era divorciado, K pegou em seu braço e disse 'Bom').** No ano seguinte, em uma visita a Brockwood, Friedrich Grohe sugeriu que, em vez de iniciar

---

* Montague Simmons faleceu em 1986 e Dorothy em 1989. Doris Pratt também faleceu em 1989.

** Friedrich Grohe subseqüentemente foi indicado como curador das Fundações da Inglaterra e da Índia.

uma escola, ele poderia financiar a construção do centro de estudo. K aceitou entusiasticamente a proposta. Foi escolhido um lugar belo e próximo, que não era visto do edifício da escola, com vista ampla para os campos do sul onde nunca seria possível construir nada. K encarregou Scott Forbes de encontrar um arquiteto e obter a permissão para o projeto.

Após completar uma programação na Índia, naquele inverno de 1983-4, K retornou, exausto, para Ojai em fevereiro, para tratar dos problemas que surgiram com a abertura de uma escola secundária naquela cidade, anexa à escola primária de Oak Grove. Em março ele foi convidado pelo Dr. M.R. Raju, do Centro de Pesquisas do Laboratório Nacional em Los Alamos no Novo México, para fazer parte de um simpósio sobre 'Criatividade na Ciência'. Esse centro para pesquisa atômica nos Estados Unidos atraiu um novo e estimulante público para K. Às 8 horas da manhã, do dia 19 de março, ele falou, por mais de uma hora para cerca de 700 cientistas, sobre como o conhecimento jamais poderia ser criativo, pois era incompleto. Ele finalizou:

> Certamente a criatividade só é possível quando o pensamento está silencioso... A ciência é o movimento do conhecimento, reunindo mais e mais e mais. O 'mais' é a medida, e o pensamento pode ser mensurado porque é um processo material. O conhecimento possui seu próprio *insight* limitado, sua própria criatividade limitada, mas isso gera conflito. Estamos falando sobre percepção holística, na qual o ego, o 'eu', a personalidade, não participa. Somente então há esta coisa chamada criatividade. É isso.

Na manhã seguinte, K respondeu perguntas para uma pequena platéia, restrita a pesquisadores do Laboratório Nacional de Los Alamos. Das quinze perguntas dirigidas a ele, respondeu apenas à primeira e à última. A resposta da primeira pergunta 'O que é criatividade? O que é meditação?' tomou praticamente toda a hora e meia prevista, e ele repetiu grande parte do que havia dito no dia anterior. Sobre meditação ele disse: 'Meditação não é meditação consciente, deliberada, sentar-se de pernas cruzadas ou deitado ou a repetição de certas frases, que é um esforço deliberado, consciente de meditação. O orador diz que tal meditação não tem sentido. É parte do desejo. O desejo de ter paz mental é o mesmo que o de uma boa casa ou um bom vestido. A meditação consciente destrói, impede a outra forma de meditação'.

A última pergunta foi: 'Se o senhor fosse o diretor do Laboratório com a responsabilidade de defender o país e reconhecendo o modo como as coisas são, como orientaria as atividades do Laboratório e das pesquisas?' K respondeu:

> Se eu tivesse um grupo de pessoas que dissesse: vamos esquecer todo nacionalismo, todas as religiões, vamos, como seres humanos, resolver este problema — tentar viver juntos sem destruição; se todos nos dedicássemos a isso como um grupo de pessoas absolutamente abnegadas que se reuniu em Los Alamos com um único propósito, e estivéssemos preocupados com todas as coisas sobre as quais falamos, então talvez alguma coisa nova pudesse ocorrer... Ninguém tem uma visão global — um sentimento global em relação a toda humanidade — não pelo *seu* país, pelo amor de Deus. Se vocês andassem pelo mundo como faz o orador, chorariam pelo resto de suas vidas. O pacifismo é uma reação ao militarismo, mais nada. O orador não é um pacifista. Ao invés disso, olhemos para a causa de tudo isso — se todos buscássemos juntos a causa, o problema seria resolvido. Mas cada um possui opiniões diferentes sobre a causa e agarra-se a suas opiniões, seus registros históricos. Portanto, senhor, é isso que aí está.

Membro do público: Senhor, se é que posso dizer assim — penso que nos convenceu.

Krishnamurti: Não estou convencendo vocês de coisa alguma.

Membro do público: O que quero dizer é que quando nós realmente tentamos compreender isso e fazer alguma coisa nessa direção, de algum modo parece que nos falta a energia necessária... O que nos impede realmente? Podemos ver a casa pegando fogo, mas mesmo assim não conseguimos fazer nada para apagar o fogo.

Krishnamurti: A casa pegando fogo, que pensamos estar lá, está aqui. Temos que colocar nossa casa em ordem primeiro, senhor.[69]

K deu palestras no *Felt Forum* novamente em Nova Iorque, em abril, e depois foi orador convidado da *Pacem in Terris Society* no Auditório Hammarskjöld da Biblioteca das Nações Unidas. Ele nada disse, nessa ocasião, que já não tivesse dito em palestras anteriores, embora nunca repetisse exatamente as mesmas palavras.[70]

Quando K chegou em Brockwood naquela primavera, encontrou um aparelho de CD instalado em seu quarto, o que foi uma grande alegria para ele. O compositor que ele mais ouvia era Beethoven; em segundo lugar, Mozart. Mas ele adorava a maioria das músicas clássicas, bem como música indiana, especialmente a cantada. Scott Forbes escreveu-me após a morte de K:

> Durante vários anos, eu ia com freqüência ao seu [K] quarto enquanto ele tomava café; era a hora em que ele ouvia música. Ele sentava na cama com a bandeja no colo, e o pé ficava balançando delicadamente, de modo quase imperceptível, sob os lençóis, ao som da música. Anos mais tarde, ouvi trechos das músicas que ouvia com ele. Nada tinha a ver com o fato de ser um sistema estéreo maravilhoso, mas, com a qualidade do ouvir, muito além do que eu estava acostumado e que parecia tão natural quando eu ouvia música em companhia dele.

Infelizmente, o Chalet Tannegg fora vendido agora, portanto ele não pôde mais ser alugado para os encontros de Saanen. Um chalé em Schönried, logo acima de Gstaad, foi alugado em seu lugar e aberto para K, como sempre acontecia em Tannegg, por Vanda Scaravelli e Fosca. K não gostou deste tanto quanto o de Tannegg; fazia suas habituais caminhadas à tarde em uma mata que ia até o rio, mas agora tinha que ir de carro até Tannegg para poder caminhar. Cada vez que chegavam à floresta ele dizia: 'Podemos entrar?'

Alguns dos curadores da Índia e dos Estados Unidos encontravam-se em Brockwood, em setembro daquele ano, para um encontro internacional. Enquanto K estava nos Estados Unidos, Scott Forbes havia encontrado um arquiteto que fez um projeto e uma maquete, uma vez que K não conseguia compreender plantas arquitetônicas. Quando K viu a maquete imediatamente a desaprovou; disse que parecia um motel. Os curadores que lá estavam concordaram com ele. Em vez de continuar com o mesmo arquiteto, Scott decidiu procurar outro. A especificação de eliminar a aparência de motel era um desafio para qualquer arquiteto: vinte dormitórios pequenos, cada um com banheiro próprio, uma sala de estar, sala de refeições, biblioteca, acomodações para a equipe de funcionários e cozinha, e, o mais importante de tudo, uma sala 'silenciosa'. K escreveu: 'Deve haver uma sala onde se possa ficar em silêncio. Essa sala será usada apenas para isso... É como uma fornalha que aquece todo o lugar... Se não houver isso, o Centro torna-se apenas uma passagem, as pessoas indo e vindo, trabalho e atividade'. K insistia para que todo o material usado na construção fosse da melhor qualidade; ele queria o mais alto padrão de qualidade em toda parte.

Após tentar vários outros arquitetos, Scott Forbes tomou conhecimento do trabalho de Keith Critchlow, ao ler, por acaso, um artigo sobre ele. Não havia nenhuma construção sua na Inglaterra, mas ele mostrou a Scott fotografias de seus trabalhos no exterior, a maioria dos quais eram edifícios para fins religiosos. Em junho do ano seguinte, Critchlow foi convidado a encontrar-se com K em Brockwood, que logo sentiu ser esse o homem certo — mais por causa de sua personalidade e conversa do que por seus esboços. Embora inglês e membro do *Royal College of Art*, onde ensinava, Critchlow não estava qualificado para desenvolver seu trabalho na Inglaterra, por isso a empresa inglesa Triad intermediou a implementação do projeto.

Em fevereiro de 1985 foi apresentado o croqui com o pedido de autorização. O pedido foi rejeitado em março por estar incompleto, de modo que foi invalidado. Outro pedido, portanto, foi apresentado em maio e concedido em agosto, mas somente no dia 26 de fevereiro de 1986 é que a petição foi deferida.

Mary Zimbalist teve que ir de Brockwood a Roma durante dois dias no outono de 1984 para ver uma senhora italiana que havia trabalhado como arrumadeira para ela em Malibu. Ao voltar K disse-lhe: 'Quando você está fora é muito mais difícil para mim. Você precisa apressar-se para compreender tudo. Eu posso viver mais dez anos, mas você tem que compreender'. Ele, nessa época, com freqüência, dizia-lhe: 'Você precisa durar mais do que eu, para cuidar desta pessoa', referindo-se de forma completamente objetiva a si mesmo. Ele naturalmente sentia uma grande urgência agora em cativar e treinar jovens para levar adiante o trabalho após sua morte.

K chegou em Delhi com Mary Zimbalist em 28 de outubro de 1984 para uma estadia de uma semana com Pupul Jayakar. Três dias mais tarde a Sra. Gandhi, que morava na mesma rua, foi assassinada. Esse terrível acontecimento marcou o restante da estadia de K na Índia naquele inverno, mas não o impediu de dar as costumeiras palestras em Rajghat, Madras e Bombaim, nem de falar todos os dias com os professores e estudantes em Rishi Valley durante as três semanas que passou lá. Como de costume, na viagem de regresso de Bombaim a Ojai, ele fez uma escala em Brockwood, onde ficou quatro dias em fevereiro de 1985. Quando tomou o avião para Los Angeles, no dia 17 de fevereiro, teria exatamente um ano de vida pela frente.

Em março, fez o exame anual com um novo médico, o Dr. Gary Deutsch, em Santa Paula, a 25 quilômetros de Ojai. Esse jovem médico havia sido recomendado por um amigo de Mary quando o médico anterior de K em Los Angeles aconselhara-o a ter um médico perto de Ojai. K logo gostou do Dr. Deutsch, que seria o médico que o atenderia em sua última doença.

20

'Minha vida tem sido planejada'

K não falou em Nova Iorque em 1985 porque Milton Friedman, autor e ex-porta voz da Casa Branca, tinha organizado duas palestras para ele, em abril, no *Kennedy Center* em Washington. Antes disso, contudo, ele falou novamente na *Pacem in Terris Society* nas Nações Unidas por ocasião do quadragésimo aniversário dessa sociedade. Desta vez o público foi escasso e o deixaram esperar cerca de meia hora por causa de uma confusão na sala na qual ele iria falar. Quando deixou o edifício no final da palestra, disse a Mary: 'Nada mais de Nações Unidas'.

Esta seria a primeira e única vez que K falaria em Washington. Não havia nem um assento vazio no salão. Falando para um público novo, seriamente interessado e inteligente, ele alcançou outra vez o pico de seus poderes. Não que dissesse algo de novo, mas era o fulgor que vinha dele, a força e a convicção na sua voz, a ressonância da sua linguagem. Na segunda palestra há uma passagem particularmente bela sobre o sofrimento:

> Quando há sofrimento, não há amor. Como pode haver amor quando vocês estão sofrendo, preocupados com o próprio sofrimento?... O que é sofrimento? É autopiedade? Por favor, investiguem. Não estamos dizendo que é isso ou que não é isso... O sofrimento é ocasionado pela solidão — pelo sentimento de estarmos desesperadamente sós, isolados?... Podemos olhar para o sofrimento como ele realmente é em nós, ficar com ele, aceitá-lo e não fugirmos dele? O sofrimento não é diferente daquele que sofre. A

> pessoa que sofre quer fugir, escapar, faz de tudo para isso. Mas se olharmos para o sofrimento como olhamos para uma criança, uma bela criança, e o aceitarmos, nunca fugirmos dele, então veremos por nós mesmos, se realmente olharmos profundamente, que ocorre o fim do sofrimento. E quando há um fim para o sofrimento, há paixão; não luxúria ou estímulo sensual, mas paixão.[71]

Dois dias antes da primeira palestra, foi publicada no *Washington Post* uma longa entrevista com K, feita magistralmente por Michael Kernan Além de dar uma breve descrição dos primeiros anos da vida de K, ele citou algumas de suas passagens mais brilhantes como: 'Ao colocar-se um ponto final no apego, surge o amor', e, 'para aprender, compreender a si mesmo, toda autoridade deve ser posta de lado... Nada há a aprender dos outros, inclusive do orador... O orador nada tem para ensinar-lhes. O orador está meramente agindo como um espelho no qual vocês podem se ver. E quando puderem ver a si mesmos claramente, podem jogar fora o espelho'.

Em outra entrevista perguntaram a K: 'Se um ouvinte levar suas sugestões a sério e de fato mudar, o que acontecerá a essa pessoa?' K respondeu: 'Essa é uma pergunta equivocada. Mude... E veja o que acontece'. Em rede de rádio para a 'Voz da América', no dia 18 de abril, quando lhe perguntaram o que achava do renascimento religioso nos Estados Unidos, ele respondeu: 'Não se trata de renascimento religioso. O que é renascimento? É reviver alguma coisa que já passou, que está morta, não é? Quero dizer, você pode reviver um corpo semimorto injetando nele poções mágicas, mas o corpo, depois disso, continuará sendo o mesmo corpo antigo. Isso não é religião'. Posteriormente, em uma entrevista ele disse:

> Se o homem não mudar radicalmente, se não ocasionar uma mutação fundamental em si mesmo, não por meio de Deus, de orações — tudo isso é muito infantil, muito imaturo — nós nos destruiremos. Uma revolução psicológica é possível agora, não daqui a mil anos. Nós já vivemos milhares de anos e ainda somos bárbaros. Portanto, se não mudarmos agora, ainda seremos bár-

> baros amanhã, e dentro de mil amanhãs... Se eu não parar a guerra hoje, irei para a guerra amanhã. Portanto, o futuro é agora, dito de forma muito simples.

Foi uma pena que K tivesse que prosseguir com as habituais palestras anuais após o apogeu de Washington. Em Ojai, Saanen, Brockwood e Índia suas palestras sofreram um certo declínio nesse ano, o que não é de surpreender, aos noventa anos. Como não gostara de Schönried no ano anterior, Friedrich Grohe emprestou-lhe o apartamento em Rougemont, a aproximadamente 10 quilômetros de Gstaad, no mesmo vale, para o encontro deste ano. Ele ficou lá com Mary. Vanda e o Dr. Parchure ocuparam um apartamento maior no mesmo chalé. Fosca, finalmente, teve que parar de trabalhar (ela faleceu em agosto, aos noventa anos); por isso, Raman Patel, encarregado da cozinha em Brockwood, cuidou dessa parte. De Rougemont, como de Schönried, K ia de carro até Tannegg para os passeios da tarde. Na primeira caminhada daquele ano ele foi só, na frente, pela floresta 'para ver se somos bem-vindos'.

K não estava nada bem durante o encontro, que transcorreu com um tempo perfeito. Certa noite ele se sentiu tão mal que disse a Mary: 'Acho que chegou minha vez'. Para encurtar sua viagem, sugeriu, no encontro internacional dos curadores, ocorrido durante as palestras, que depois de mais um verão em Saanen, os encontros deveriam ser realizados em Brockwood. Mas, antes do final das palestras, alguns dos curadores, dirigiram-se a Rougemont e insistiram para que ele desistisse até mesmo do encontro em Saanen. K considerou cuidadosamente a sugestão e concordou. O Dr. Liechti, que se encontrava lá outra vez, e o Dr. Parchure aprovaram enfaticamente essa decisão que foi anunciada no dia seguinte na tenda.

Na última palestra, no dia 25, K disse com muito sentimento: 'temos tido dias maravilhosos, manhãs adoráveis, belas noites, longas sombras e vales de um azul profundo, céu azul claro e neve. Nunca um verão foi assim. Por isso, penso que as montanhas, os vales, as árvores e o rio estão dizendo adeus'.

Casualmente, haviam solicitado a Mark Edwards que fosse a Saanen, naquele verão, para tirar fotografias do encontro e dos cenários das tendas até a última palestra, de modo que foi uma feliz coincidência que ele estivesse lá para registrar esse encontro final após vinte e quatro anos.[72] Quando Mark foi até o chalé em Rougemont para tirar fotos, K percebeu imediatamente que ele tinha uma máquina fotográfica nova, uma Nikon SA em vez da Leica. Como não havia filme na máquina, Mark abriu a parte de trás e mostrou a K o novo disparador automático. K segurou a máquina e perguntou se podia levá-la até a janela. Lá ele olhou a bonita estrutura da máquina com grande atenção por um longo tempo antes de devolvê-la.

Pelo resto do verão K deparou-se com o dilema de ficar ou não mais algum tempo em Rougemont após o encontro. As viagens estavam se tornando muito cansativas para ele; mesmo assim ele não conseguia ficar muito tempo num lugar. Tornara-se tão sensível que achava que as pessoas iriam centrar-se nele caso permanecesse muito tempo, uma pressão que ele não suportava mais. E precisava continuar falando. Falar era sua *raison d'être*. Sentia necessidade de que alguém o desafiasse; isso o inspirava a mergulhar ainda mais profundamente em si mesmo. Ninguém fazia mais isso, disse ele. As conversas com David Bohm ou *Pandit* Jagannath Upadhyaya na Índia não avançavam. Os seminários com psicólogos organizados pelo Dr. Shainberg em Nova Iorque começaram a tornar-se desinteressantes, assim como as conferências com os cientistas em Brockwood. Nos últimos anos, travara discussões com o Dr. Jonas Salk, com o professor Maurice Wilkins, autor de *Iris Murdoch,* e outros, e fora entrevistado por inúmeras pessoas, entre elas Bernard Levin, na televisão; contudo nenhum deles trouxera nova inspiração. Quanto mais erudita a pessoa, quanto mais tivesse lido, quanto melhor a memória, tanto mais completamente sua cabeça estava cheia de conhecimento de segunda mão, tanto mais difícil era para K chegar perto dela. Seus entrevistadores buscavam compará-lo com outros instrutores religiosos, outros filósofos, enquadrá-lo de certa forma. Pareciam incapazes de escutar sem projetar seus próprios preconceitos e conhecimentos naquilo que ele dizia.

K pretendia cancelar o programa na Índia naquele inverno e, em 1986, dar apenas uma série de palestras nos Estados Unidos. Considerou a possibilidade de dar palestras em Toronto, onde nunca estivera, mas temia ter de cancelá-las se sua saúde não estivesse boa. Conversou longamente com Mary em Rougemont, tentando encontrar uma resposta para seu problema. Uma carta recém-chegada de um casal grego convidava-os para passar uns tempos com eles numa ilha grega. K ficou tentado; encontrou a ilha no mapa, mas, em seguida, questionou se haveria sombra suficiente (certa vez teve uma insolação e não suportava mais caminhar ou sentar-se ao sol).

Um dia disse a Mary em Rougemont: '*A coisa* está olhando'. Mary observou: 'Ele fala como se alguma coisa estivesse decidindo o que acontece com ele'. "A coisa" decidirá quando seu trabalho estiver concluído e, em conseqüência, sua vida'. Em outro dia ela registrou um diálogo que teve com ele quando discutiam planos de viagem:

K: Não é o efeito físico no cérebro. É algo mais. Minha vida tem sido planejada. A coisa irá dizer-me quando morrer, isto é, quando tiver terminado. Ela encerrará minha vida. Mas eu preciso ter cuidado para não interferir 'naquilo' dizendo: 'Vou dar mais duas palestras apenas'.

M: Você sente quanto tempo mais ela está lhe dando?

K: Acho que mais dez anos.

M: Você quer dizer dez anos de palestras?

K: Quando eu não falar mais, estará terminado. Mas eu não quero forçar o corpo. Preciso de um certo descanso, nada mais do que isso. Um lugar silencioso onde ninguém me conheça. Mas, infelizmente, as pessoas conhecem-me em toda parte.

Falou mais uma vez que ela deveria escrever um livro sobre ele — como era viver com ele, o que ele dizia. Pediu-lhe, também, para escrever uma nota: 'Se alguém ficar magoado com o que digo, é porque não escutou o ensinamento'.

Antes de Erna Lilliefelt, que participara do encontro internacional, voltar para a Califórnia, K pediu a ela e para Mary que providenciassem coisas para ele fazer em Ojai. Ele não ia simplesmente ficar lá sentado, mas elas também não precisavam organizar coisas só para agradá-lo. 'Deve ser alguma coisa que acreditem ser necessária'. Ao caminhar pela floresta naquela tarde ele disse: 'O espírito partiu de Saanen; provavelmente por isso eu me sinto tão desconfortável. Ele se mudou para Brockwood'.

Quando Vanda Scaravelli retornou de Florença, para onde sempre voltava durante os encontros, na véspera da partida de K de Rougemont, ela o aconselhou a descansar bastante e ir à Itália e não para a Suíça no próximo verão. K subitamente ficou alegre e animado: 'Podemos ir aos Alpes Franceses ou às montanhas na Itália', disse a Mary. Ele gostaria também de ir a Florença, Veneza e Roma. No dia 12 de agosto, ao partir para Inglaterra, despediu-se de Vanda pela última vez.

Ao chegar a Brockwood, K estava tão cansado que, um dia, nem pôde fazer seus exercícios, o que raramente acontecia. Contou a Mary que, desde o encontro de Saanen, algo estava ocorrendo com ele e que: 'Se alguma coisa decide tudo que acontece com K, isso é extraordinário'. Mary perguntou-lhe se estava consciente de certas mudanças nele, isto é, em suas maneiras: 'uma leve indelicadeza que não lhe é peculiar'. 'Estou sendo indelicado com os outros?' ele perguntou. 'Não'. Ele perguntou ainda: 'Apenas com você?' 'Sim'. Ele disse que jamais havia feito nada inconscientemente, que ela deveria apressar-se em mudar, que era aquele o motivo pelo qual ele havia sido indelicado com ela. 'Eu quero dar-lhe um novo cérebro', ele disse. Quinze dias depois, ele contou a ela que estivera observando sua própria irritação. 'Estou ficando velho ou me habituando [a atormentá-la]; isso é culpa minha e isso deve parar. Meu corpo ficou hipersensível. Na maior parte do tempo, quero ir embora e não posso fazer isso. Vou dar um jeito de lidar com essa situação. É imperdoável'. Em outro dia ele falou: 'Eu não posso ficar seriamente doente. O corpo existe para falar'. Sua resistência física estava, sem dúvida, entrando em colapso. As caminhadas estavam ficando mais curtas. Mas estavam ocorrendo 'meditações notáveis', o que sempre significava que 'o outro', seja ele quem for, estava com ele.

O encontro em Brockwood começou no dia 24 de agosto com um tempo maravilhoso. Uma equipe profissional estava lá para filmar a terceira palestra. Tinham uma grua de modo que podiam filmar a cena inteira. O filme, chamado *The Role of the Flower* (O Papel da Flor), foi exibido na TV Thames, no dia 19 de janeiro de 1986. Como um todo, não poderia haver um filme melhor dos encontros, mas a entrevista com K no final, que prometia ser particularmente boa, foi muito curta.

K sentia agora que havia 'colocado a casa em ordem' em Brockwood, mas precisava fazer o mesmo na Índia e temia isso ao mesmo tempo que 'estava querendo muito ir'. Esperando na plataforma da estação em Petersfield, a caminho de Londres, certa manhã, ele disse a Mary que Scott Forbes perguntara-lhe por quanto tempo ele iria viver. Ele respondeu que sabia até quando, mas não diria. 'Você sabe mesmo?' Mary perguntou:

K: Penso que sei. Tenho intuições.

M: Você pode me contar?

K: Não, isso não seria certo. Não posso dizer a ninguém.

M: Não podemos pelo menos ter uma idéia vaga do tempo?

K: Scott perguntou-me se eu ainda estarei aqui quando o Centro estiver concluído em Brockwood. Eu disse que estaria. [O Centro só foi concluído em setembro de 1987].

M: Temos de viver pensando que a qualquer momento K pode partir?

K: Não, não é assim; isso não vai acontecer por um bom tempo.

M: Há quanto tempo você sabe?

K: Há cerca de dois anos.

No almoço daquele dia, no Fortnum, K disse-me também que sabia quando ia morrer, mas que não podia contar a ninguém. Eu imaginei que poderia ser em dois ou três anos, mas ele parecia tão jovem, lépido, conservado e bonito naquele dia que dez anos pareceram-me mais prováveis. Ele estava tão observador como sempre, olhando em volta no restaurante para as pessoas com o mesmo ávido interesse.

Naquele outono, em Brockwood, K começou a ensinar para Scott Forbes alguns exercícios de *yoga*. Era um professor severo. Scott achou sua elasticidade extraordinária mesmo para um homem muito mais jovem. Contudo ele não se apoiava mais na cabeça, como fizera durante anos. K gravou, também, uma conversa com Scott na qual expunha o que ele esperava de um professor em suas escolas. Começou perguntando a Scott se o grupo de professores que tinha a responsabilidade principal pela escola, compreendia, mesmo que intelectualmente, o que ele estava falando. Scott respondeu que eles reagiam à 'outra presença' que estava lá. Então K quis saber o que estava acontecendo com Scott; quais eram seus sentimentos em relação a K? Qual era sua atitude com relação ao ensinamento de K e todo o trabalho que estava sendo executado nos Estados Unidos, na Índia e em Brockwood? Por que Scott estava em Brockwood? Seu contato com o ensinamento e com todo o trabalho devia-se apenas ao próprio K? Ele era dependente de K? E se K morresse amanhã? Tendo entrado em contato com K, com 'aquele ímpeto, fôlego, sentimento, isso morrerá depois da morte de K ou florescerá, multiplicar-se-á?... Florescerá por si mesmo? Não dependerá das circunstâncias? Nada pode corromper isso uma vez que está ali. Pode passar por diferentes circunstâncias, mas está sempre ali'. Scott respondeu que aquilo ainda 'não estava firme'.

'Não use a palavra "ainda"', K o repreendeu. 'Ainda significa tempo. Você fará com que isso se firme, crie raízes e floresça? Ou dependerá das circunstâncias?' Continuaram a conversa:

S: Não, senhor. Faremos tudo...

K: Não, não, não, senhor. Não faça nada. A própria coisa, a própria semente cresce, como num útero, você nada precisa fazer. Ela está aqui. Está fadada a crescer. Está fadada a florescer — esta é uma palavra melhor... Scott está ciente de que a semente está aqui? Scott está impedindo o florescimento disso por causa de muita atividade, muita organização, por não estar dando ar suficiente à flor? O que geralmente acontece é que as organizações sufocam tal coisa... Você deve estar bem certo de que a semente está aqui, que não foi inventada pelo pensamento. Se a semente é forte você não precisa fazer realmente nada com ela... Não pode haver nenhum conflito em você. Eles [os estudantes] podem ter conflitos, não você... Eles podem dar opiniões. Você não pode ter opiniões... Você precisa ouvi-los, ver o que estão dizendo, ouvir cada um deles, não reagir a isso como Scott ou a partir de sua bagagem de conhecimento, mas ouvi-los com muito cuidado... Você pode se libertar dessa bagagem? Isso é muito difícil... Exige toda sua energia... Essa bagagem é todo o seu treinamento de norte-americano, sua educação e a assim-chamada cultura norte-americana... Discuta isso, pondere isso, aconselhem-se juntos. Não diga 'Bem, tenho que me livrar dessa minha bagagem de conhecimento' — você nunca vai poder fazer tal coisa... Você pode estar ciente disso, não deixando que essa bagagem reaja ou interfira. Creio que uma ação deliberada é necessária porque você vai dirigir esse lugar. Você tem a energia, você tem o elã. Mantenha-o. Não deixe que gradualmente decaia por causa deste fardo.[73]

K estava muito preocupado nessa época com a possibilidade de a organização e o negócio das escolas estarem colocando a perder o ensinamento. Não seriam as organizações que manteriam as Fundações unidas. 'O fator de união deve ser a inteligência', disse a Mary e a Scott. 'Ser livre no verdadeiro sentido. Esta liberdade é inteligência. A inteligência é comum a todos nós e isso nos unirá, não as organizações. Se perceberem a importância da liberdade de cada um de nós e que liberdade implica amor, consideração, atenção, cooperação, compaixão — é essa inteligência o fator que nos manterá unidos'. Ele também pediu para Mary anotar: 'Independência sem liberdade não tem sentido. Se você tem liberdade não precisa de independência'.

No dia 21 de setembro, K perguntou durante uma reunião com os educadores da escola: 'Como vocês podem conseguir, instantaneamente, sem tempo, fazer com que os estudantes percebam que a preocupação consigo mesmo é a origem do conflito? E não apenas percebam, mas sejam instantaneamente transformados?' Ele prosseguiu dizendo que, das centenas de estudantes que passaram por Rishi Valley, sua escola mais antiga, nenhum havia mudado. Após a reunião, quando estavam a sós, Mary perguntou-lhe qual era a razão de ter estudantes se nenhum deles em todos estes anos havia-se transformado? Se, com toda sua influência, nenhum estudante transformara-se, como o restante de nós, que, aparentemente também não mudou, poderá mudar os estudantes? 'Se você não conseguiu isso, há alguma possibilidade de nós conseguirmos? — ela lhe perguntou. 'Eu não sei', ele respondeu meio brincando, evidentemente não querendo continuar com um tema tão sério.

A escola em Brockwood continuou a florescer depois da morte de K. É muito menor do que as escolas indianas, com espaço para apenas sessenta estudantes, um número igual de meninos e meninas, de vinte diferentes nacionalidades, com idades de quatorze a vinte anos e conta com um fundo especial para bolsas de estudo. Alguns estudantes fazem cursos em Universidades Abertas e vivem e trabalham em Brockwood.

Keith Critchlow esteva novamente em Brockwood em outubro com planos detalhados do Centro e amostras de dois tijolos coloridos diferentes feitos a mão, que ele queria usar, e de telhas também feitas a mão. Contou com aprovação geral. K recentemente havia afirmado em vídeo que queria que o Centro fosse:

> ...um centro religioso, um centro onde as pessoas sintam que não há algo fabricado, algo não imaginado, com uma espécie de atmosfera 'santa'. Um centro religioso, não no sentido ortodoxo da palavra; um centro onde a chama esteja acesa, não as cinzas dela. Uma chama é viva, e, se você vem a esta casa, deve levar esta luz, esta chama, com você, ou pode iluminar-se e tornar-se o ser humano mais extraordinário, não dividido, uma pessoa verdadeiramente inteira, sem sombra de tristeza, sofrimento e todo tipo de coisas. Portanto, isto é um centro religioso.[74]

K falou também da sala silenciosa: 'Esta é a fonte de K. Desculpem-me, estou falando de forma muito impessoal. Esta é a fonte da verdade, ela brilha, está viva lá'.[75] K disse a Critchlow que não queria que o edifício tivesse aparência de 'novo rico' ou de um 'hotel rural'. 'O prédio fará com que eu queira estar bem arrumado, limpo?' — ele perguntou. Critchlow respondeu que se o edifício 'respeitasse' as pessoas, as pessoas respeitariam o edifício. Essa sensação de mútuo respeito está presente no Centro, que foi aberto em dezembro de 1987. Ele revela o que ainda pode ser realizado por artesãos dedicados quando inspirados por um projeto como esse. Quando se entra no edifício, entra-se imediatamente na atmosfera única de Krishnamurti.

21

'O mundo da criatividade'

K não deixou Mary Zimbalist acompanhá-lo à Índia naquele inverno porque, no ano anterior, ela tinha adoecido lá. Ela tinha dúvidas se o veria de novo, pois ele estava muito fraco. Mas ele lhe assegurou: 'Se eu estiver para morrer, telefono-lhe imediatamente. Não vou morrer subitamente. Minha saúde é boa, meu coração, tudo está bem. Tudo isso é decidido por alguém que não sou eu. Não posso falar sobre isso. Não tenho permissão, você entende? É muito mais sério. Há coisas que você não sabe. Imensas, e não posso contar-lhe. É muito difícil encontrar um cérebro como este e ele deve ser mantido tanto quanto o corpo agüentar, até que algo diga que é suficiente'.

Quando Mark Edwards fotografou K no dia 19 de outubro, quatro dias antes que partisse da Índia, achou que ele estava com ótima aparência. Contudo, na semana que K passou em Nova Delhi, dormiu muito pouco e quase não comeu nada; por isso, quando chegou a Rajghat em 2 de novembro, o Dr. Parchure, que o aguardava, achou-o terrivelmente fraco. Daí em diante o médico não o deixaria até sua morte e passou a fazer um registro diário sobre sua saúde.

Enquanto estava na Índia, K realizou uma de suas principais tarefas: encontrar um diretor ('reitor' como é chamada a função) para a escola Rajghat. O escolhido foi o Dr. P. Krishna, um sobrinho de Radha Burnier e professor de física na Universidade Hindu de Benares, o qual concordou, com o consentimento do vice-reitor da Universidade, em abandonar aquele posto e assumir o novo em Rajghat, em fevereiro.

Em vez de escrever cartas diárias para Mary Zimbalist, como K fez nas visitas anteriores à Índia, ele agora ditava cartas mais longas, quase todos os dias, em um gravador e enviava-lhe a fita. Fazia isso por causa das mãos trêmulas. Disse-lhe de Rajghat, no dia 9 de novembro, que sua pressão arterial tinha baixado consideravelmente e que as pernas estavam tão 'vacilantes' que mal podia caminhar. No dia anterior, havia caído por não conseguir subir os degraus de uma escada. O Dr. Parchure recomendou-lhe alguns exercícios e massageou as pernas dele com óleo, e ele tinha certeza de que logo estaria mais forte. Não queria mais comer em companhia das pessoas e fazia todas as refeições na cama. As pessoas vinham vê-lo todo o tempo no quarto, onde se realizavam as discussões. Pupul Jayakar, Nandini Mehta, Radhika Herzberger, Sunanda e Pama Patwardhan encontravam-se em Rajghat. No décimo primeiro dia, suas pernas estavam melhores, e ele se sentia mais forte de modo geral. Falou sobre a beleza do rio quando o sol despontava aproximadamente às 6h15min. Estava lendo *Lincoln*, de Gore Vidal, e o descreveu como 'maravilhoso'.

Apesar da fraqueza, K deu duas palestras públicas em Rajghat e tomou parte de uma série de discussões com os curadores indianos e alguns eruditos budistas, entre eles Jagannath Upadhyaya.[76] O Governo da Índia estava subvencionando G. Aravindan, um conhecido produtor, a fim de fazer um longa metragem sobre a vida de K, *The Seer Who Walks Alone* (O Sábio Que Caminha Só). O filme havia sido iniciado no ano anterior, e as últimas seqüências foram tomadas em Rajghat, nesta sua visita final.

Ao voltar para Rishi Valley no final de novembro, sua debilidade ficava aparente, segundo o Dr. Parchure, nas caminhadas da tarde quando 'ele se inclinava tanto para a direita que parecia que ia cair'. Também estava muito sensível ao frio, provavelmente porque tinha perdido peso. Disse a Mary que cobertores e bolsa de água quente não eram suficientes para aquecê-lo à noite; de manhã a temperatura ficava abaixo de 8° C. Ele fazia as refeições sozinho no quarto, como em Rajghat, e tencionava fazer o mesmo em Madras. Mas parecia que ainda não fazia idéia do quanto estava doente, pois, em 4 de dezembro, disse a Mary que partiria de Madras para Bombaim no dia 20 de janeiro, e de Bombaim para Londres em 12 de fevereiro e, após quatro dias em Brockwood, tomaria o avião para Los Angeles de modo que a veria novamente no dia 17 de fevereiro. (Este, na realidade, foi o dia em que veio a falecer). No dia 11, disse que estava se sentindo muito mais forte; as pernas 'um pouquinho mais firmes'.

Em meados de dezembro, os professores de todas as Escolas Krishnamurti reuniram-se em Rishi Valley para uma conferência. Scott Forbes, um dos que vieram da Inglaterra, ficou pesarosamente chocado com a degeneração física de K. Ele escreveria mais tarde:

> As pessoas em Rishi Valley estavam bem conscientes de sua fragilidade, e todos os estudantes e a equipe da escola eram muito gentis e cautelosos com ele. Havia um pressentimento no ar. As pessoas não falavam abertamente sobre isso, pelo menos não comigo, mas davam a entender que não esperavam que Krishnamurti voltasse a Rishi Valley. Krishnamurti devia estar preparando as pessoas para isso porque a idéia de que ele provavelmente não voltaria à Índia foi sendo aceita gradualmente.
>
> Radhika estava fazendo as vezes de anfitriã, dirigindo esta conferência e cuidando de Krishnaji, além de dar conta dos costumeiros afazeres da escola. Lembro-me de ter pensado várias vezes comigo mesmo que ela desincumbia-se disso muito bem e estava lidando com uma situação muito, muito difícil, da melhor maneira possível.[77]

Para surpresa de todos, K participou da conferência dos professores, falando três vezes e 'colocando a coisa toda num patamar diferente, de iluminada grandeza', segundo um dos professores ingleses. Na última reunião, K perguntou se havia inteligência que não fosse fruto do conhecimento e, portanto, livre do auto-interesse. Fez uma distinção entre mente e cérebro — considerando este último um mecanismo físico que é essencialmente a sede do pensamento. A mente era inteiramente diferente, não estava envolvida com o pensamento como o tempo. Ele perguntou: 'Há tempo envolvido na bondade?' — e propôs que, ao contrário da experiência humana, o bem não estava relacionado com o mal, seja como uma reação a ele ou um estado primário. Ele trouxe de volta à conferência, que estava discutindo questões de currículo, aquilo que para K era o propósito das escolas — como ocasionar um novo cérebro e o significado do florescimento da bondade.[78]

K falou também às crianças enquanto estava em Rishi Valley. Enfatizou, como havia feito em Pergine em 1924, que a pior coisa era a mediocridade. Podemos alcançar as mais altas posições na terra e ainda assim sermos medíocres. Era uma questão de *ser*, não de realizar.

Radhika Herzberger e Scott conversaram sobre um pequeno centro de estudos que seria construído em Rishi Valley, financiado por Friedrich Grohe. Pequenos centros seriam também construídos em Rajghat e Uttar Kashi, nos Himalaias, perto de Dehradoon, numa área de terras que tinha sido doada à Fundação Indiana e era inacessível no inverno. Friedrich financiou essas construções também.

Uma poupa — pássaro de bico comprido e crista alta — pousou no peitoril da janela do quarto de K durante essas discussões, e bicou o vidro, querendo entrar. Fizera o mesmo em outras visitas. K nunca o alimentara e parecia não haver razão para ele querer entrar; entretanto ele estava quase sempre por ali. K falou com ele, disse que gostava do som de sua voz. Ele estava lá, como de costume, bicando o vidro nessa última visita de K. Pode-se escutá-lo distintamente ao ouvir as fitas cassetes gravadas durante as discussões.[79]

No dia 19 de dezembro, dois dias antes de partir para Madras, K disse a Mary em sua gravação diária na fita cassete:

> Estou perdendo bastante peso. Fico cansado rapidamente. Em meados de janeiro você saberá se eu vou ou não para Bombaim e/ou tomarei a *Singapore Airline* de Madras para Cingapura e de lá para Los Angeles. Estou achando isso bom, não descer em Heathrow-Londres e, então, tomar outro avião, seis dias mais tarde, para Los Angeles... veremos como as coisas andam. Estou me sentindo muito bem, na verdade, sem problemas de coração; meu cérebro está bem, funcionando muito bem, e o fígado e tudo o mais estão bem, mas creio que não conseguirei engordar. Estou perdendo peso, por isso acho

> melhor ir para Cingapura e de lá cruzar diretamente o Pacífico... mas, como escrevo a você todos os dias, falo com você todos os dias, você saberá. Veremos o que acontece. Quanto menos eu viajar melhor; tudo me deixa cansado agora.

Havia interrupções nessa gravação, para K falar com alguém, que evidentemente era o pássaro: 'Vem cá, estou aqui, vem. Vem cá velha menina, estou desse lado. Vem sentar aqui. (Desculpe, estou falando com os pássaros). Você tem olhos muito vivos, hem?'

No dia 21, como disse a Mary, K cancelou as palestras em Bombaim e decidiu viajar para Los Angeles via Cingapura. 'Não posso perder mais peso', continuou, 'já perdi bastante e se perder mais ficarei tão fraco que não poderei caminhar. Isso não seria nada bom'.

Ele pediu para Scott Forbes acompanhá-lo a Ojai, em vez de voltar para a Europa com os outros professores, e para mudar a passagem dele e a do Dr. Parchure para viajarem pela *Singapore Airlines* e para comprar uma passagem para ele. Felizmente, Scott tinha um cartão *American Express*, para poder arcar com tudo. K não podia enfrentar o frio da Europa. Queria partir logo após as palestras de Madras e o encontro dos curadores indianos que se seguiria.

O Dr. Parchure marcou uma consulta com um eminente médico assim que chegaram a Madras. K pesava agora apenas cerca de 50 quilos e estava com febre. O médico, que suspeitou de alguma doença maligna, queria fazer exames, mas K recusou-se a fazer qualquer coisa que o pudesse perturbar durante as palestras. Proferiu três ao invés de quatro palestras, no jardim de Vasanta Vihar, e pediu a Scott para antecipar a data da partida de 17 de janeiro para o dia 10. ('Ele estava praticamente correndo de volta para Ojai para ser cuidado pelo Dr. Deutsch, relatou o Dr. Parchure). Doente como estava, continuou a caminhar todos os dias no final da tarde, na praia, em frente da casa de Radha Burnier.

No início de janeiro, todos que se encontravam em Vasanta Vihar, exceto K, foram a Madras para assistir à pré-estréia do filme de Aravindan, o qual foi terminado em tempo extremamente curto. Há belas tomadas no filme, embora seja uma pena que os lugares onde vemos K falando e caminhando não estejam identificados.[80]

K encerrou a terceira palestra no dia 4 de janeiro de 1986 — a última que ele daria — com estas palavras:

> A criatividade é algo muito sagrado. É a coisa mais sagrada que existe na vida e, se você tiver feito uma confusão de sua vida, mude-a. Mude isso hoje, não amanhã. Se estiver em dúvida, descubra o porquê e tenha certeza. Se seu pensamento não é direto, pense de forma direta, lógica. A menos que tudo isso esteja preparado, tudo resolvido, não podemos entrar no mundo da criatividade.
>
> É o final. [Essa última frase mal pôde ser ouvida, foi sussurrada em vez de falada. Pôde ser ouvida apenas na fita cassete. Não pôde ser ouvida pelo público].

Então, após uma longa pausa, ele acrescentou: 'Esta é a última palestra. Querem sentar-se em silêncio juntos por um momento? Muito bem, senhores, sentem-se em silêncio por uns instantes'.[81]

No encontro da Fundação Indiana, que se seguiu às palestras, K insistiu para que as casas onde ele havia morado não se tornassem lugares de peregrinação, que não se criasse um culto em torno dele. Pediu que a cláusula seguinte fosse inserida nas regras e regulamentos da Fundação:

> Sob nenhuma circunstância a Fundação ou qualquer outra instituição sob seus auspícios, ou qualquer um de seus membros, irão apresentar-se como autoridades em relação aos ensinamentos de Krishnamurti. Isso está de acordo com a declaração de Krishnamurti de que ninguém, em nenhum lugar, deve apresentar-se como autoridade em relação a ele ou a seus ensinamentos.[82]

22

'Aquele vasto vazio'

K estava muito doente e com fortes dores no estômago durante o vôo de 24 horas para Los Angeles, com breves escalas em Cingapura, onde mudaram de aeronave, e em Tóquio. Mary Zimbalist esperou-o no aeroporto e, tão logo ficaram a sós, no carro, a caminho de casa (deixaram os outros encarregados de trazer a bagagem) pediu-lhe que nos próximos dois ou três dias não o deixasse só ou ele poderia 'escapulir'. Ele disse: '*A coisa* não quer habitar um corpo doente, que não funciona'. Estava com 38°C de febre à noite.*

No dia 13 de janeiro, K teve uma consulta com o Dr. Deutsch em Santa Paula e, em razão dos resultados dos exames feitos no Hospital Comunitário de Santa Paula, o médico marcou uma ultra-sonografia do fígado, da vesícula e do pâncreas para o dia 20. Os exames revelaram uma 'massa no fígado'; foi marcada, então, uma tomografia axial computadorizada para o dia 22. Mas no dia 22, K acordou a uma hora da manhã com uma dor no estômago que não passava. O Dr. Deutsch, que foi chamado pelo telefone, disse que não podia tratar do caso fora do hospital. Após pensar cuidadosamente, K concordou em ser removido e, mais tarde, naquele dia, foi internado em um quarto particular na unidade de tratamento intensivo do Hospital Santa Paula. Um raio-X mostrou uma obstrução no intestino e foi passado um tubo pelo nariz para drenar os

* O último volume da biografia que escrevi sobre K, *The Open Door* (A Porta Aberta), fornece uma descrição detalhada de sua última doença e morte, e baseou-se em três fontes independentes — o diário de Mary Zimbalist, o relatório médico diário do Dr. Parchure e as recordações de Scott Forbes escritas após a morte de K. O Dr. Deutsch confirmou depois que as descrições eram acuradas. As mesmas fontes foram usadas neste livro, de forma abreviada.

fluidos e ministrada hiper-alimentação intravenosa, quando se percebeu que estava seriamente subnutrido. Seu peso baixara para 42 quilos. Após passar por todas essas coisas desagradáveis, ele disse para Scott: 'Tenho que aceitar. Já aceitei tanta coisa'. (Quando li estas palavras após sua morte, pensei logo no que a Sra. Kirby havia escrito sobre ele no acampamento de Ommen em 1926: 'Que vida, pobre Krishnaji! Não há dúvida de que ele é o próprio *Sacrifício*'). Ficou aliviado, contudo, quando lhe ministraram morfina, já que nenhum anestésico fazia mais efeito. Uma vez que nunca havia tomado qualquer tipo de remédio durante a agonia que passou no 'processo', ele deve ter reconhecido que essa dor da doença não era espiritualmente necessária; de fato, ele disse que 'o outro' não podia 'chegar' quando a dor estava ali.

K ficou internado oito dias, durante os quais, à noite, Mary, o Dr. Parchure e Scott revezavam-se dormindo em uma cadeira reclinável em seu quarto, enquanto Erna e Theodor Lilliefelt passavam os dias com ele. O vigésimo terceiro dia foi o mais crítico, pois havia o perigo de ele entrar em coma por causa da hepatite. O Dr. Parchure disse-lhe que ele provavelmente tinha câncer, para o qual não havia tratamento. Isso deixou Mary e Scott aborrecidos, pois consideraram prematuro o médico ter contado a K, até que o Dr. Parchure explicou-lhes que havia prometido a K, há muito tempo, que contaria a ele imediatamente se algum dia percebesse qualquer perigo de morte, e, por temer que entrasse em coma, achou correto cumprir a promessa. Quando Mary e Scott foram ao quarto de K no dia seguinte, ele disse: 'Parece que vou morrer', como se não esperasse isso tão logo, mas aceitasse o fato como tantas outras coisas. Mais tarde disse: 'Queria saber por que "o outro" não deixa o corpo partir'. Disse também a Mary: 'Estou observando tudo. É muito curioso. "O outro" e a morte estão lutando'. Após o câncer ter sido definitivamente diagnosticado, ele disse a Mary: 'O que fiz de errado?' — como se tivesse, de algum modo, falhado ao tomar conta do corpo que 'o outro' o encarregara de cuidar. Ele pediu a Mary e Scott que ficassem com ele até o fim, pois queria que 'o corpo' fosse cuidado do mesmo modo que ele havia cuidado dele. Fez esse pedido sem o menor sentimentalismo ou autopiedade.

No dia 24 de janeiro, a obstrução no aparelho digestivo começou a se dissipar, e os sinais da hepatite a ceder. O cirurgião mudou a conexão intravenosa da veia da mão para um tubo maior inserido na clavícula, para que mais líquido pudesse passar; isso liberou as mãos, o que foi um alívio; no dia seguinte, ao ser retirado o tubo do nariz, ele 'se sentiu um homem novo'. Aceitou também a transfusão de sangue para dar-lhe mais força. No dia 27 fez uma tomografia em uma enorme ambulância que andava de um hospital para o outro nas localidades adjacentes. Ele estava, como era característica sua, muito interessado nos detalhes do mecanismo — como a maca era erguida até a camioneta etc. O exame confirmou que havia uma massa no fígado, com calcificação no pâncreas, sugerindo que esta última era a fonte primária da doença maligna. Quando o Dr. Deutsch disse isso a K, ele pediu para voltar para Pine Cottage; não queria morrer num hospital.

Enquanto estava no hospital, pediu para Scott anotar o que ele queria fazer com suas cinzas. Deviam ser divididas em três partes para ir para Ojai, Brockwood e Índia. Ele não queria cerimônias ou 'todas essas baboseiras' e o lugar onde suas cinzas seriam enterradas 'não deveria tornar-se um lugar sagrado onde as pessoas fossem adorar e todas essas tolices'. (Na Índia suas cinzas foram espalhadas no Ganges). Não obstante, ele quis, por pura curiosidade, saber qual era a forma tradicional de tratar o corpo morto de um homem 'santo' na Índia, e, por isso, uma carta foi enviada a *Pandit* Jagannath Upadhyaya pedindo as informações.

Na manhã do dia 30, livre da dor e tendo engordado, inacreditavelmente, 6 quilos devido à superalimentação, K voltou para Pine Cottage. Uma cama de hospital foi colocada em seu quarto no lugar de sua própria cama, a qual foi levada para o quarto de vestir, e contratou-se um serviço de enfermagem de 24 horas. Ficou tão exultante de voltar para casa que pediu para Mary colocar um disco de Pavarotti cantando canções napolitanas, e para servi-lhe um sanduíche de tomate e um sorvete. Um pequeno pedaço do sanduíche o fez passar mal e este foi o último alimento que colocou na boca; a dor voltou à noitinha, e ele teve que tomar morfina outra vez.

Tão logo soube que iria morrer e enquanto ainda estava no hospital, K pediu para quatro pessoas virem da Índia — Radhika

Herzberger, o Dr. Krishna (o novo reitor de Rajghat), Mahesh Saxena, que ele nomeou como o novo Secretário da Fundação Indiana em Madras, e R. Upasani, o diretor da Escola de Agricultura em Rajgaht*. Eram membros da geração mais jovem que, ele esperava, levariam o trabalho adiante na Índia e para quem ele ainda tinha coisas a dizer. Da mesma forma, outros foram para Ojai, sem ser convidados por ele, quando souberam que ele estava morrendo, entre eles Pupul Jayakar e o sobrinho Asit Chandmal, em cujo apartamento K hospedara-se muitas vezes em Bombaim, Mary Cadogan, a Secretária da Fundação Inglesa e curadora da Brockwood Educational Trust, Dorothy Simmons, Jane Hammond, uma curadora inglesa que havia trabalhado muitos anos para K, meu marido e eu. Era impossível ficar longe, e, embora K tivesse-nos dado boas-vindas, ele certamente não precisava de nós, e nossas vibrações provavelmente faziam mais mal do que bem a ele; talvez fôssemos, também, um peso para as gentis pessoas de Ojai que tinham de preparar nossas refeições e atender-nos diariamente. Friedrich Grohe, que possuía uma casa em Ojai, também estava lá.

As pessoas que vieram da Índia e da Inglaterra chegaram no dia 31 de janeiro. Durante a semana em que meu marido e eu permanecemos lá, K teve uma recaída e parecia que só um milagre o faria recuperar-se. Ele disse ao Dr. Deutsch que a dor, a icterícia, a morfina e outros remédios não haviam deixado seqüelas no cérebro. Ele continuava tendo 'maravilhosas meditações' à noite, o que mostrava que 'o outro' ainda estava com ele. O Dr. Parchure confirmou tudo em seu relatório. K fez duas reuniões no quarto durante esse período que foram gravadas por Scott Forbes. Da primeira, no dia 4 de fevereiro, participaram aqueles de nós que tinham alguma coisa a ver com a edição e publicação dos livros (Radhika e o Dr. Krishna haviam há pouco tempo se tornado membros do recém-formado Comitê Internacional de Publicações). K expressou seu desejo com relação às publicações muito claramente: ele queria que suas palestras e sua obra escrita continuassem a ser editadas na Inglaterra, enquanto que na Índia deveriam concentrar-se na tradução do trabalho para línguas vernáculas. No

* Upasani não veio porque não conseguiu passaporte a tempo.

final da reunião, ele disse que a Fundação Indiana achava que o compreendia melhor que os demais porque ele havia nascido num corpo indiano. 'Veja, Dr. Krishna, eu não sou indiano', ele disse. 'Nem eu sou indiana', Radhika interpôs, 'nesse sentido, também não penso que sou uma indiana'. 'Nem eu inglesa', acrescentou Mary Cadogan.[83]

Naquela tarde K sentiu-se tão bem que saiu do quarto. Foi carregado para fora e colocado numa cadeira de rodas; como o dia estava bom, ele pediu para ficar sozinho sob a aroeira, que agora estava enorme, de onde ele podia avistar o vale e as montanhas. Scott, entretanto, ficou a certa distância atrás da cadeira temendo que ele pudesse cair para trás pois estava com as pernas cruzadas. Ele ficou ali algum tempo, totalmente imóvel, antes de pedir para voltar para dentro. Foi a última vez que saiu de casa.

No dia seguinte, quando o Dr. Deutsch veio vê-lo, K perguntou se poderia viajar e dar palestras outra vez. Não como antes, o médico respondeu, embora talvez possa escrever, ditar ou manter discussões privadas. O médico já se tornara seu amigo e o visitava quase todos os dias.

Na manhã do dia 5, K convocou outra reunião, a qual pediu para Scott gravar. Havia quatorze pessoas presentes nessa ocasião. K começou contando-nos que o médico dissera-lhe, no dia anterior, que não haveria mais palestras nem viagens. No momento não sentia dor, disse, e o cérebro estava 'muito, muito, claro'. Ele podia seguir nessa situação por meses. 'Enquanto o corpo estiver vivo', continuou, 'ainda sou o instrutor. K está aqui como se estivesse numa tribuna... Ainda sou o *chefe*. Quero deixar isso bem claro, muito claro. Enquanto o corpo estiver vivo, K estará presente. Sei disso porque tenho sonhos maravilhosos todo o tempo — na realidade não são sonhos, mas a realidade de tudo que está acontecendo'. Ele queria ser informado em detalhes, disse, sobre o que estava ocorrendo na Índia e em Brockwood: 'Não me digam que está tudo bem'.

Ele então solicitou, muito educadamente, que todos os visitantes partissem. Quando morresse não queria que ninguém ficasse 'louvando o corpo'. Pediu, então, para Scott não mudar as palavras que estavam sendo gravadas. Solicitou que ele, que estava perto da cama segurando o microfone, virasse para nós e dissesse: 'Eu prometo que nada será alterado em nenhuma das fitas cassetes. Nada foi e nada será alterado até aqui'.[84]

Foi um choque ouvir K dizer: 'Eu ainda sou o instrutor. K está aqui como na tribuna'. Alguém podia duvidar disso? Apesar de interromper a reunião de vez em quando por causa da fraqueza física, tinha completo domínio de si. Ninguém jamais poderia dizer que ele não 'estava ali' nesses momentos de fraqueza.

Meu marido e eu partimos no dia seguinte de acordo com o desejo de K. Ao despedir-me dele, sem acreditar, verdadeiramente, que jamais o veria de novo, ele, como era característica sua, pediu para Mary ir ver o carro que eu tinha chamado para nos levar ao aeroporto; ficou satisfeito quando soube que era um bom carro. Os outros visitantes também partiram logo em seguida. Asit Chandmal também partiu, mas voltou logo e ficou até a morte de K. K ficava esperando, nesses dias, as visitas do Dr. Deutsch, apesar de preocupar-se com o tempo que estava tomando dos outros pacientes do médico. O doutor aceitou, como amigo, não como médico, o belo relógio Patek-Philippe que K ofereceu a ele. (Ele nunca enviou uma conta pelo tratamento de K nessa doença final). Vendo que K era fã de Clint Eastwood, assim como ele próprio, trouxe alguns filmes dele e também vídeos e slides de Yosemite, pois sabia o quanto K amava as árvores e as montanhas.

Na manhã do dia 7, Mary Zimbalist perguntou a K se podia responder a uma pergunta que Mary Cadogan tinha escrito para ele. Ele pediu para Mary lê-la. Era o seguinte: 'Quando Krishnaji morrer, o que *realmente* acontecerá com esse extraordinário foco de compreensão e energia que é K?' K respondeu imediatamente e Mary anotou: 'Terá partido. Se alguém penetrar totalmente nos ensinamentos, talvez possa tocá-lo; mas somente *tentar* tocá-lo não resolve'. E, após um momento, acrescentou: 'Se vocês apenas soubessem o que perderam — aquele vasto vazio'.

A pergunta de Mary Cadogan provavelmente ainda estava na cabeça de K quando, no meio da manhã, ele chamou Scott e pediu-lhe que gravasse algo que queria dizer. 'A voz dele estava fraca', observou Mary, 'mas falou com grande ênfase'. As palavras estavam entrecortadas por pausas como se fosse um esforço pronunciá-las:

> Eu estava dizendo esta manhã que, por setenta anos, esta superenergia — esta imensa energia, imensa inteligência — tem usado este corpo. Não creio que as pessoas compreendam a tremenda energia e inteligência que fluíam através deste corpo — é uma máquina de doze cilindros. E durante setenta anos — um longo tempo — e agora o corpo não agüenta mais. Ninguém, a menos que o corpo tenha sido preparado, muito cuidadosamente, protegido e assim por diante — ninguém pode compreender o que acontecia com o corpo. Ninguém. Não pretendam compreender. Ninguém. Repito isso: ninguém entre nós ou o público sabe o que aconteceu. Eu sei que não sabem. E agora, depois de setenta anos, isso chegou ao fim. Não aquela inteligência e energia, ela está aqui, todos os dias, e especialmente à noite. E, após setenta anos, o corpo não pode mais suportar — não suporta mais. Não pode. Os indianos têm muitas superstições idiotas sobre isso — que o corpo obedece à nossa vontade e todos os tipos de tolices. Vocês não encontrarão outro corpo como esse, ou aquela suprema inteligência operando em um corpo, por muitas centenas de anos. Vocês não verão isso outra vez. Quando ele partir, partiu. Não há consciência alguma deixada para trás *daquela* consciência, *daquele* estado. Todos pretenderão ou tentarão imaginar que poderão entrar em contato com aquilo. Talvez possam de algum modo se viverem os ensinamentos. Mas ninguém tem feito isso. Ninguém. E então este é o fato.[85]

Quando Scott pediu para ele esclarecer o que dissera pois temia que pudesse ser mal interpretado, K ficou 'muito aborrecido' com ele e disse: 'Você não tem direito de interferir nisso'. Ao dizer para Scott não interferir, parece evidente que K queria que essa declaração fosse conhecida por todos os interessados.

K viveu apenas nove dias mais. Ele desejava morrer e queria saber o que aconteceria se o tubo fosse removido. Disseram-lhe que ficaria rapidamente desidratado. Ele sabia que tinha o direito legal de tirar o tubo, mas não queria causar possíveis problemas a Mary ou ao médico; além disso, 'o corpo' ainda estava sob sua responsabilidade; portanto, até o fim, ele continuou cuidando dele — escovando os dentes, como sempre fazia, três ou quatro vezes por dia, até mesmo o céu da boca e a língua; fazendo os exercícios Bates diários com os olhos; pingando nos olhos as gotas contra glaucoma. Quando o Dr. Deutsch disse-lhe que assoprar numa luva cirúrgica o auxiliaria a eliminar fluídos que se depositavam na base dos pulmões, ele inflava a luva de hora em hora até não ter mais forças para assoprar.

Todas as tardes agora, por sugestão do Dr. Deutsch, ele era levado na cadeira de rodas para a ampla sala onde sentava observando as chamas de uma enorme lareira alimentada com lenha. Na primeira vez que foi para lá, pediu para ficar sozinho, mas permitiu que Scott ficasse atrás dele caso caísse para trás. Scott escreveu mais tarde: 'Ele fez alguma coisa na sala. Dava para sentir quando fazia, e a sala não foi a mesma depois disso. Ele tinha todo o poder e magnificência que sempre teve. Embora estivesse sentado numa cadeira de rodas, coberto com um cobertor, sendo alimentado intravenosamente, ele ainda era imenso e majestoso e inundava completamente a sala com sua presença, fazendo tudo vibrar. E ele resplandecia'. Após uma hora e meia, quis voltar para o quarto e deixou todos estupefatos, pois voltou caminhando sem ajuda.

No dia 10, chegou a resposta do *Pandit* Jagannath Upadhyaya à pergunta de K sobre o tratamento tradicional dado ao corpo de um homem religioso após a morte. Ao ouvir o relato, K disse que não queria nada daquilo. Ele não queria que ninguém visse seu corpo após a morte e deveria haver o menor número possível de pessoas na cremação.

Quando ficou muito fraco para ficar na cadeira de rodas, era carregado para o sofá da sala numa maca. Vestia pijama. No dia 14, a dor voltou e ele tomou morfina novamente. Após uns dez minutos, ao começar o efeito do remédio, ele disse para Mary: 'Muito bom para ser verdade — que pena, pensei que tinha acabado'. Mary tem quase certeza de que o que ele queria dizer era 'eu achava que o sofrimento havia acabado, mas isso era muito bom para ser verdade'. No dia seguinte ele falou com Scott sobre o estado do mundo e perguntou: 'Você acha que o Dr. Deutsch sabe de tudo isso? Você acha que ele vê isso? Tenho que falar com ele sobre isso'. E fez isso quando o médico veio naquela tarde. Scott relembra:

> O que Krishnaji disse ao Dr. Deutsch naquela ocasião foi um resumo de dez ou quinze minutos de tudo o que ele já disse sobre a natureza do mundo. Foi eloqüente, conciso e completo; eu fiquei lá, parado, atônito e impressionado, ouvindo ao pé da cama, com o Dr. Deutsch sentado a seu lado. Uma coisa que lembro K dizer ao Dr. Deutsch foi: 'Não estou com medo de morrer porque vivi com a morte toda minha vida. Nunca carrego qualquer recordação'. Mais tarde o médico disse: 'Eu me senti como o último discípulo de Krishnaji'. Foi realmente maravilhoso. Foi extraordinariamente impressionante que Krishnaji, tão fraco como estava e também tão próximo da morte, pudesse reunir forças para fazer essa síntese, e também foi uma indicação da afeição que sentia pelo médico.

K morreu dormindo logo após a meia-noite do dia 17 de fevereiro. O final é descrito com as palavras de Mary:

> Parchure, Scott e eu estávamos lá, como de costume, e, como sempre, K estava pensando no bem-estar dos outros. Ele me disse: 'Vai para a cama, vai dormir'. Eu disse que iria, mas que ficaria por perto. Ele adormeceu, e, quando fui sentar perto dele e segurei sua mão, ele não reagiu. A parte de cima da cama estava erguida, uma vez que ele se sentia mais confortável desse jeito, e seus olhos estavam semi-abertos. Sentamo-nos com ele, Scott no lado direito e eu, no esquerdo, o Dr. Parchure olhando em silêncio, indo e vindo, o enfermeiro, Patrick Linville, na sala ao lado. Lentamente Krishnaji foi entrando em coma, a respiração ficando mais lenta. O Dr. Deutsch havia chegado aproximadamente às onze horas. Alguma coisa em nosso desespero, que desejava que ele ficasse melhor naquela noite, mudou para querer que ele ficasse livre finalmente do sofrimento. O Dr. Deutsch, Scott e eu estávamos ali quando o coração de K parou de bater dez minutos após a meia-noite.

De acordo com seu desejo, poucas pessoas o viram morto e poucos amigos estavam presentes em sua cremação, ocorrida em Ventura, às oito horas daquela mesma manhã.

23

'O cérebro não pode entender'

A morte de Krishnamurti, foi em certo sentido, tão misteriosa quanto sua vida. Era irônico que, tendo sentido durante grande parte de sua vida que era mais fácil 'escapulir' do que ficar vivo, ele continuasse vivendo quando ansiava por 'escapulir'. Ele acreditava que sabia quando iria morrer; entretanto sua morte veio como uma surpresa para ele. Quando foi gravado, pela última vez, falando em Ojai sobre as 'superstições idiotas da Índia', referia-se, naturalmente, à crença tradicional na Índia de que um homem santo pode *querer* morrer. K podia ter morrido se pedisse para ser desligado dos tubos que o alimentavam, mas isso, sentiu, seria suicídio, uma violação do corpo entregue a seus cuidados — uma fé sagrada. Mas o *desejo* de morrer, se obtivesse sucesso, não era também uma forma de suicídio?

K expressou surpresa que 'o outro' quisesse habitar um corpo doente; por que não o deixava ir? Ele se perguntava se sua doença tinha sido causada por algo errado que havia feito. Pode-se perguntar: 'o outro' permitiu que ele morresse porque o seu corpo tornara-se inútil, ou porque nada mais havia para dizer, porque seu ensinamento estava completo? De todo jeito, 'o outro' evidentemente não desertou até o fim.

K acreditava que 'algo' estava decidindo o que aconteceria com ele, algo sobre o qual ele não tinha permissão de falar; entretanto, ao mesmo tempo, dizia o quão extraordinário seria se *houvesse* algo decidindo tudo que acontecia com K. Há aqui certamente uma contradição? Mas então há várias outras distorções em suas afirmações sobre si mesmo.

K nunca duvidou que sempre foi protegido por alguma coisa. Ele estava convencido de que nada podia acontecer-lhe num avião ou viajando para dar palestras e que essa proteção estendia-se a todos que viajavam com ele. Era seu dever, contudo, não se expor a qualquer perigo meramente por prazer, tal como voar num planador. Ele nunca duvidou também da importância do ensinamento ou da responsabilidade de cuidar do corpo. Ele foi tão longe a ponto de dizer que foram necessárias centenas de anos para produzir um corpo assim. (Era sempre 'o ensinamento', 'o corpo'; nunca 'meu ensinamento', 'meu corpo'). Ele parecia estar ao mesmo tempo fora e dentro de seu próprio mistério. Não queria fazer mistério; entretanto, existia um mistério que ele parecia completamente incapaz de esclarecer, e pensava não ser sua obrigação fazer isso, embora quisesse ansiosamente que outros o esclarecessem, e, nesse caso, ele poderia corroborar a solução.

K disse que o ensinamento vinha como 'uma revelação'; contudo se parasse para pensar sobre ele nada viria e, todavia, ele evidentemente vinha todos os dias enquanto escrevia o seu *Diário*. O que o levou subitamente a escrever o *Diário*? Além de seu conteúdo, é um manuscrito extraordinário, 323 páginas sem uma única rasura.

Segundo as próprias palavras de K, somos forçados a concluir que ele era um 'veículo' para alguma coisa e que era dessa coisa que vinha o ensinamento. Ele estava, no entanto, na maior parte das vezes, tão imbuído de que esta alguma coisa era ele e, mesmo quando ela se recolhia, voltava se ele falava seriamente sobre isso ou ficava aberto para tal, especialmente em suas meditações à noite — *nunca precisava chamar* a coisa. Às vezes ele ficava surpreso que a coisa estivesse ali. Foi assim quando descreveu no *Diário* como havia chegado da paz de Gstaad para um apartamento no oitavo andar em Paris, e descobriu que, 'sentado em silêncio, à tarde, olhando por sobre os telhados... inesperadamente, aquela bênção, aquela força, aquela outra coisa chegou com suave clareza; inundou a sala e ali permaneceu. Está aqui enquanto escrevo'.

Ouvi argumentarem que a inspiração de K não era diferente da de nenhum artista, particularmente a dos músicos; bastava descobrir de onde vinha a inspiração de Mozart. Se o ensinamento veio por meio do cérebro de K, este argumento não tem sentido, mas nenhum outro gênio que eu tenha ouvido falar passou por algo semelhante ao 'processo'.

O mistério de Krishnamurti desapareceria instantaneamente se aceitássemos a teoria de que o Senhor Maitreya assumiu o controle do corpo preparado para ele. Dessa forma, tudo sobre o 'processo' encaixar-se-ia — todas aquelas mensagens 'trazidas' em Ojai, Ehrwald e Pergine, e a própria convicção de K de que a dor tinha que ser suportada sem qualquer tentativa de impedi-la ou aliviá-la. A qualidade singular do fenômeno seria explicada pela mensagem a Nitya 'trazida' em Ojai: 'O trabalho que está sendo feito agora é da maior importância e excessivamente delicado. É a primeira vez que este experimento está sendo feito no mundo'.

O próprio K não descartou totalmente essa teoria, como também não negou ser o Instrutor do Mundo. Ele simplesmente disse que isso era 'muito concreto', 'não era tão simples' e, de fato, é o que se sente em relação a isso. Em 1972, ao falar para o grupo em Ojai, que lhe perguntou quem era ele, respondeu: 'Sinto que estamos sondando algo que a mente consciente nunca poderá compreender... Há alguma coisa, um tremendo reservatório, por assim dizer, que, se puder ser tocado pela mente, revelará algo que nenhuma mitologia intelectual, invenção, suposição, dogma, poderá jamais revelar. Há alguma coisa, mas o cérebro não pode compreender'. Contudo, quando lhe perguntei dois anos mais tarde, ele disse que apesar de ele mesmo não conseguir descobrir ('a água não pode saber o que é a água'), tinha 'certeza absoluta' de que Mary Zimbalist, eu e outros poderíamos descobrir a verdade se investigássemos, mas acrescentou: 'é preciso ter um cérebro vazio'.

Isso nos remete à 'mente vaga'. K voltava sempre, durante minha investigação, para a mente vaga 'do menino' — um vazio que ele nunca havia perdido, acrescentou. O que a manteve vaga? — perguntou. O que é que sempre protegeu o vazio? Se ele fosse escrever sobre o mistério, começaria pela mente vaga. As palavras que ele sussurrou nove dias antes de sua morte tornaram-se mais impressionantes para mim do que qualquer outra coisa que ele já tenha dito: 'Se vocês soubessem o que perderam — aquele vasto vazio'.

K afirmava que a Teosofia na qual foi educado nunca o havia condicionado. Não é possível, contudo, que subconscientemente ele tivesse sido condicionado por ela (mesmo que não reconhecesse que houvesse subconsciente) e que quando estava fora do corpo tudo aquilo que lhe disseram sobre o Senhor Maitreya, os Mestres etc, vinha à tona? Mas isso não explicaria por que ele saía do corpo, por que acontecia 'o processo'.

Outro aspecto a considerar é a energia que muito freqüentemente entrava ou passava através dele. Quando ele estava falando seriamente sobre quem ele era, dizia: 'Vocês podem sentir na sala agora uma pulsação'. Na última fita cassete, ele disse: 'Não acredito que as pessoas compreendam a tremenda energia e a inteligência que passaram por esse corpo...'. Quando ouvi essas palavras, pensei logo no poder, na força, que me acometeu na porta da sala de estar em Brockwood, naquela tarde, quando eu menos esperava. Se aquela força, aquela 'tremenda energia', estava usando o corpo de K desde que o processo começou em 1922, era incrível que ele tivesse vivido tanto. Essa energia era 'o outro'? Era ela que causava a dor do 'processo'? Será que a energia, 'o processo' continuaram de 1922 até o fim de sua vida, com uma gradual diminuição da dor porque seu corpo tinha sido lentamente aberto para criar mais vazio? A energia que passava através dele quando já estava idoso, teria matado K com sua força se entrasse de uma só vez antes de o corpo ter sido sintonizado para recebê-la?

Agora, penso que podemos indagar: K sabia mais sobre quem e o que era do que revelou? Quando ele disse a Mary Zimbalist e a mim que, se pudéssemos descobrir a verdade, ele seria capaz de corroborá-la e que nós encontraríamos palavras para isso, ele estava realmente dizendo: 'eu não devo dizer-lhes, mas se puderem descobrir por si mesmas, então poderei dizer — "Sim, é isso mesmo"? Talvez a coisa mais significativa que disse foi para Mary, quando ela lhe perguntou antes que ele partisse de

Brockwood para Delhi no final de outubro de 1985, se ela o veria novamente: 'Não vou morrer subitamente... tudo isso é decidido por alguém que não sou eu. Não posso falar sobre isso. Não tenho permissão, entende? É uma questão muito séria. Há coisas que você não sabe. Imensas, e não posso contar-lhe'. (Tudo é decidido 'por alguém mais, observe, não 'por alguma coisa mais').

Portanto, K sabia coisas a respeito de si mesmo que jamais contou, embora tenha levantado uma ponta da cortina naquela última fita gravada.

Muitas pessoas acreditam que qualquer tentativa de resolver o mistério de Krishnamurti é apenas uma perda de tempo e não tem importância alguma. O ensinamento é que importa, não o homem. Todavia, para aqueles que conheceram o jovem Krishna e participaram dos primeiros acontecimentos e não podem aceitar que o ensinamento saiu de seu cérebro, um enigma atormentador permanecerá, a menos, talvez, que alguém consiga esvaziar o próprio cérebro. K disse: 'Essa coisa está na sala, mas se alguém perguntar o que ela é, não dirá. Dirá apenas: "Você é muito pequeno"'. Sim, este é o humilde sentimento que nos resta; somos muito pequenos, muito insignificantes, temos um cérebro muito tagarela.

Do mesmo modo, K disse na última fita gravada: 'Todos alegarão ou imaginarão que podem entrar em contato com aquilo. Talvez possam fazê-lo *se* [itálico meu] viverem os ensinamentos'.

Mas, independentemente da sua origem, o ensinamento de Krishnamurti chegou num momento crítico na história do mundo. Como ele disse certa vez a um repórter em Washington: 'Se o homem não mudar radicalmente, ocasionar uma mutação fundamental em si mesmo, nós nos destruiremos. Uma revolução psicológica é possível agora, não daqui a mil anos. Nós já vivemos milhares de anos e ainda somos bárbaros. Portanto, se não mudarmos agora, ainda seremos bárbaros amanhã e dentro de mil amanhãs'. Se perguntarmos então: como a transformação de uma pessoa pode afetar o mundo, há apenas uma resposta de K a dar: 'Mude e veja o que acontece'.

Fonte das Notas

AA	Arquivos de Adyar, Sociedade Teosófica, Adyar, Madras, Índia.
BA	Arquivos de Broockwood, Broockwood Park, Hampshire, Inglaterra
EFB	*English Foundation Bulletin* (Boletim da Fundação Inglesa)
HERALD	*The Herald of the Star* (O Arauto da Estrela)
ISB	*International Star Bulletin* (Boletim Internacional da Estrela)
KFAA	*Krishnamurti Foundation of America Archives,* Ojai, Califórnia (Arquivos da Fundação Krishnamurti Americana)
SPT	*Star Publishing Trust* (Fundação Publicadora Estrela)
TPH	*Theosophical Publishing House* (Editora Teosófica), Adyar, Chennai, Índia

Toda a correspondência entre a Sra. Besant e C.W. Leadbeater está nos AA. Ela é citada aqui a partir de cópias enviadas para mim por B.Shiva Rao, a pedido de Krishnamurti.

As cartas de Krishnamurti para Lady Emily Lutyens estão nos BA. As cartas de Lady Emily a Sra. Besant estão nos AA.

Notas

Página e Nota:

22	1	*Blavatsky and her Teachers*, Jean Overton Fuller, pp. 24-7 (East-West Publications, 1988).
23	2	Segundo a tradição, Buda era uma posição na hierarquia. Gautama foi o último Buda. O Senhor Maitreya, diz-se, seria o próximo Buda após ter concluído sua missão na terra, daí o título de Bodhisattva. A Sra. Blavatsky não fez menção em qualquer um de seus escritos sobre a vinda do Senhor Maitreya, mas ela evidentemente disse algo a seus seguidores, mesmo que tenha sido mal compreendida, porque a Sra. Besant lembrou seus críticos quando ela fundou a Ordem da Estrela no Oriente, que a Sra. Blavatsky havia 'considerado missão da Sociedade Teosófica preparar o mundo para a vinda do próximo grande Instrutor, embora ela calculasse que seria cerca de meio século mais tarde do que eu'.
23	3	*Os Mestres e a Senda*, C.W. Leadbeater (TPH, 1925).
24	4	*Krishnamurti*, Pupul Jayakar, p. 16 (Harper & Row, 1986).
29	5	AA. De um ensaio que Krishna começou a escrever em 1913 em Varengeville, na Normandia, sobre 'Cinqüenta Anos de Minha Vida'. Krishna tencionava completá-lo ano após ano, mas foram realmente escritos cerca de 3.500 palavras, que são um resumo de sua vida até 1911
29	6	*Clairvoyant Investigations by C.W. Leadbeater and the Lives of Alcyone*, Ernest Wood (impresso privadamente, Adyar, 1947). Veja também *Theosophical Journal*, Inglaterra, janeiro-fevereiro 1965.

32	7	As comunicações entre a Sra. Besant e Leadbeater neste capítulo foram publicadas por C. Jinarajadasa em *The Theosophist*, junho de 1932.
33	8	Relatos de Clarke sobre a Iniciação no *Australian Theosophist*, setembro de 1928.
33	9	AA. Esta carta é citada na íntegra em *The Years of Awakening*, pp. 35-8 (Os Anos do Despertar).
34	10	Citado em *The Man and His Message*, Lily Heber, p. 49 (Allen & Unwin, 1931).
37	11	*Candles in the Sun*, Lady Emily Lutyens, p. 32 (Hart-Davis, 1957).
39	12	Uma descrição do processo é dada em cartas de Leadbeater a Lady Emily (BA)
41	13	*Candles in the Sun*, pp. 59-60.
47	14	*Occult Investigations*, C. Jinarajadasa (TPH, 1938).
56	15	*Herald*, junho 1922.
68	16	Relatos de Nitya e Krishna são citados a partir de cópias enviadas a Lady Emily, agora nos BA.
68	17	AA. Assinada por Nitya e datada de 17 de fevereiro de 1923. Citada a partir de cópia do original, com gentil permissão da Sra. Radha Burnier. Citada primeiro por Pupul Jayakar em *Krishnamurti*, pp. 49-57.
71	18	Este artigo, um poema em prosa com 9.000 palavras, foi publicado no *Herald* sob o título de *The Path* em três partes mensais de a partir de outubro de 1923. Em 1981 *The Path* foi incluído nos *Poems and Parables*, J. Krishnamurti (Gollancz, Harper & Row, 1981).
79	19	Do diário de Lady Emily, 1925 (BA).
82	20	Para uma descrição da vida na comunidade de Leadbeater em *The Manor* veja *To be Young*, Mary Lutyens (reimpresso Corgi, 1989).
85	21	*Herald*, setembro 1925. Os outros acontecimentos 'ocultos' registrados neste capítulo foram tirados do diário de Lady Emily (BA).
88	22	*Herald*, fevereiro 1926.

89 23 *Ibid*, junho 1926.

89 24 *Ibid*, março 1926.

89 25 *Candles in the Sun*, p. 144.

93 26 Carta de Maria-Luisa Kirby para R.G. Macbean, 31 de julho de 1926 (*Theosophist*, 19 de julho 1948).

94 27 *The Pool of Wisdom* (SPT, 1928).

99 28 KFAA.

101 29 *Who Brings the Truth* (SPT, 1928).

101 30 *The Last Four Lives of Annie Besant*. A.H. Nethercote, p. 193 (Hart-Davis, 1961).

102 31 Entrevista com Bourdelle em *L'Intransigéant*, março 1928, citada em tradução para o inglês em *ISB*, abril 1928.

106 32 *Let Understanding be the Law* (SPT, 1928).

107 33 KFAA.

116 34 *Bernard Shaw*, Hesketh Pearson, p. 115 (Colins, 1942).

117 35 ISB, julho 1929.

120 36 Ibid, setembro de 1929.

121 37 Estes pronunciamentos foram feitos em: *Theosophist*, junho 1931; ibid, dezembro 1931; *Theosophist in India*, 1931 e Wedgwood para Lady Emily, outubro 1929.

124 38 *ISB*, junho 1931.

126 39 As cartas de Lady Emily para Krishnamurti estão em KFAA com cópias em BA.

126 40 *ISB*, junho 1931.

126 41 Comunicações de Krishnamurti para a autora.

130 42 Os relatos autênticos das palestras de Krishnamurti na América Latina e México, revisadas por ele, foram publicados pela SPT em 1936.

135 43 MS por Krishnamurti, 1976 (BA).

139 44 *Commentaries on Living*, pp. 15, 16 e 44. Outros dois volumes dos *Commentaries on Living* foram publicados em 1959 e 1960. Os três volumes foram editados por Rajagopal.

143	45	*Krishnamurti*, Pupul Jayakar, p. 57. Passagens das bonitas cartas de Krishnamurti para Nandini Mehta, escritas entre 1948 e 1960 são citadas neste livro (pp. 251-73).
144	46	*Trial of Mr. Gandhi*, Francis Watson (1969).
147	47	De uma cópia das notas de Pupul Jayakar, publicado primeiro em *The Years of Fulfilment*. Os relatos são dados também no livro de Pupul Jayakar, Krishnamurti, pp. 125-30, com pequenas diferenças.
153	48	*Ibid*, pp. 202-3.
157	49	Cartas para e de Doris Pratt (BA).
159	50	*Krishnamurti*, Pupul Jayakar, p. 242.
165	51	De uma cópia das notas de Vanda Scaravelli.
165	52	*Aldous Huxley*, Sybille Bedford, II, p. 71 (Chatto & Windus, 1973).
181	53	EFB, n° 2, primavera 1969.
184	54	*The Urgency of Change*. Este livro, juntamente com uma publicação anterior, *The Only Revolution*, compõe o *Second Penguin Krishnamurti Reader* (1973).
187	55	Janeiro e março, 1972 (KFAA).
194	56	De transcrições (BA).
200	57	Estes vídeos, disponíveis em todas as três fundações, continuam extremamente populares.
200	58	*Freedom from the Known*, p. 116.
201	59	*Golden Jubilee Souvenir Book* (Fundação Krishnamurti da Índia, 1979).
210	60	*Letters to the Schools* (Fundação Krishnamurti da Inglaterra, 1981). Outras dezoito *Letters to the Schools*, datadas entre 15 de novembro de 1981 e 15 de novembro de 1983, foram publicadas pela Fundação em 1985.
211	61	*Exploration into Insight*, Pupul Jayakar e Sunanda Patwardhan (editores), p. 77 (Gollancz, Harper & Row, 1979).
212	62	EFB, n° 42, 1982.
228	63	*The Future of Humanity* (Mirananda, Holland, 1983). Mary Cadogan editou *The Ending of Time* anonimamente.

231	64	*The Network of Thought*, pp. 99-110 (Mirananda, Holanda, 1983).
242	65	*The Flame of Attention* (Mirananda, Holanda, 1983).
242	66	Disponível em KFAA e BA.
244	67	Muitas destas discussões são transcritas na íntegra no livro *Krishnamurti* de Pupul Jayakar.
246	68	*Krishnamurti to Himself* (Gollancz, Harper & Row, 1987).
250	69	*Los Alamos* (livreto) (Fundação Krishnamurti da Inglaterra, 1985).
251	70	*UN Secretarial News*, 16 maio 1984 e ESB, nº 47, 1984.
256	71	*Washington D.C. Talks 1985* (Mirananda, Holanda, 1988).
258	72	Setenta destas excelentes fotografias foram publicadas em *Last Talks at Saanen* (Gollancz, Harper & Row, 1986).
263	73	BA.
264	74	Ibid.
265	75	Ao falar sobre o Centro com Mary Zimbalist e Scott Forbes em Schonried em agosto de 1984.
268	76	*The Future is Now*, Radhika Herzberger (ed.) (Gollancz, 1988).
269	77	De um longo relato da doença de K escrito por Scott Forbes após a morte de K:
270	78	De uma carta de Stephen Smith à autora, escrita após a morte de K:
270	79	Arquivos da Fundação Indiana e BA.
272	80	Um vídeo deste filme está disponível em BA.
272	81	EFB, edição especial, 1986 e *The Future is Now* (Gollancz, Harper & Row, 1988).
272	82	Boletim da Fundação Indiana, 1986/3.
277	83	De uma fita cassete (BA).
278	84	*Ibid.*
279	85	*Ibid* (transcrição *verbatim*).